自己意識と人間教育

梶田叡一

Self-consciousness Articles
Kajita Eiichi

Ⅱ 自己意識論集

東京書籍

自己意識論集 II

自己意識と人間教育

目次

Ⅲ 自己概念・自尊感情とその形成

Ⅳ 〝まなざし〟と自己概念

Ⅴ 自己概念の成長・発達のために

プロローグ　子どもの自己意識形成と学校教育

学校教育は子どもの自己概念を破壊していく装置なのか

三〇歳の時、論文「自己意識の社会心理学的研究」で京都大学から文学博士号をもらった直後、私にとって全く新たな研究分野「教育」について、本格的な学びを始めることになった。

それまで心理学の大事な領域として「発達」については学んでいたし、一九六六年四月に研究員として就職した国立教育研究所では、知的心理的な「発達」に関する「課題取り組み様式（コーピング・スタイル）の国際比較研究」チームに入れられていたので、心身の諸側面に関する具体的な「発達」のトレンドについても、かなり詳しく学んできてはいた。しかし「教育」では、視点も問題も異なってくる。「発達」では素質や年齢段階などによる特性の違いを問題とするなど、基本的にスタティック（静態的）な見方である。しかし「教育」の場合、素質にも年齢にもかかわりなく、この子がどう「大化け」するか、この子の「人間革命」は現実にどう生じうるか、まで考えなくてはならない。視点も問題も格段にダイナミック（動態的）にならざるをえないのである。発想や着眼の大きな切替が必要となったことも、今となっては懐かしい思い出である。

そうした「教育」に関する本格的学びの最初の機会が、一九七一年の夏、シカゴ大学のベンジャミン・ブルーム教授[*1]が主宰して開かれた「グレナ・セミナー」であった。これは、ユネスコがバックアップして三十数か国から教育専門家が参加し、スウェーデンの保養地グレナで六週間開催され、日本からは当時の文部省の若きキャリア官僚の中島章夫さん、小学校理科の教科調査官の武村重和さん、国立教育研究所の老練な指導普及部長の日俣周二さん、といった三人の先輩方が御一緒であった。

このセミナーの指導陣としては、ブルーム教授の有力な弟子であるインドのダーベ教授（「精神運動領域のタキソノミー」で有名となり、後にユネスコのハンブルク教育研究所長）や韓国ソウル大学のチャン・ボンモ教育学部長が来ておられ、さまざまな機会に懇切な指導を受けることができた。特にチャン・ボンモ先生は、韓国文部省（文教部）のキャリア官僚とソウル大学若手研究者からなる総勢五人の韓国チームを引き連れ、われわれと何度か夜遅くまで討論会を持っていただくなどいろいろとお世話になった。なお韓国チームの参加者の一人キム・ホウゴン準教授はソウルでの完全習得学習研究ですでに有名であったが、われわれとこの折に積極的に交流していただいただけでなく、この後も何度かソウル大学で日韓の研究交流の機会を設けていただき、感謝である。さらには国際的ビッグネームとして、ブルーム教授の師匠でもあり、デューイの教育理論を実証的に検討した「八年研究」で著名なタイラー教授[*2]、「発達課題」の理論で一世を風靡したハビガースト教授[*3]なども指導陣に名を連ねておられた。われわれ日本チームの四人は、ブルーム教授だけでなく、タイラー教授もハビガースト教授も夜のゆっくりした時間にわれわれの宿舎の応接室にお招きし、飲み物をいただきながら率直で真摯な特別指導をしていただくことができたのも、良い思い出である。

さて、この「グレナ・セミナー」での最初の衝撃が、ブルーム教授による全体講演での「現在の学校教育は、子ども達の自己意識・自己概念を組織的に破壊していく社会的装置になっている」という過激な発言であった。

子どもは一人だけでおれば、自分自身について他の人との比較を抜きにした（優劣の色のつかない）イメージを創っていくことになるであろう。しかし、学校に通うようになると、自分自身を否応なく他の子どもと比較し、優劣の目で見るようになってしまう。かつてアメリカでは（日本でも太平洋戦争後の長い間）学級や学年の中における優劣の位置づけで成績づけをする相対評価を「客観的科学的な」ものとして重視してきたという事情がある。また有名な上級学校に進学しようとすると、否応なく成績上位からの相対的な位置で合否が判定されてしまうことになる。そういう状況では常に他の人とくらべて自分を見るという意識が強まり、一握りの成績上位者しか自分自身に肯定的イメージを持てなくなり、他の子ども達はネガティブな自己イメージを持つようになるのが自然ななりゆきである。高校から大学にと、上の学校に行けば行くほど、そうした傾向が強くならざるをえないであろう。

だからこそブルーム教授は、相対評価をやめて到達度評価（目標準拠評価）にしよう、人とくらべてではなくて自分の目標との関係で、あるいは外から与えられた基準との関係で評価するのを当たり前にしよう、と強調したわけである。これと同時に、人を最終的な形で判断する総括的評価でなく、常に途中経過として、ラップタイムとして評価していく形成的評価ということで考えていこう、とも主張したのである。テストでも成績づけにしても「できた・できない」といったことは、次のステップに生かしていく暫定的な事実確認であって、用済みになったら忘れたらいいのである。

私自身、到達度評価（目標準拠評価）と形成的評価を大事にした教育研究をやっていこうと考えるようになったきっかけは、この「グレナ・セミナー」における、こうした学校教育と自己概念形成についての基本的な問題提起に接したからだったと言ってよい。それと同時に、外部からの比較や選考・選抜等々といった枠づけを通じての「位置づけのアイデンティティ」を脱却し、自分自身の願いと志に根ざした「宣言としてのアイデンティティ」を堅持して生きていけるような人間力をどう培っていけばいいのか、「われわれの世界」に適応して生きる力だけでなく、自分自身の内奥の「本源的自己」からの促しを大切にしつつ「我の世界」を生きる力をどう育成していけばいいのか、といった形での人間教育を考えていくようになった、と言ってよいであろう。

主体的人間としての成長の中核になる自己意識・自己概念の問題

いずれにせよ、学校教育には、よほど気をつけていかないと人間的な成長にとって害になるような重大な副作用が内包されている。子どもがいろいろと知っていく、できるようになる、力をつけていく、ということは大事なことであるが、そうした知識・理解や技能や能力は、その人にとってのいわば武器なり道具なりでしかない。教育においては、そうした武器なり道具なりを使いこなす人間そのものの育ちにも常に視点を当てていかなければならない。揺るがない強靭なバックボーンを持ち、自信と意欲を持ち、エネルギーに満ちた人間に成長してほしい、というのが大目標なのであるが、学校教育を通じて、そうした主体としての人間そのものが育っているかどうか、ということが問題なのである。本書の最後に、「エピローグ」として、この問題について「有能な駒」と「賢明な指し手」を対比させる形で論じた文章を収録してあるので、参照していただければ幸いである。

こうした根本的な視点について、われわれは、「学力保障と成長保障の両全」という言葉を用いて語ってきたことも付言しておきたい。人間としてのしっかりした主体づくりをする（成長保障）ことと、その主体が使いこなすための武器をたくさん身につけさせていく（学力保障）こととの両面が、ともに学校教育で大事にされるべき、ということである。

主体としての成長をはかるという面の中核になるのが、自己概念の問題である。自分自身の現実に対し、そして将来に対し、どのようなイメージを持つかということである。「私なんかどうせ少々頑張っても……」などと思っていたらどうにもならない。「私は何ができない」ではなく「私には何ができる」を自己概念の中核に置き、「私の未来は青天井、自分の未来にどういう良いことが待っているか分からない」といった明るく楽観的な自己イメージを持ちたいものである。そして、その土台には、「やればやっただけのことがある」という自己有能感が必要となる。自分の未来はいくら青天井だと思っても、どこかに「自分なんか少々頑張ったって」という自信のなさが潜んでいたらだめなのである。そして、その上に、自分自身の現実について光と影の両面を見て取り、ではどうしていくか、といったことを考えていくための現実的な自己概念がなくてはならないのである。

人間として、しっかりと着実に、理性的に生きていくためには、このような自己概念の問題が根幹にあるのである。

乙武洋匡さんや辻井伸行さんから学ぶこと

こうした意味での自己概念の問題に関連しては、著書『五体不満足』（講談社、一九九八年）が多くの人に読まれた乙武洋匡さんのことが、すぐに頭に浮かぶ。先天性四肢切断という「障害」を自分自身の「身体的特徴」としてとらえるところから出発しておられる。そして、「自分は車椅子でしか生活できないがこれが私の個性なんだ」と述べておられる。何がだめ、この点が足りないと言って、他人とくらべて自分のネガティブなところだけをクローズアップするといった認識の仕方ではない。自分はこれこれのことがたしかにできない、しかしそれは自分の一つの特徴、個性なんだ、だからそうした自分の特徴、個性を生かした生き方、仕事のやり方があるではないか、というわけである。そして、実際に教壇に立って教師もされたわけであるし、また現在も多彩な行動と発言を展開しておられる。

自己概念については、事実認識とその意味づけという二つの問題がある。事実認識として、これができない、あれができない、ということがあるとしても、それはたしかにそうだけれど、しかしその意味づけとして、それはどう考えたらいいのだろうか、ということがあるのである。このことはできないけれども別のところでそれをカバーできる、ということだってあるわけである。できない部分だけをクローズアップした自己概念を持つということは、積極的な生き方をしていくうえで大きな問題となるのではないだろうか。

国際的に著名なヴァン・クライバーン国際ピアノコンクールで、二〇〇九年、日本人として初優勝というすばらしい成績をおさめられた辻井伸行さんについても、それを思わざるをえない。目が不自由な人なのにすごい賞をとった、という賞賛のされ方を彼自身は非常に嫌うのだそうである。目が不自由だろうと何であろうと、ピアノですばらしい賞をとったということこそが大事なのである。目が不自由だからこそ、小さい時から音については非常に敏感であったという利点と、目が不自由だから鍵盤も見えないし楽譜も見えないという不自由さとがあったという。しかしそれは、辻井さんの具体的なあり方の中でのメリット、デメリットの問題、個性の問題であって、目が不自由だから特別な存在だということでは必ずしもないということを、ご本人もお母さんもおっしゃっている。これは積極的なすばらしい見方ではないだろうか。乙武さんと基本的に同じ姿勢をお持ちなのであろう。

私達は、自分自身についての認識をしっかりと持たなければいけないが、大事なのは自分自身について、そこからどういう意味づけをするか、ということである。その意味づけによって自分が活性化されるのか、自分の可能性を信じられるようになるのか、自分自身をもっと十分にコントロールできるようになるのか、ということである。プラスに機能する意味づけを常に探していく努力が、常に必要とされるのではないだろうか。

文化的な背景をも考えながら

日本の伝統文化の中では「無私」が尊重され、自分についてこだわって考えることは、どこか自己中心的であり、利己主義につながるのでは、と思われがちであった。これはヨーロッパの文化と基本的に異なっている点である。

ミシェル・フーコー[*4]が『自己のテクノロジー』（一九八二年、ヴァーモント大学での研究セミナー記録の翻訳を中心に岩波書店から一九九〇年刊行、岩波現代文庫、二〇〇四年）で言っているように、古代ギリシャで非常に大事にされてきたのは、自分自身をどう対象化し、自分自身をどうコントロールし、自分自身に自分がどう責任を持って生きていけるようになるか、ということであった。ヨーロッパ文化というのは、古代ギリシャの伝統がユダヤ・キリスト教の伝統に受け継がれて形成されてきたと言われるが、こうした伝統においては、自分という存在をきちんと認識して意味づけし、それによって自分を支え、コントロールし、そして自分を良い方向にもっていく、ということが根幹になってきたと言ってよい。そして、そのための具体的テクニックがいろいろと開発され、それによって自己認識を深め、自分をコントロールする力を強めようとしてきている。「自己のテクノロジー」という言葉でミシェル・フーコーが呼ぶのは、まさにそのことである。

ヨーロッパ文化というのは、自分自身を「神の似姿」と見る、という主体性重視の個人主義を基調としながらも、唯我主義、利己主義に陥らないように、という戒めを常に内包してきた。しかし、日本の場合は基本的な発想が異なっている。たとえば七世紀初頭、日本の内政・外交面で指導的な役割を果たしたといわれる聖徳太子は、「十七条の憲法」の冒頭に、「和をもって尊しとなす」という大原則を示す。そして、その理由づけとして、「我必ずしも聖ならず、彼必ずしも愚ならず、共にこれ凡夫であるのみ」と言うのである。お互いに謙虚になって、譲り合うところは譲り合う、この譲り合いが和をもたらす、というのは、ヨーロッパの自己主張と討論を基本とする文化と根本的に違うところである。

こうした「和」という日本社会のあり方の理想モデルに関しても、その根底に根本的な自己認識として各自の「私もまた凡夫」がなくてはならない。日本の文化的伝統の中に潜む基本的な自己認識、自己概念のあり方についても、学校教育とのかかわりにおいて、よくよく認識しておく必要があるのではないだろうか。

自己意識・自己概念の問題の根本は、自分自身という存在をどう対象化し、またどう意味づけるか、というところにある。自分自身の対象化を生じることがなければ、また対象化が生じたとしても自分自身の言動を基本的に枠づける力が弱いものでしかないならば、こうした問題を考える必要はない。文化的伝統ということは、そして現代社会の文化的風潮の特質ということは、自分自身の対象化とこだわり、そして基本的な意味づけの枠組みの問題として根本的な意味を持つのである。学校教育をはじめとする多様な教育的な仕組みが、そうした自分自身の対象化の仕方、意味づけの仕方を基本的に規定していることを見落とすことはできないのである。

教育という営みを、「一人ひとりを真の主人公にしていく」人間教育の面を重視しつつ考える、という基本視点を踏まえつつ、こうした自己意識・自己概念の成長・成熟の問題、そのための自己内対話の問題などについて、以下の各章で検討してみたいと思う。

＊1　ベンジャミン・S・ブルーム（Bloom, Benjamin S.）。一九一三〜一九九九年。教育心理学者。シカゴ大学教授（特別殊勲教授）。一九六五年には全米教育研究協会（ＡＥＲＡ）の会長。教育目標の分類体系（タキソノミー）、到達度評価と形成的評価の理論、マスタリー・ラーニング（完全習得学習）の理論などで知られる。翻訳書に『教育評価法ハンドブック』『個人特性と学校学習』（第一法規）などがある。詳しくは梶田叡一『学校学習とブルーム理論（教育における評価の理論2）』（金子書房）などを参照。

＊2　ラルフ・W・タイラー（Tyler, Ralph W.）。一九〇二～一九九四年。教育学者。シカゴ大学教授。デューイの「生活即学習という学習者中心」の教育理論を「八年研究」によって実証的に検討し、その功罪を明らかにした。そうした中で教育評価の理論的な意義を説き、「評価の父」と呼ばれることもある。教育目標の設定を何よりもまず優先させる「タイラー原理」でも有名。

＊3　ハビガースト（Havighurst, R. J.）。一九〇〇～一九九一年。教育学者。シカゴ大学教授。幼児期・児童期・成人期・老人期などの各段階で当面せざるをえない課題との取り組みの過程として人間の生涯を見る「発達課題」の理論で有名。翻訳書に『人間の発達課題と教育』（玉川大学出版部）など。

＊4　ミシェル・フーコー（Foucault, Michel）。一九二六～一九八四年。フランスの哲学者。ポスト構造主義の著名な論者。翻訳書に『監獄の誕生』『狂気の歴史』（新潮社）など。

I

人間教育の基本課題として

第1章　人間的な成長・成熟と内面世界・自己概念

1　「豊かな」社会の建設をめざす中で

日本社会の今後を考える時、一人ひとりがたくましく自立し、個性豊かであることが望まれてならない。自分の感覚・意見をきちんと持ち、自己責任の原則にもとづいて、自分のやりたいこと・やるべきことをきちんとこなしていく、といった真に自立的な人間が輩出してほしいものである。

日本は明治維新以来、そして太平洋戦争の敗戦からの立ち直りの中で、一貫して「豊かな」社会の建設をめざして努力してきた。そして一定程度までそれは実現してきたと言ってよい。それはそれとして喜ばしいことであるが、この反面として、そうした「豊かな」社会に暮らす人達は、その時々の流れの中で無自覚に日を送っていきがちになる。そして付和雷同の中で自分を見失い、酔生夢死といった形で自分自身の一回限りの人生を無意味なまま費消してしまうことにもなりかねない。一人ひとりに与えられた自由度が増大しつつあるからこそ、それを担う主体そのものの確立が、大きな課題とならざるをえないのである。

こうした視点から最近の子ども達の姿を眺めてみる時、いかがであろうか。以前にくらべ非常に素直で物分かりの良い子どもが増えているのは、一見、喜ばしいことのようである。しかしそれは、「指示待ち人間」と呼ばざるをえないような非主体性の反面ではないだろうか。また、音楽やファッションに関する自分なりの好みを大事にし、自分好みのライフスタイルに固執する若者が増えていることは、個性重視という点でまことに喜ばしいことのように思われるが、それは自分の小さな世界の中に潜り込んで傷つかぬよう身を丸めている「ひ弱さ」の反面ではないだろうか。もしもそうであるなら、われわれが尊重し育成していきたいと願う個性的姿とは、似て非なるもの、と言わねばならない。こうした子どもの姿を見るにつけ、真の人間教育・個性教育の必要を痛感せざるをえないであろう。

しかしながら、教育において尊重され、教育を通じて育成されていくべき個性、その人らしさとは、いったいどのようなものなのであろうか。日常的に言い習わされている個性との異同は、いったいどうなのであろうか。

たとえば、個性とは、他の人と違うことを言ったりしたりする、ということなのであろうか。つまり、少し変わった人、ユニークな人、と呼ばれるような人のことを、個性的と言うのであろうか。いや、必ずしもそうは言えないであろう。たしかに、個性的な人であれば、他の人と違った言動が見られることもある。しかし単なる「変わり者」を、誰も真に個性的であるとは考えない。他の人にいつも同調するわけではない、ということは、個性的であるかどうかを見る場合の必要条件の一つであるとしても、けっして十分条件ではないのである。

それでは、自分の思ったこと感じたことを積極的に言う、といった点はどうであろう。つまり、自己主張が強いということが個性的であることの重要な条件なのであろうか。あるいは、自分の意見を強く押し出し、大勢の中で目立つ、というような人が個性的なのであろうか。これもまた、そう言い切ってしまうには問題がありそうである。たしかに個性的な人であれば、自分の言いたいことをたくさん持っているであろうし、大勢の中で目立つ、ということもあるかもしれない。しかし、単に自己主張の強いだけの人、目立ちたがりや、一言居士、であるなら、誰それを真に個性的な人とは考えないであろう。よく発言し、目立つ、ということも、個性的であるかどうかを見る場合の重要な条件とすることはできないのである。

他の人と変わっている、自分の意見をはっきり言う、といった特徴は、個性的な人の外見的なイメージをよく表している場合が、あるいはあるかもしれない。しかし、真の個性とは、けっして外見上のものではない。おとなしく目立たない人の中にも、真に個性的な人がいるのである。個性とは、究極的には、その人の内面世界にかかわるものである。その人なりの見方、考え方、感じ方、の世界にかかわるものである。そうした内面世界がその人にとって本当に拠り所となるものとなっているかどうか、その人の内面世界にその人なりの独自の原理が育っているかどうか、なのである。別の言葉で言えば、その人の実感、納得、本音が育っているかどうか、それを貫くものとしてその人なりの必然性と切実さを持った自己概念が育っているかどうか、なのである。

2　学校教育による内面世界への悪影響

しかしながら、学校教育における内面世界の育成、自己概念の育成は、必ずしも容易な課題ではない。容易でないどころか、この課題に相反するような現象さえ、現実には見られるのである。

これまで何度も述べてきたことであるが、たとえばベンジャミン・ブルームの問題提起である。現在の学校教育が、子どもの自己概念を組織的に破壊し、無力化していく社会的装置になっているのでは、といった趣旨の告発であった。つまり、今の学校教育は、子ども達一人ひとりから自信を奪い、悲観的に自分を見ることを教え、自分は結局取るに足りない無力な存在であると思い込ませ、将来にわたっての夢と希望を破壊していっているのではないか、というのである。

これは、あるいは、あまりにもペシミスティックな見方かもしれない。しかし、「どの高校に進学できるか、どの大学に入学できるかが、君の生涯を決定する」といった暗黙の圧力を、親と教師が、そして社会の全体が、長い年月にわたって子どもに与え続けていくという現実が、たしかに日本の社会に存在することを考えると、こうした見方を軽々にしりぞけるわけにはいかないであろう。

テストの点数が良くなかった、通信簿での成績がどうも、といった時、子ども自身、自分の将来を思って暗たんたる思いになりがちである。そして親も教師も、このままでは子どもの将来が閉ざされてしまうのではないかと憂慮するであろう。しかも、そのことを繰り返し口に出して、子どもを叱咤激励するのではないだろうか。

「優等生」の方にも、この構図を逆転させた安易な自負と自信が育っていることを、けっして見落とすことができない。東京大学をはじめとする有名大学に合格しただけで、すでに天下を取ったかのように思い上がってしまうという姿は、単に笑止の至りとして済ませてよいのであろうか。有名大学卒業という事実が、どの程度まで社会的な出世を自動的に保証してくれるものなのか、最近の各種調査結果を見ていただきたいものである。小学校や中学校、あるいは高校で「優等生」だったからといって、けっして安心したり満足したりしているわけにいかないことが理解されるであろう。それだけではない。心理的な活力を持ち、精神的に充実し自分の人生を十分に燃焼させていくためには、当然のことながら、もっと別の大切な要素が不可欠なのである。

しかし今、子ども達はどこで、そうした大切なことを学べるのであろうか。小学校でさえ、勉強、勉強で、子ども達は追いまくられている。中学生、高校生といった青年前期の、自己とか人生といったことが最も課題になるはずの時期にも、そうした思索や悩みにふける時間はほとんどないであろう。しかも、そうした領域の重要性に気づき、子ども一人ひとりの目をその方向へと開いてやり、たくましい主体的な人間へと育っていくよう支え励ましてやる、といった指導者も、現在の学校教育においては、必ずしも多いとは言えないのである。

たとえば、「君の頑張りしだいで、君の将来は青天井なのだ。成績や学歴も大切なことだけれど、それ以上のことにもっと目を向けろ」と熱っぽく説いてくれる教師が、今どのくらいいるであろうか。それどころか、「一人ひとりの子どものために」とか「われわれ教師集団の力によって」といった、きれい事ばかりやたらと口にしながら、実際には「余分」なことはいっさいお断り、と最低限の線で義務だけは果たす、という冷ややかな教師の姿を、あちこちで見ないわけではない。

本当の意味で人生が青天井だということを子どもに納得させ、その無限とも言うべき可能性を前提に、自分なりの方向を自分で探し求めつつ努力をしていく、といった姿勢を育てていくことこそが、教育という名に真に値するものであろう。しかし、そうしたビジョンと力量を持つ教師が、今いったいどのくらいいるのだろうか、と不安にならざるをえないのである。

教育の世界も、総じて、「夢と熱情の喪失」という現代文明の病に侵されてしまっているのだろうか。かつてイワン・イリッチが『脱学校の社会』で鋭く指摘したように（原書は一九七〇年刊行、訳書は東京創元社から一九七七年刊）、制度的・物的な充実が形式化・官僚化を生み、本来めざされていたはずの内実が、どこかに雲散霧消しているように思えてならない。りっぱな校舎、りっぱな教科書、豊富な学用品、数多くの教師や学校職員、そして定められた時間数だけきちんと実施される授業、といった表面的な繁栄の陰で、本来の「教育」が、つまり子どもに知識や技能を授けると同時に、主体的かつ社会的な「人間」として育て上げていくといった本来的機能が、見失われてしまっているかもしれないのである。

3　人間的成長・成熟と内面世界・自己概念の教育

こうした状況の中において、欧米諸国など、経済的に豊かになった国々を先頭に、今あらためて人間的な成長・成熟を主眼とした教育が追求されるようになってきている。その中できわめて特徴的なのは、自己概念への着目が重要なポイントとしてクローズアップされていることである。

たとえば、アメリカの有力な教育団体の一つであるＡＳＣＤ（教育経営・カリキュラム開発協議会）は、すでに一九六二年の年報で、自己概念の教育を、各学校の主要課題として強調している。そして、次のような主張を行っているのである。

(1) 教師は、この（自己概念の教育の）重要性を、十分に認識しなくてはならない。
(2) 教師は、教育過程の本質的な一部をなすものとして、自己概念の問題の重要性を、授業の中で生かしていくよう努めなくてはならない。
(3) 教師は、自己を探究し発見しようとする雰囲気が学級に生じるよう、さまざまな方策を講じなくてはならない。
(4) 教師は、学習者が肯定的な形で自己を発見するのを積極的に援助するため、さまざまな方策を講じなくてはならない。
(5) 教師は、学習者に自分自身への肯定的な見方が生じるよう、教師自身についても、学習過程についても、学習者についても、自らが肯定的な見方をするよう努めなくてはならない。

この他にも、カール・ロジャーズを中心とする「人間中心の教育」の主張や、それにもとづく各国での実践など、こうした方向での動きは広く見られたところである。このような強調や主張が現れてきたことは、われわれの見方からすれば、当然至極のことと言ってよい。一人ひとりの持つ内面世界を貫く原理となり柱となっているものに着目してこそ、本当の人間的成長を追求できるであろうし、そうした場合にはじめて、真に「人間教育」と言いうるものになるであろうからである。

あらためて言うまでもなく、どういう人の内面世界も、自分自身をどういう者であるとして考えるかで、その基本的な様相を異にする。さまざまな体験をしても、さまざまなことについての知識を得ても、それをどういう意味を持つものとして理解するかは、自分自身についての思い込みなりイメージなりが大きな枠組みとなっている。誰かが自分に微笑みかけたのを見たとしても、自信のある人なら、あの人は自分に好意を示してくれたと思うだろうし、自信のない人なら、あの人は自分を馬鹿にしたと思うかもしれない。この意味において言えば、自己概念こそ内面世界を貫く原理的なもの、内面世界の基本的な枠組みとなるもの、と言うべきであろう。

一人ひとりの内面世界に着目した教育は、この意味において、最終的には、自己概念の育成をめざすものとならねばならない。健康的で前向きの活力にあふれた自己概念、そして落ち着くべきところに落ち着いた揺るぎない自己概念、こうした内面的基盤の育成こそ、人間教育を考えていく際の究極的な目標と言ってよい。教育活動のあらゆる場面、あらゆる手立てを活用して、そうした自己概念の育成に努めなくてはならないであろう。もちろん、どういう自己概念が望ましいか、あるいは、この現代的な社会文化的状況において不可欠の重要性を持つのか、といった点についてはいろいろな考え方が可能である。また、年齢段階によっても、教科・領域ごとにも、育成していくべきポイントは異なってくるであろう。小学校段階でその育成を狙うべき自己概念と、高校になってから重視すべきものとは、おのずから違ってくるはずである。また、国語の学習を通じてその育成を狙うべき自己概念と、音楽や美術の学習を通じて、さらには道徳教育の時間を通じて狙うものとは、おのずから違ってくるはずである。

ここでは、そうした議論を展開していくうえでの手がかりないし叩き台として、私自身が日頃から特に重要なものと思い、教育を通して子ども達一人ひとりに実現していきたいと考えている点を、ごく簡単に示しておくことにしたい。

4 育てていきたい内面世界・自己概念の主要ポイント

まず最も土台となるのは、次のような諸点ではないだろうか。

(1) 自分自身について多面的に知り、理解していくこと。そして、自己の現実を、その光の面も影の面も含め、基本的にはそのままの形で受容するようになること。これはまさに出発点である。「汝、自らを知れ!」は、ごく幼少の頃から考えられるべき教育課題と言ってよいであろう。

(2) 自我防衛的で自己中心的な自尊感情、思い上がった鼻持ちならぬ「誇り」を捨て、現実的で開かれた穏やかなプライドと自信を持つようになること。

プライドや自信を欠いては、精神的な健康を保てないが、といって、それが歪んだ形で維持されたり高揚されたりすれば、社会的に不適応とならざるをえないし、また心理的にも問題を引き起こすことになる。適切で現実的な自尊感情の維持・高揚のあり方について、さまざまな場での訓練が必要であろう。

(3) 自分はどういうあり方・生き方をしていけばよいか、といった自己のあるべき姿について、柔軟ではっきりした方向性のあるイメージを持つようになること。
これは特に青年期以降、大きな課題となるであろう。単なる憧れや夢でなく、志や使命感といったところにまで、こうしたイメージが結晶化していくことを望みたいものである。

(4) 自分自身の場合と同様、他の人も自分のことに一喜一憂し、自分の世界の中心に位置する自分という存在に常にこだわっていることをよく理解するようになること。
人間誰しもが免れられない自己中心性について洞察を深めていくことにより、独善に陥りにくくなるであろうし、また人間嫌いといった状態にも陥らなくて済むであろう。この点に関してこそ、「人もわれもともに、是れ凡夫なるのみ」という認識が、必要とされるのではないだろうか。

(5) 自分自身は、過去から未来へと、一貫して存在し続けるものであるにせよ、現実に存在し機能しているのは、「今」「ここ」の自分でしかない、ということを実感し、理解するようになること。
これは自己のアイデンティティの確認と実存性の確認とを、相即的に深めさせたいということである。この点は、高校生、大学生以上の段階における教育課題、ということになるのであろうか。

さて、学校での学習指導を考える場合には、次の三点が、特に着目すべきポイントとなるのではないだろうか。これらはいずれも、一人ひとりの学習活動の原理になるものであり、子ども一人ひとりが自ら積極的に学習に取り組むようになるとしたなら、その内面世界に少なくとも次のような自己概念の形成が不可欠と考えられるものである。

(6) 自分でも頑張りさえすれば、それなりの成果をあげることができる、ということを実感し、理解するようになること。
これは、励ましと達成感の積み上げによって効力感を獲得させていくこと、と言ってもよい。
(7) 勉強を通じてはじめて、自分自身を豊かにし成長させることができる、ということを実感し、理解するようになること。
これは、学習するということ自体の意義と重要性に気づくよう、学校生活のあらゆる場面で配慮し、工夫していくことによって実現する、と言ってもよい。
(8) いやなこと苦しいことから逃げないで、真正面から取り組んでいってはじめて、精神的な充実感を得ることができる、ということを実感し、理解するようになること。
これは、克己と対処の姿勢の意義と重要性に気づくよう、学校生活のあらゆる場面で配慮し、工夫していくことによって実現する、と言ってもよい。

さらに、子ども一人ひとりが、長い将来にわたって、人間として深まり、豊かになっていくとしたなら、その内面世界に、少なくとも次の三点にわたる自己概念が形成されていってほしいものである。
(9) 自分の将来はチャンスと可能性に満ちており、基本的には「青天井」である、という自己概念を持つこと。
すべてがうまくいくように思える時期と、すべてがうまくいかないように思える時期とがある。しかし、「禍福はあざなえる縄のごとし」であり、目先のことに一喜一憂することなく、希望を持ってその時々のやるべきことをやっていけばよい、という考え方をすべきである。いやもっと積極的に、「天命を信じて人事を尽くす」といった気概を持つべきであろう。学校での進路指導や生活指導は、基本的には、こうした意味での「生き方」指導になってほしいものである。

⑽　自分自身が、人々によって、さらには大自然の力によって、「生かされている」という自己概念を持つこと。さらには、それを土台とした「脱自己中心的」で満足感・充実感にあふれた人生観、世界観を持つこと。

自分の力をふりしぼって生きていくしかない、などと気張ったり、悲壮な覚悟をしたりするのでなく、われわれは今までも人々の中で多くの人に支えられて生きてきたのであり、これからもそうである、ということに気づくこと。さらには、自分が生きているというよりは、大きな自然の力によって生かされている、という認識を持つこと。

この根本的な事実を理解するならば、われわれは肩の力を抜いて、安心して生きていけるはずである。理科や社会科の学習も、ここまでの深まりがほしいものであるし、道徳教育においては、当然、ここまで指導してほしいものである。

⑾　自分が基本的に生かされているのだとしたら、自分も何か自分にできることで周囲に貢献する、というのが自然であり当然である、という自己概念を持つこと。言い換えるならば、自分自身が他の人のために、また自然界をも含めた世界のために役立つ働きをするということは、存在論的な意味での基本的義務であり、またそのことは自分に本来可能であることを実感し、実際にそうした働きができるよう工夫し努力する姿勢を持つこと。

この意味において、比叡山を開いた伝教大師最澄の言葉にもあるように「照一隅」という姿勢が大切になるであろう。誰もが自分のために準備された「一隅」を、一生懸命照らす努力をしなくてはならないのである。必ずしも大きな使命や働きを考える必要はない。自分に可能なささやかな貢献で結構である。しかしそれをやらないままでは、人間として大きな顔をして生きていくことができないではないか、ということである。これもまた道徳教育の大きな課題であると同時に、さまざまな福祉活動への参加を通じ、また学校での当番などをきちんと果たさせていく等を通じ、体験的に理解させていってほしいものである。

以上、自己概念の育成を考える場合に必須と思われる点をあげてみた。これらはいずれも、人間としてたくましく、深く、しかも人々と大自然の中で生かされながら生きていくうえで、不可欠のポイントと言えるのではないだろうか。

5　教育活動の中で何をどう指導していくか

こうした本質的な人間形成の方向へと向かって、日常の教育活動や教師の姿勢を工夫し改善していこうとする場合、具体的に、いくつかの点について留意と工夫が必要となるであろう。特に、一人ひとりの子どもの内面世界に着眼しつつ、前述のような自己概念に貫かれた個性の育成をはかっていこうとする場合、以下の観点は不可欠ではないだろうか。

A　子どもが自分自身の内面世界に注意を向け、自己洞察を深めるように援助する。

(1)　自分のふだんの発言や考えの中に、借り物や建前でしかないもの、中身を知らずに言葉だけを口にしているもの、があることに気づき、自分の本当の考えはどうなのか、ということにこだわるようになってほしい。

(2)　自分は本当は何に関心があるのかを発見し、なぜ自分はこのことに関心を持ち、このことをやりたいと思い、このことをこのように考えたり感じたりしているのか、といったことについて、自分なりの理解・洞察を持つようになってほしい。

(3)　自分の本当に実感しているところ、納得しているところ、本音となっているところに、折にふれて気づき、自分自身の見方・考え方を暗黙のうちに枠づけている内面の土台について、自分なりの理解・洞察を持つようになってほしい。

B　子どもが自分自身の内面の実感・納得・本音を大事にし、それを拠り所にして考え、学び、発言・行動しようとするように援助する。

(1)　教師その他の権威ある人からの期待に、無意識のうちにいつも応えようとしてしまう、といった迎合的言動になっていないか自省自戒し、自分自身に対して常に責任が持てるよう努めるようになってほしい。

(2)　その時その場での支配的雰囲気に同調したり迎合したりして、建前の色彩の強い言動になってしまっていないか自省自戒し、自分自身に対して常に誠実であるよう努めるようになってほしい。

(3) 結論だけを安易にそのまま受け入れて安住しているのではないか自省自戒し、そうした結論に至る過程を自分で本当に納得できるよう、常に、「なぜ」「どのようにして」「どのような場合に」などといった問いを持って考えるようになってほしい。

(4) 実感・納得・本音をともなわない学習は、その人の中身を真に太らせ豊かにしていくことができないことに気づき、自分の学習のあり方をそうした面から常に自省自戒しつつ勉強していこうとするようになってほしい。

(5) 教科書の内容や教師の指示などを、自分のこれまでの体験に関連づけるなど自分自身に引きつけて受けとめ、自分で本当に納得するところまで、さまざまな方向から追求・探究し、考えていこうとするようになってほしい。

C 子どもが自分自身の内面世界を点検し、その浅さや鈍さ、歪みに気づき、是正・改善をはかろうとするように援助する。

(1) 自分の認識や納得は、既成概念や固定観念に固執したり安住したりするなど、きわめて浅いレベルのものでないか、自省自戒するようになってほしい。

(2) 自分の実感や本音は、自分の視点・立場からのものでしかないなど、きわめて独善的で自己中心的なものではないか、自省自戒するようになってほしい。

(3) 自分の内面に何の躍動するものもなく、実感・納得・本音もはっきりしないなど、内面世界が不活性で不完全燃焼のままになっていないか、自省自戒するようになってほしい。

D　子どもが自分自身の内面世界を豊かにし、深め、活性化するように援助する。

(1)　他人の目を気にすることなく、自分が本当に興味をひかれるもの、自分にピンとくるもの、に対して常に積極的な好奇心を持つようになってほしい。

(2)　自分が心ひかれる美しいもの、を積極的に探し求め、大事にし、機会のあるごとにそういった美しいものとの出会いを持とうと努めるようになってほしい。

(3)　自分が心ひかれる本との出会いを大事にし、機会あるごとに読み返し、その世界に没頭し、安らぎや刺激を得ようとするようになってほしい。

E　子どもが他の人の内面のあり方にも関心を持ち、自分と異質なものにも寛容であると同時に、他の人と通底するものを積極的に求めていこうとするように援助する。

(1)　他の人の主張について、表面に表れていることにこだわることなく、その底にどのような実感や納得、本音が潜んでいるか理解・洞察しようとするようになってほしい。

(2)　自分の考えと違う意見や主張に対しても常に心を開き、耳を傾け、どこかで自分の考えとふれ合うところがないか探し求めていこうとするようになってほしい。

(3)　真・善・美といった概念の底に、古今東西の多くの人が共通に持つ個人的な体験が存在していることに気づき、多くの重要な概念の底に人間として誰にも共通の体験や感覚の基盤が存在していることを理解・洞察するようになってほしい。

こうした方向に向かって一人ひとりの子どもの成長をはかっていくためには、具体的な教育活動について多岐にわたる工夫が必要であろう。また、ここにあげてきたような目標・課題は人間理解の本質的な部分にかかわるものであり、誰にも見える形でその成果があがっていく、といったわけにはいかないものである。心ある教師の方々の粘り強い取り組みに期待したいものである。

第2章　自己内対話の力と習慣を育てる

1　自分自身の主人公になるということ

自分にこだわり、自分を忘れる

人間はある時期、徹底的に自分にこだわって、自分という存在についての理解を深めることが必要であろう。そして、自分をどう伸ばすかを考え、努力する姿勢を身につけていかなくてはならないであろう。これを通じて、自分で自分の人生に責任を持つという意味での主体性を確立していかなければならないのである。そしてそのうえで、最後には、それを突き抜けて、自分を忘れるというところまでいくことが望ましい。自分にこだわらないで、自由自在にふるまえる、というところまで終局的にはいきたいものである。

道元の『正法眼蔵』の中に、「仏道をならうというは自己をならうなり。自己をならうというは自己を忘るるなり。自己を忘るるというは万法に証せらるるなり」という有名な言葉がある。本当に自由に生きるためには、最終的には自分へのこだわりを乗り超えてしまわないといけないのである。しかし、初めから自分が生きていくという気持ちがなくて、右往左往して、あっちに流されこっちに流されているのでは、どうにもならないであろう。初めから自分にこだわることがないというのでは、誰の人生なのか分からない。最後には道元の境地にまでいかないといけないとしても、それは一度、自分というものにきちんと責任をとるという姿勢を確立し、自分を生かす、自分を伸ばす、といった主体的な努力を持続できるようになってからでないと困る。酔生夢死という言葉があるように、目が覚めないまま死を迎えるというのでは、何のための人生だったのか、ということにもなるであろう。

学校で自分を見つめる教育を

このように、最終的には自分を忘れるというところにいくべきであるにしても、児童期から青年期にかけて、一度、自分自身をどのようにとらえ、そういう自分に対してどう責任をとっていけばいいか、ぎりぎりのところまで考えておくべきではないだろうか。人生の前半部分において、その人なりの主体性をきっちりと確立する努力をしたいものである。学校でも当然、こうした意味での成長・発達を積極的に支え、援助すべきであろう。

アメリカでは幼稚園段階から自己概念の教育を始めていることを考えると、このような面にかかわる教育は、小学校一年から始めたとしても、必ずしも早くはない。子ども達が互いの長所について書き合う、といった活動を通じて自他の認識を深めていくなどというやり方ならば、かなり早い段階から可能であろう。誰君は何が得意だとか、誰ちゃんはこういう点でとってもいいとか、一枚の紙に書いて互いにやりとりすることによって、自分では気づかなかった自分の特徴について理解が深まっていくであろう。これと同時に、誰ちゃんが自分をこう見てくれている、ということで、その誰ちゃんに対する理解も深まっていく。自己理解と他者理解が相即的に深まっていくわけである。

自己内対話の力と習慣

自分自身についてのこうした教育の過程において、自己内対話の力と習慣を育てるということが、大事な視点として浮かびあがってくる。思考するということ自体が自己内対話であると言ってもいいが、ここで言うのは、自分自身をテーマとして思考する、自分自身をめぐって自分自身と対話する、ということである。もちろん、自分自身と対話するといっても、あれこれ自分のことを考えすぎるとノイローゼになってしまう。変な形で自己対話にとりつかれると、動きがとれなくなってしまうであろう。私って何かしら、とくよくよ考えているだけではどうにもならないのである。したがって、自己内対話という活動を行うようになるだけではだめである。健康的な形で、つまり自分自身の人間的成長につながっていく形で、自己内対話を深めていくためには、それなりの押さえ所があるはずである。子どもであろうと、大人であろうと、自己内対話を発展させていくためには、一定の原則があるはずである。

こうした原則の一つとして、他の人との対話を土台に持ちながら自己内対話を進めていく、ということを重視しなくてはならないであろう。結局のところ、自分の頭の中だけで対話が暴走していくからこそノイローゼになるのである。いろいろな悩みがある時でも、誰か信頼できる人に話を聞いてもらうだけで、自己内対話の暴走をくいとめることができる。日常的に身近な人との間で良い対話をしている人なら、自己内対話が暴走することなどまずないであろう。

2　われと汝、われとそれ――対話の能力を育てるために

対話ということで、すぐに思い出されるのが、ブーバーの『我と汝』である。[*1] 単なるおしゃべりと対話とが異なるとしたら、それは相手との、対象とのかかわりのあり方の違いによるであろう。自分にとって相手が「それ」であるのか、「汝」であるのか、の違いである。相手が物でなく人であっても、われわれは相手を「それ」として扱っていることが少なくないのである。たとえば、われわれが自慢話をする時、ともかく耳を傾けてさえくれるなら、相手は誰であってもよい。愚痴をこぼす時もそうである。「汝」として扱うというのは、相手を自分にとってかけがえのない存在であるとみなすことである。他でもないあなたにこそこの話を聞いてほしいのであり、他でもないあなたの話だからこそ耳を傾けるのである、という関係にあることと言ってもよい。したがって、一見対話ふうであっても、全く対話になっていない場合が多いのである。たとえば、駅で電車を待ちながら、二人のおばさんが会話している情景を思い浮かべてみていただきたい。片方が半ば自慢気に、半ば愚痴っぽく、

「うちの子ったらこうなんですよ。本当に困ってしまいます！」

と言う。もう一方も負けじとばかりに言う。

「うちの子なんかこんなことを言うんです。私も困っちゃって……」

「そうなんですか。うちの子も本当に……」

「やっぱりねえ。うちの子の場合なんか……」

これはたしかに、一見対話ふうである。二人の話が表面的にはかみ合っている。しかし、内容的にはそれぞれが自分の子どものことを口にしているだけである。二人とも「うちの子」のことしか頭にないと言っても過言ではない。本当は相手の話なんかどうでもいいのである。したがって、これは本質的には二人の独話と言ってよい。平行的独話である。相互刺激的に、タイム・シェアリングで独り言をしゃべっているのである。この場合、相手は「それ」でしかなく、けっして「汝」ではない。

相手を「それ」として扱う時、私にとっては私の世界しか存在していない。平行的独話の場合には、したがって、私の世界と相手の人の世界が相互にふれ合うことがない。話し合うことを通じて二つの世界が相互に浸透し合い、深め合うということがない。話し合うということによって、私も相手も何ら変わっていくことがないのである。自分のしゃべりたいことを、互いに相手に向かってしゃべり合うだけであるなら、そこから何らの発展も望めないであろう。

ここまで見てきたところからも明らかなように、対話が可能になるためには一定の能力なり構えなりが不可欠である。ここでは、そうした能力や構えのうち特に大事なポイントとして、三点をあげておくことにしたい。

人の話を聞く能力

まず第一のポイントは、人の話に真剣に耳を傾けることができるということである。このためには、相手の言っている内容や考えをできるだけ理解しようと努めるだけでなく、そういうふうに話している相手の気持ちや感情の動きをも感じ取るよう努めなくてはならない。つまり、相手の言っていることや気持ちが自分の実感として分かる、というところまで耳を傾けることができなくてはならないのである。もちろん、相手の考えや気持ちが自分のそれと食い違っていることも多いであろう。しかし、自分とは違うけれども分かるということがあるはずである。共感的理解ということがよく言われるが、これは必ずしも相手と同じ考えや気持ちになることではない。共感とは単なる同調や同化ではない。相手がそういうことを言いたくてしようがないことを分かってあげる、そういう考え方をするのも相手の状況や条件からは当然であり自然であることを分かってあげる、ということであろう。ここで分かるとは、もちろん理屈としてということではなく、自分のこれまでの経験に照らして実感として、ということである。

こうしたことができるようになるためには、やはり訓練が必要である。誰でも年齢を積み重ねれば、自然に共感的理解が可能になるというものではない。人の話に本当に耳を傾けることができるようになるためには、どうしてもそのための訓練をしなくてはならないのである。第二次世界大戦後の教育においては、発表や自己主張の訓練には力が入れられてきたが、人の言葉をよく聞いて、その人の言いたいことや気持ちを感じとる訓練は、あまりされてこなかったと言ってよい。今の日本の若者も中年も、人の話に耳を傾けるのが必ずしも上手でないのは、このためではないであろうか。また、理性的であるということは批判的であるということである、ということも戦後の教育で強く言われてきた。小賢しいことばかり口にして人の足を引っ張るのが上手、という社会風潮は、このあたりと強く関係しているのではないだろうか。いずれにせよ、相手の言うことにじっと耳を傾けて、その人の考えや気持ちを、その人の身になって、その人の内面から分かろうとする訓練がこれまで必ずしも十分でなかったことは、否定できないであろう。

人の話に耳を傾けるということは、忍耐のいることである。よほど辛抱しないと人の話を聞き続けることはできない。だからどうしても、自分の耳に快いことだけを、しかも自分がその気になった時だけ、自分が聞きたいだけの間、聞く、ということになりがちである。この限界を乗り越えるためには、自分をコントロールしないといけない。我慢し、辛抱しなくてはならない。学校教育の中で、こうした訓練をやはりきちんと考えていかねばならないであろう。

自分の言うべきことを持つ

第二のポイントとして、自分の中に自分がどうしても言いたいこと、自信を持って言えることができていなくてはならない。これがなくて、いつも人の話を傾聴しているだけでは、とても対話にはならない。自分なりの見方、自分なりの感覚、自分なりの意見がきちんとできていないと、お互いが変容していくような話し合いはできない。自分の実感に根ざした言葉で語れなくては、対話が成立しないのである。

この点も、日本のこれまでの教育で弱かった部分と言ってよい。もちろんこのことは、自己主張が足りないということではない。どこかで正しいとされていること、望ましいとされていることを、まるで自分の考えであるかのように声高に語るのが上手な子は、必ずしも少なくはない。しかし自分の実感で語ろうとする子が育ってきているのであろうか、ということである。さらには、その土台となる自分なりの実感の世界を深め広げることが、これまで十分にやられてこなかったのではないか、ということである。われわれがこれまで繰り返し指摘してきた汎正解主義の教育病理（何にでも唯一の正しい答えや望ましいやり方などがあるとして、それをなんとか教え込もうとする教育風土）とこのこととは深く関係している。また、協調性が何よりも強調され、人と同じことを言ったりやったりしなくてはならないような社会的圧力があることとも、深く関係していると言ってよい。自分の言うべきことがはっきりしないままで、まわりの人に合わせることばかり考えているのでは、どうにもならないであろう。

たとえば、自分はクラシック音楽が好き、という子がいるとしよう。しかしどういう意味でそうなのかを問うてみる必要がある。クラシックは価値が高くて、ポピュラーや演歌は価値がない、と思い込んでいるためなのか、「クラシックが好き」と言うと親も先生も喜んでくれるからなのか、等々の点についてである。また、同じクラシックであっても、ベートーベンの世界とバッハの世界と、あるいはビバルディの世界とでは大きな違いがある。クラシックなら何でもいいと言うとすれば、本当に自分なりの実感として、なんらかのタイプの音楽が好きなのかどうか疑問と言わざるをえない。いろいろと話したり主張したりしているとしても、そのように言うべき必然性が自分の中に何も育っていない場合が少なくないのであり、しかも、当の本人がそのことに気づいていないことも多いのである。

だからこそ、私はどう思うか、私はどう感じているか、を大事にする態度が育ってほしいのである。また、自分なりの見通しや仮説を持って、自分なりにそれを吟味していく習慣が育ってほしいのである。そして、自分なりに納得できることは何であるかを追求していく姿勢が育ってほしいのである。さらには、その上に立って、自分の思いや考えを的確に表現する力が育ってほしいのである。言うまでもなく、これを実現するためには、これからの教育の中で格段の努力と工夫が必要とされるであろう。

相手との交流能力

第三のポイントとして、自分と相手との間の交流の仕方それ自体を考えておかなくてはならない。私とあなたの間に本当のインタラクト（相互作用）が成立するのでなくてはならない。つまり、「私も言いたいことを言わせてもらいます。あなたも言いたいことを言ってください。もちろん、互いに言いっ放しにならないようにしたいと思います。私の言うことも、一つ、虚心に聞いてみてください。私も、あなたの言うことに一生懸命耳を傾けます。それによって私の言いたいこととあなたの言いたいことを本気で突き合わせ、吟味してみることにしましょう」といったことが可能にならなくてはならないのである。これを通じて、自分と相手との間にあるズレに気づいていく、そして、そのズレを突き詰めていくことによって共通の土台を見つけていく、ということが可能になるはずである。また、この過程において、こういうことを解決しない限り、自分と相手とはいつまでも平行線をたどらざるをえない、ということが見えてくるかもしれない。あるいは、このズレそのものは、むりに一致する必要はない、お互いの違いを大事にしていこうじゃないか、ということになる場合があるかもしれない。いずれにせよ、自分と相手との間の接触を通じて、自分も相手もそれぞれ変わりうる、ということでなくてはならないのである。

自分は変わりません、あなただけ変わってください、というのは説得である。あなたは変わらなくて結構です、私の方であなたに合わせていきます、というのは、同調ないし迎合である。いずれにしても、対話にはなっていない。お互いが自分の実感で理解し合って、必要があれば自分で納得して変わっていく、ということがあってこそ対話である。本音で話し合って、それぞれの本音そのものが問い直される、ということが、対話なのである。一つの方向に向かって同じ内容のきれい事を誰もが言い合うのは、けっして対話ではない。肩を抱き合って、仲よしムードで当たり障りのないことを声高に言い合うのも、対話とはほど遠いものであろう。ここらあたりの厳しさについて、小学校の低学年から少しずつ認識させていくような活動を考えていくべきではないであろうか。

対話可能な方向へ少しずつ

対話ができるようになるためには、少なくとも以上三つのポイントが不可欠である。もちろん、ここで述べてきた対話のあり方は一つの理想型であり、現実に存在するものというより、理念的なものと言った方がよい。したがって、真の対話が可能となるよう子どもを教育していくにしても、一足跳びに完全な姿を望むべきでない。いや、完全な形での対話などというものは、どこまでいっても成立するものではない。学年を追って少しずつ、ここで述べた意味での対話の力がついていけばそれでよいのである。

たとえば、小学校の低学年や中学年なら、「自分で本当に納得していることを話してごらん。そのことを本当に自分で納得しているかどうか、ちょっと時間をあげるからよく考えてみて、それから話してごらん。……」といったことで活動させたり、「友達に何か言う時に、どうしてなのか、どうしてそう考えたのか、ということもいっしょに言ってあげようね。結果や結論だけでなく、どうしてそうなのか、ということを話すのだよ。……友達が話してくれたことも、どういうことでそう思うようになったのか、どういう理由でそう考えたのか、をよく聞いてみなくてはいけないよ。……」といったことで活動させればよいであろう。しかし当然のことながら、中学校ともなれば、先に三つのポイントとして述べてきたところを踏まえて、もう一歩先へ進んだ活動を工夫しなくてはならない。

3　対話の力を土台に自己内対話を

さて、こうした形で対話の力を育成していき、それを足場にして自己内対話の力をも伸ばしていこうというわけであるが、原理となる点は、他の人が相手の場合も自分自身が相手の場合も、基本的には同じである。自己内対話の場合も、自分自身の内なる声に虚心に耳を傾けようとする気持ちが育っていかなくてはならないし、また、自分自身の本音を率直に自分自身に対して語る訓練をしていかなくてはならない。さらには、そうした自己内対話を積み重ねていくことによって、自分自身が実感ないし本音の部分で変わっていくことのできる柔軟性がなくてはならない。先に述べた対話の能力や構えを伸ばすうえでの三つのポイントが、相手を自分自身に置き換えるだけで、自己内対話の場合にも基本的に当てはまるのである。だからこそ、対話の力を育成することがそのまま、自己内対話の力を育成することにもつながっていくのである。

ただし、自己内対話の力を育成していこうとする場合には、これが自分と自分の間での内的対話であるということから、いくつかの点でそれなりの注意が必要とされる。

外的視点の取り入れ

その第一は、外的な視点をどのようにして取り入れたらよいのか、ということである。自分自身との対話に没頭している場合、周囲からの情報や刺激に目を閉ざし、他の人の見方や考え方に関心を持とうとせず、自分だけの世界に籠ってしまうことがある。親が何を言っても、教師が何を言っても、全く耳を貸そうとせず、自分自身の中で対話しているだけでは、どこに暴走していくか分からない。自分のちょっとした思い込みを、自分の中でのキャッチボール的対話によって大きくふくらませ、自分で持て余すようになってはどうにもならない。それに、独りよがりの思い込みを極端なところにまで推し進めていったり、それにもとづいて非常識な行動に出たり、ということになっては危険きわまりない。内閉的に自己内対話を進めていくことを避け、絶えず外部からの情報や刺激に目を向け、それらを積極的に取り入れて吟味しつつ、自己内対話に生かしていく、といった習慣が、どうしても育っていかなくてはならない。他の人との対話を土台としながら自己内対話をしていくということは、この意味においても重要である。

感情の処理法を

注意の必要な第二の点は、感情の上手な処理をどのようにすればよいのか、ということである。自己内対話を続けていくうちに、だんだん気持ちが落ち込んでいって自信を失い、絶望的になっていく、ということでは困る。そういう心理状態は危険きわまりない。逆に、自己内対話を続けていって気持ちが高揚し、独りよがりのプライドや自信を強めていくという場合も、時に見られるところである。これははた迷惑なことが多く、また当人自身にとっても望ましいものでない。当然のことながら感情的になることなく、冷静かつ理性的に内的対話が進んでいくのでなくてはならないのである。自己内対話には他者が介在しないだけに外的チェックがなく、どうしても一つの方向に向かって感情が雪だるま式にふくらんでいきやすい。そうなるともう、感情の暴走であって、自分でどうにかしようと思っても、止めようがなくなる。だからこそ、自分自身で内的対話の状況を絶えずチェックし、感情的な偏りが進行していかないように気をつけ、感情面での暴走を未然に防ぐことが必要であり、そうした訓練をしていかなくてはならないのである。また、自分自身にばかり目を注ぐのでなく、他の人や広い外的世界に目を向けるようにするということも、このような自己感情の暴走を防ぐためには大切であろう。

以上のような点に特に注意しながら、自己内対話の力がつき、習慣が身につくよう指導していかなくてはならないのである。自己内対話こそ、自己理解を深めていくために必須のものと言ってよい。いや、自己内対話はそのまま、ダイナミックな形における自己理解である。これがうまくできるようになってはじめて、真の自己成長性が、真の自己教育力が身につくようになる、と言っても過言ではないであろう。自分自身に健康的な形でこだわって吟味していく力の育成を、今後の重要な教育課題として追求していかなくてはならないのである。

＊1　マルティン・ブーバー『我と汝・対話』植田重雄訳、岩波文庫、一九七九年。原書公刊は、『我と汝』が一九二三年、『対話』が一九三二年。

II

自己感覚・自己概念と教育

第3章　自己の対象化と教育と

1　自分自身の対象化

われわれは、自分の外側にあるものを眺めたり、考えたり、概念化したりするのと同様、自分自身のことを意識したり、考えたり、概念化したりする。懐かしい場所や場面を一つのイメージとしてありありと思い浮かべ、大切な物やことがらについていろいろと考えをめぐらし、愛しい人の一挙一動に無関心でおれないのと同じように、われわれは自分自身に一定のイメージを持ち、いろいろと考え、こだわり続けるのである。それだけでなく、われわれは自分自身を笑うことができるし、自分自身に涙することもできる。自分自身に絶望して、その存在を抹殺してしまうことさえできるのである。

自分自身というしがらみ

ところで、われわれがいろいろと判断したり行動したりする場合、知らず知らずのうちに、自分自身に対するそうした意識や概念やこだわりが、基本的な枠組みとなっている。たとえば、客観的に見たり判断したりしているつもりであっても、いつのまにか自分の視点や立場からの理解や決定になってしまうということが多いのではないだろうか。特に自分自身の利害に深くかかわっている場合には、そのしがらみから抜け出して冷静かつ客観的に考えるなどということは非常に困難である。それだけではない。人が充実感を持って活動できるかどうか、日常の生活の中で生きがいを感じるかどうか、ということも、こうした自己意識、自己概念に深く根差しているのである。

われわれはこのように、自分自身を対象化できるし、またその対象化した自分自身に縛られがちである。しかし対象化できるということは、その対象としたものに対して働きかけ、自分の望む方向、自らが良しとする方向に向けてそれを改変していく、という可能性をはらむことに他ならない。自分自身を対象化するという場合にも、事情は同じである。自覚とか自己形成あるいは自己教育ということが言われるのも、その根底には、人が自分自身を対象化するだけでなく、対象化された自分自身に働きかけ、改変していくことができる、ということがあるのである。

もちろん、人が自分自身を対象化するという場合、その自分自身というのは、個としての自分にとどまるというわけではない。自分の家族とか仲間、あるいは会社とか国といったもののように、「われわれ」として対象化されるものもある。大きくは、類としての自分自身、すなわち「人類の一員としてのわれわれ」「宇宙船〝地球号〟に乗り組んでいる者としてのわれわれ」といった形で、人類全体が、さらには地球上のすべての生命存在が、自分自身として対象化されるのである。この意味において、自分自身を対象化し、それに働きかけ、その改善改革をはかっていく、ということは、必ずしも、孤立した個人の成長を、あるいは完成をめざす、というだけにとどまるものでないことは当然であろう。

2 自己の対象化と教育——四つの視点

それはさておき、われわれが自分自身を対象化するということが、さらにはそのような対象化の結果としての自己概念が、教育ということと、いったいどのような形で関係してくるのであろうか。いったいどういう点に注目するならば、こうした両者の関係が、本質的な意味での重要性を持って立ち現れてくるのであろうか。

次にあげる四つの点は、こうした問いに答えていこうとする際、われわれがけっして見落とすことのできない視点ではないだろうか。

自分自身との対話

まず第一は、人は自分自身と対話する存在である、という点である。

われわれは、自分自身をスタティックな（静態的な）形で対象化しているのではない。いつでも、何か固定したイメージや概念を自分自身に対して持っているというわけではない。そうではなく、自己との絶えざる対話というダイナミックな（動態的な）プロセスとして、常に対象化し続けている、と言ってよいであろう。実は、考えるということ自体が、自己との対話を含んでいる。ソビエトの心理学者が強調してきたように、はじめは他人との対話であったものが内言化して自問自答の形となり、頭の中だけで対話するようになったのが考えるということである、としてもよいような面がたしかにあるのである。特に、困難な問題について考え、解決策を見出そうとするような場合には、自己との対話といった面が強くなるであろう。また、自分で納得できるところまで考えを進める、といった場合にも、自己との対話が不可欠の要素になるのではないだろうか。ある知識なり技能なりが本当にその人自身のものとなり、生活の中で生きて働くようになるためには、自分自身との絶えざる対話がどうしても必要となるのである。

このことは、古代ギリシャの哲人ソクラテスもまた強調するところである。彼の対話的教育法においては、問答を通して自己の無知なることを自覚させ、その基礎の上に立った問答を深めていくことによって、学習者が真の知識に到達することをめざす。そこでは、外的な問いかけに答えるという形での対話からさらに進んで、自己が自己に対して問いかけ、自己が自己に対して答える、といった内的な問答、すなわち自己との対話への発展が強く期待されたのである。

さて、自己との対話は、自分自身に関するなんらかの意識化を含むものであり、また自己概念といった暗黙の基盤が、そうした自己との対話の方向や内容を大きく枠づけている。つまり、考えるということ、それを通じて学んでいくということ、そして本当に腹に落ちて分かり納得するところまで自問自答するということは、自己概念のあり方次第で大きく異なったものになるのである。

たとえば、ごく卑近な例として、自分はこういった領域は不得手だ、と考えている（そういう自己概念を持っている）人が、その領域の問題に取り組もうとするとしよう。その場合彼は、完全に没入してその問題を吟味し、考えを進めていくということが、どうしても困難になるのではないだろうか。つまり、自信のなさが不安をもたらし、さまざまの形で取り組みの過程を妨害することが考えられるし、また、途中でゆきづまったりすると、最後までねばり強く考えを進めようとしないで、「どうせ不得手なのだから、これ以上やってみたって……」ということで早々に断念してしまう、という可能性があるのである。

このように、自分自身との対話ということが、思考や学習にとって、さらにはその人なりの個性的な成長にとってきわめて重要な意義を持つこと、そして自己意識、自己概念が時にはその対話の過程に直接的にかかわってくるだけでなく、大きな枠組みとしてこういった過程自体を規定していることにまず着目してみる必要があるのである。

自分自身へのこだわり

自己概念と教育との関連について考えておくべき第二の点は、人は自分自身にこだわらざるをえない存在である、ということである。

自分自身と絶えず対話しているといっても、それをあっさりとした形でやることは必ずしも容易でない。誰でも自分が可愛いのであり、大切なのである。自分の事情や利害を何よりも優先したいのである。したがって、自分自身との対話も、何の色もつかない透明なもの、理性的で筋の通ったものには、なかなかなりにくいのである。もちろんこのことは、自分自身との対話に限られるものではない。われわれは、どんな場合においても、守りたい「エゴ」、何よりも優先させたい「エゴ」を持っている。したがって、われわれがどんな判断をし、行動をする場合であっても、こうした意味での自分自身へのこだわりが、なんらかの形で忍び込んでこざるをえない。

自分自身にこだわるということは、もちろん、それだけのことではない。自分自身の姿が自分の目に、満足のいくもの、意味があり評価できるもの、に映ってほしいということでもある。自分自身をつまらないもの、無意味なもの、と本当に思い込んでしまったとしたら（そうした自己意識、自己概念を持っているとしたら）、われわれは健康的で積極的な生活を送るわけにいかなくなる。うじうじと悩み、ノイローゼになってしまうことであろう。また、カール・ロジャーズが、精神的健康のメルクマールとして、自分自身の現状にどの程度まで気づき、認容しているか、という自己受容を強調してきたのも、このことと深く関連している。自分自身について良いイメージを持ちたいという気持ちが強くあるからこそ、自己のいやな点や面白くない体験・事実から目をそらそうとし、その結果として、現実の自分自身の姿からかけ離れた防衛的な自己意識、自己概念を作ってしまうことになるのである。

このようにわれわれは、現実の自分自身に、そしてまたイメージの中の自分自身に、絶えずこだわり続けている。このことが、思考を時に筋の通らないものとし、学習の積み上げを妨害し、また人間的な成長を歪んだものにしがちであることは、容易に推察されるところであろう。しかし、このことがまた、学習への取り組みを支える重要な土台を形づくっていることも見落とすことはできない。自分自身を実際に、またイメージの中において、より満足できるものにしたい、というこだわりがあるからこそ、困難な課題をなんとかやりとげようということにもなる。なんとかやりとげた、何かが分かるようになった、できるようになった、という達成感・成就感は、自分でもやればできる、という効力感をもたらし、それによって自分自身のイメージを、実感的基盤の上で、明るいもの、先の開かれたものにしてくれるであろう。それだけでなく、現代の学校教育が、それぞれの社会的役割を個々人に割り当てるチャネルにもなっている、ということを考えるならば、頑張って勉強して良い成績をとり、評価の高い上級校に進学し、りっぱな就職口を……という気持ちは、ここで述べてきた、自己へのこだわりの表現そのものと言えるのではないだろうか。

他人のまなざしへの敏感さ

さて、自己概念と教育との必然的な関連を解きほぐしていく第三の点は、人は他人のまなざしに敏感であって、どうしてもそれにからめとられてしまいがちになる、ということである。

大勢の人の中にいても、その中の誰かがこちらをじっと見つめていたりすると、すぐにその視線に気づくことが多い。たとえそれが横の方からであろうと、斜め後ろの方からであろうと、自分に向けられたまなざしは、気配でそれと分かるものである。これは、人類が群としてその生活を維持してきたことから発達せざるをえなかった能力であろう。

われわれは、それぞれの社会的位置・役割に応じた態度や行動をしていかねばならない。そして、今ここでの態度や行動がその意味で妥当なものであるかどうかは、周囲からのまなざしによって伝えられ、規制される。つまり、その位置・役割にふさわしくない態度・行動であれば、周囲のまなざしが冷たく批判的なもの、とがめ立てをするようなもの、になるのでそれと分かるであろう。また、そういったまなざしは不快であり、何か落ち着けない不安な感情を呼びさまされることになるので、今ここでの態度や行動を変えて、周囲のまなざしに容認されるものにしようとするであろう。

まなざしを投げかけられるということは、そのまなざしを投げかけている人の心の中で、自分自身のあり方が吟味され、値ぶみされる、ということである。われわれは、そういった「まなざし環境」の中で、社会における自分自身の位置づけやそれに関連した期待を学習し、また、それに応える方法を学習していくことによって、社会性を身につけていくのである。クーリーやミードが早くから指摘してきたように、個々人の持つ自己意識、自己概念は、少なくともその大事な部分においては、そういった「まなざし環境」による学習の結果と考えてよいのである。

学校においても、子ども達は多くのまなざしに囲まれている。特に重要なのは、教師のまなざしである。また級友のまなざしも、小学校上級から中学、高校へと進むにつれ、だんだんその重要性を増し、時には教師のまなざしよりずっと大きな影響力を持つものとなる。そして、授業中に良い発言をしたかどうか、テストで良い点をとったかどうか、通知票で良い成績を得たかどうか、教師の間で評判が良いかどうか、等々といった点で、一人ひとりが周囲からのまなざしによって吟味され、値ぶみされるのである。それだけでなく、学校での値ぶみは、多くの場合、その子に対する親のまなざし、地域の人々や親戚の人々のまなざし、等々を決めてしまうことにもなる。

結局のところ、子どもはその子なりに学校や家庭等々での多様なまなざしを受けとめ、それによって自信を得たり、傷ついて劣等感を持ったりしながら、周囲からの期待に応えるべく、あるいは、まれには周囲からの期待にわざと背を向けるような形で、学習活動をも含めた毎日毎日の生活を送っているのである。

自己形成が可能であるということ

最後にもう一つ、自己概念と教育との関連について考えておくべき第四の点として、人は自分自身に働きかけ、自分自身の望む方向へ自己を形成していくことのできる存在である、ということに注目しておきたい。

われわれには、あらためて言うまでもなく、自分自身をコントロールする力がある。自らの内的な欲求や衝動に振り回されることなく、また外的な要請や要求に屈することなく、自らの選びとった目標や原則に沿って自分自身のあり方を規制することができる。誰しもが、多かれ少なかれ、「ここではこうしておかなくては」とか、「ここではこれを我慢して、むしろこちらの方をやらなくては」といった形で自分自身をコントロールしているのである。自分自身へのこうした働きかけの中に、自己をコントロールするうえでの基準や目標、モデルが暗々裏に含まれていることは、あらためて言うまでもない。しかし意識の背後に隠れたままになりがちな「かくあるべき自己」に関する暗黙の想定ないし感覚が、意識化され、自己吟味され、あらためてはっきりした形で自分自身に与えられるならば、われわれは自覚的に自己形成を行うことが可能になる。自分は何をなすべきで何をなすべきでないか、自分は本来はどうあらねばならないのか、こういった問いを自分自身に突きつけ、同時に自分自身のあり方を、それとの関連で吟味し続けることによって、われわれは一歩一歩、自らの「かくあるべき自己」に向かって自己形成していくことができる。古来、偉大な思想家は、このことを繰り返し繰り返し強調してきたと言ってよい。人は本質的に「自分自身を創り上げる」存在であると言われてきたのも、このことに他ならないのである。

しかしながら、ここで注意が必要なのは、自己概念と教育との基本的な関連ということでこれまでにあげた三つの点と、この最後の第四の点とでは、若干事情が異なるということである。つまり、先の三つの点はいずれも、人間であれば誰にでも見られるはずの根本的な事実を取り上げたものであったのに対し、ここでの第四点、自己形成という点については、現実には大きな個人差が存在している。つまり、ある人々にとっては、自覚的に自分自身を形成する、などということなのである。

たしかに一方には、自分なりの目標を立て、計画を練り、着実に一歩一歩、自分自身を形成していこうと真摯《しんし》な努力を行っている人がいる。しかしこれに対して、他方には、何の目標も持つことなく、外側から与えられた義務的課題をともかくもこなしつつ、そして内的な欲求に突き動かされるままに、その日その日を何となく送ってしまっているように見える人も少なくはない。つまり、一方には自分自身についてはっきりした自覚を持ち、あるべき自己の姿と現実の自己の姿とのズレを常に検出し、フィードバックして、自己変革、自己形成を、自らの責任の下に主体的能動的に行っていこうとする人がいるのに対し、他方には、自覚を欠き、あるべき自己の姿を欠き、自らの現状を変革していくという意欲も構えも欠いているように見える多くの人が、たしかにいるのである。

しかしここで重要なのは、可能性である。その気になりさえすれば、誰でも、はっきりとした自覚が、あるべき自己の姿と現実の自分自身のあり方に対する吟味が、そして自分自身へのコントロールや働きかけが、可能なのである。つまり、人は誰しも、可能態としては自覚的で自己形成的な存在であり、要は、どのようなきっかけでそれが現実態へと転化するか、ということなのである。教育の場においても、どのような場でどのような活動をすることによって、またどのような指導をすることによって、そのようなきっかけを準備することができるか、よくよく考え、工夫しなくてはならない課題であろう。一人ひとりの子どもを自己形成的な存在にしていくということ、その意味での自己教育性を身につけた存在にしていくということは、あらためて言うまでもなく、教育の本質的な目標であり課題である。

さらに言うならば、これまでに偉大な業績を残した人のすべてが、それがどのような領域の人であろうと、例外なく、なんらかの意味における自己教育の習慣を自らのものにしていた、ということを見落とすことはできない。このことは、先に述べた意味における自己の対象化、コントロール、そして自己形成への持続的働きかけ、という可能性を最大限に追求したのがこの人達であった、という観点から考えてみてもよい。もちろん、教育という営みは、必ずしも偉人を育てることではない。また、偉大な業績をあげる人を育成することが教育の第一義的な目的というわけではない。しかしながら、こうした人々が共通に示す自己形成的な側面は、すべての人を対象とした通常の教育の中でも十分に参照されるべきであろう。傑出した人の努力のあとは、人が誰でも持っている可能性を、そしてそれが現実性へと転化しうるものであるということを、如実に示すモデルとして、教育的に大きな意義を持つからである。

第4章　才能・努力・学習成果と自己概念

自己概念がどうあろうとも、その人に素質なり才能なりがなければどうにもならない、という考え方が、暗黙の常識として存在している。知能指数や偏差値がその人の将来を決めていくのであって、自己概念といった「気の持ち方」を云々しても始まらないというわけである。しかし、素質や才能があるということは、本当に、そのような決定論的意味を持つのであろうか。能力とか適性というものがすでに各自に備わっていて、「気の持ち方」の問題などは、ほんの気休めでしかないのであろうか。この問題についてここで少しばかり考えておくことにしよう。

1　教育と能力・適性と

能力・適性に応じた教育？

一人ひとりの能力・適性に応じたカリキュラムだとか指導法だとかということが、強調されることが少なくない。そうすると、血液型がA型だからこのカリキュラムがちょうどいい、生まれ月の星座がおひつじ座だからこの指導法が……という感覚で能力や適性のことを考える人が出てくるのではないだろうか。つまり、能力・適性のAタイプの人にはこういうカリキュラムを、とか、能力・適性の水準Bの人にはこういう指導法を、といった発想である。

しかし本当に、一人ひとりが生まれつき、なんらかのタイプなり水準なりの能力・適性を持っているであろうか。血液型や星座と同じような形で、一人ひとりの学習者を能力・適性の観点から分類できるのであろうか。たしかに、遺伝子的な何かによって、生まれつきと言ってよいほどの個体差が一人ひとりの間に存在するであろうことは認めるとしても、それがはっきりしたタイプとか水準といった形をとって一人ひとりに内在しているのであろうか。さらに言うならば、そういった個体差を、教える側で、また本人自身の側で、きちんとカリキュラムや指導法を割り振ったり選択したりできるほどの的確さでもってとらえることが可能なのであろうか。

こういう問いを発してみたのは、奇をてらっているのでもなければ、へそ曲がりで言っているのでもない。能力・適性というものは、「能力・適性に応じて……」と簡単に言い切ってはならないもののように考えられてならないからである。

「おちこぼれ」はいつまでもだめなのか

たとえば、コリン・ウィルソンという評論家がいる。マズロー心理学を論じた『至高体験——自己実現のための心理学』[*1]や、魔術、テレパシーなどを論じた『オカルト（上・下）』[*2]などの著書は、日本でも多くの人に読まれている。この人は、一九五六年、二五歳の若さで処女作『アウトサイダー』[*3]を発表し、イギリスやアメリカでベストセラーになった、という人である。日本でも一九六〇年前後、この本は多くの大学生に読まれ、当時の若者の一部にとっては、サルトルやカミュに匹敵するほどの、あるいはそれ以上の位置を占めていたと言ってよい。実は私自身、大学三年生の時にこの『アウトサイダー』と出会い、本当にむさぼるように読んだ、という経験を持っている。博識と熱度の高さに眩惑される思いがしたものである。あれから長い年月が経ったが、彼はいまだに筆者にとってのヒーローである。

このコリン・ウィルソンは、後に英国からアメリカに渡り、晩年まで大学の教授をしながら、精力的に次々と刺激的な著作を発表し続けた人であるが、彼自身は大学を卒業していない。いや大学に入学さえしていない。彼は、一六歳までしか学歴がないのである。上級学校に行く気がしなかったのではなく、成績がよくなくて行けなかったのである。処女作で世の中にデビューするまで、彼はいろいろな職業を転々としている。自伝『発端への旅』[*4]によると、ある時期には月のうち何日か肉体労働をしてお金をかせぎ、あとの日は朝から晩まで大英博物館で本を読み、夜は公園で小さなテントを張って野宿をする、という生活をしていたという。客観的に見れば、まさに浮浪者である。いずれにせよ、彼は学校時代を含め、処女作がベストセラーになるまでは、教師にも、親にも、そして友人達にも、全く期待されることのない若者、自己主張ばかり強くて生活力の全くない困った若者、でしかなかったのである。

アインシュタインの場合もそうである。相対性原理を発見し、二〇世紀最大の知的巨人の一人といわれる彼も、小学校の時から、うすぼんやりした子どもであったという。高校では結局ついていけなくなって、中退を余儀なくされている。後にある工業大学（そこは高校卒業資格を持っていなくても入学させてくれるところであった）を卒業し、少しずつ頭角を現していったのであるが、ともかくも高校までは、教師になんら期待されるところのない子どもであったのである。

こういった例は他にも数多くある。アメリカの国務長官として国際問題の処理に新しい手法を持ち込み、敏腕をうたわれたキッシンジャーも、イギリスの大作家で皮肉屋のバーナード・ショーも、そして誰もがよくその名を知っている大発明家エジソンも、学校では「おちこぼれ」であった。早くから誰かが彼らの能力・適性を見てとり、それがすくすくと伸びるようにお膳立てして、そして彼ら自身それに応えて努力を積み重ね……ということではけっしてない。

「神童」はいつまでも優秀なのか

このことを逆の面から照射するのが、サイバネティックスの創始者の一人として著名なノーバート・ウィーナーの自伝『神童から俗人へ』[*5]である。幼時から才能の輝きを示し、他人より三年とか五年とか早くハーバード大学に特別進学した神童達のほとんどが、後には結局並の人間になり、世間から忘れ去られてしまっているという。ウィーナー自身がそういった神童の一人として、一一歳でタフツ・カレッジへ、一四歳でハーバードの大学院へ進学しているのであるが、彼はこの自伝で昔の仲間のことを回顧しているのである。そして、彼自身の場合も、なまじ神童扱いされ、早期教育を受けたため、心理的に、また実際的に多くの深刻な問題を抱え込み、本当に創造的な仕事を精力的にやれるようになったのは、いろいろな意味で成熟した三〇歳前後からであった、と述べている。

もちろん、能力・適性の発現の時期は、人によってさまざまである。幼少の折からみなに期待され、そして非常に若い時期に衆目の認めるすばらしい業績をあげた人もいるであろうし、また、幼少の折からみなにだめだめだと言われ、そしてやっぱり何をやってもだめなままで一生涯を送った人も多いことであろう。しかし、だからといって、能力・適性が早くから見えており、それに応じて教育したからそうなった、ということでは必ずしもないのである。

能力や適性をある時期にはっきりした形で把握しさえすれば、それにもとづいてその人にとって一生涯が、その人の業績が、その人の人生における成功や失敗が、前もって見えてくる、ということではけっしてない。人間の能力や適性などというものは流動的なものであり、可塑的なものであり、そして何よりもまず、その人自身の主体的な努力によって開発され、発現してくるものである。学校時代に教師や親が、そして本人が考えていた能力・適性が、その後の長い人生の中で、その通りの事実として現れてくる、などということではけっしてないのである。

2　実績と自己概念こそが

能力・適性とは結果論である

それでは、能力・適性と呼ばれてきたものの本質は、いったい何なのであろうか。

まず第一に、能力・適性と呼ばれてきたものは、一つの結果論でしかないことに注意しなくてはならない。人がなんらかの実績を示した場合、その人にそういう能力・適性があったとされるのである。コリン・ウィルソンは『アウトサイダー』を書き、それがたまたまベストセラーになったからこそ能力があるとみなされ、また、その後も数多くの著作があるからこそ文筆業への適性があるとみなされるのである。小学校では目立たなかった子どもが高校に入ってから頑張り、一浪か二浪してでも東大に合格した、ということになると、あの子には結局のところ能力があったのだ、ということにされるのである。

第二に、能力・適性と呼ばれてきたものは、その当人が自分自身の可能性をどのように見ているかという自己概念と深く関係するものである。自分は何をやってもだめだと思い込んでいたならば、いろいろやってみても結局はだめなままであろう。逆に、親にも教師にも期待されず、認められないにしても、「自分はいつか必ず……」と深く期するところがあれば、必ずやいつの日か、広く認められるような実績をあげることができるのではないだろうか。その気にさえなれば、長い人生の中で、自分なりの個性的な能力を周囲に認めてもらえるようなチャンスに、一度や二度は必ず巡りあえるはずである。

もちろん、第一にあげた実績と、第二にあげた自己概念は相互に深く関連し、互いに支え合っていると言ってもよい。頑張ってなんらかの実績をあげると自分自身についての可能性が新たに見えてきて、今は「他の人に認められなくても、そのうちきっと……」ということで頑張れるであろう。また、そういった自負や自信をもたらすような実績をあげるためには、その前提として自分自身に深く依り頼むところがなくてはならない、ということもあるであろう。実績と自己概念の連環に周囲からの期待という要素が、ある時にはポジティブな形で、またある時にはネガティブな形でかかわってきて、多くの人が共通に持つイメージとしての能力・適性が発現する、というように考えることができるのではないだろうか。

暫定的な見方に徹する

それでは、現在、「能力・適性に応じて」と学校教育で言われていることの意味は、いったい何なのであろうか。この場合の能力・適性とは、いったいどういうことなのであろうか。

結論的に言うならば、この場合の能力・適性とは、その時点での学力と興味・関心にすぎないのである。それ以上でもそれ以下でもないことに十分な注意が必要である。つまり、「能力・適性に応じて」ということで実質的に問題になるのは、「その時点での」ということと、「学力」ということと、「興味・関心」ということなのである。

まず「その時点での」ということは、一人ひとりの学習者の現状を、基本的には暫定的なものとして、しかし、そこでの学習にとっては決定的な力を持つものとして、問題にするということである。詳しい説明は抜きにするが、形成的評価という考え方そのものが、このような観点に立つものであるということは、十分に留意されてよいであろう。[*6]

「学力」ということについては、それがふつう言われている能力とは異なって、現実に具体的な形で身についている知識や技能のことである、という点が重要である。つまりそれは、日常的に漠然と言われている「頭のよさ」といったものではないのである。たしかに学校教育的な枠組みの中で学習していくのに向いた基礎能力のパターンというものはあるであろう。しかし現実の学力とは、そういった基礎能力を土台に、学習者当人の努力の度合い（主体的取り組みの密度と時間）と教える側の指導力（教育的関係のつくり方、教材の提示と説明の仕方、学習状況の診断と指示の仕方、等々についての有効性と適切さ）とがあいまって身につくものである。そしてその学力こそが、カリキュラムや学習指導法の選択に深くかかわってくるのである。

もう一つ「興味・関心」については、これが適性を構成する重要な柱であることを認めると同時に、状況が変わればこれもまた変化する可能性の大きなものであることを指摘しておきたい。さきほども述べたように、適性ということは、まさに結果論でしかない。それぞれの時点での学習にとって問題となるのは、当面の課題に、そのカリキュラム内容に、興味や関心を持つかどうか、ということである。そして、「好きこそものの上手なれ」と言われるように、興味や関心があることについては学習もその成果をあげていくのである。

能力・適性ということを、いささかなりとも実体視することがあってはならないであろう。これらはあくまでも一つの構成概念にすぎないのである。そして特に学校教育の中でこの概念が用いられる場合には、あくまでも機能的にとらえられるべきであろう。

自己意識、自己概念の問題は、単なる「気の持ち方」や「物は考えよう」ということではない。自分自身の「才能」を信じ、それが成果を生むところまで努力を持続させ、その成果によって自らの「才能」をあらためて確信する、というダイナミックな面を持っていることをけっして忘れてはならないのである。

＊1　コリン・ウィルソン『至高体験――自己実現のための心理学』由良君美・四方田犬彦訳、河出書房新社、一九七九年。
＊2　コリン・ウィルソン『オカルト（上・下）』中村保男訳、新潮社、一九七三年。

＊3　コリン・ウィルソン『アウトサイダー』福田恆存・中村保男訳、紀伊國屋書店、一九五七年。
＊4　コリン・ウィルソン『発端への旅』飛田茂雄訳、竹内書店、一九七一年。
＊5　ノーバート・ウィーナー『神童から俗人へ——わが幼時と青春』鎮目恭夫訳、みすず書房、一九八三年。
＊6　たとえば、次の文献を参照されたい。
ブルーム他『教育評価法ハンドブック』梶田叡一他訳、第一法規、一九七三年。
梶田叡一『教育評価』有斐閣、一九八三年。

第5章　自己の力と重要性の感覚の誤った追求

自己概念の問題の持つもう一つのダイナミックな側面を、暴力に走る中学生の内面世界を吟味してみることを通じて、少しばかり具体的な形で考えてみることにしたい。

1　中学生の暴力事件の頻発

一九八〇年代に入って、中学生の暴力事件やいじめの問題が、広く社会の注目を集めた時期がある。そして、何度かピークを重ねながら今日にまで至っていると言ってよい。男子生徒達が教師を呼び出して殴ったとか、女子生徒達が仲間の一人をリンチしたとか、殺伐とした事件が、各地で発生したりすることがある。隣の学校に集団で殴り込みをかけたり、二つの学校の生徒グループが公園や街頭で乱闘事件を起こしたり、といったことも、けっして珍しいことではない。また、そこまではいかなくとも、とても満足には授業ができない、という学校は、どの地方、どの地域でも、かなり見られるのではないだろうか。教師が教壇に立って授業を始めていても、何人かの生徒がそれにはおかまいなく教室の中を歩きまわったり、声高にしゃべったり、……といった状況も学校によっては見られないわけではない。

こういったことは、ずいぶん以前から、あったことではある。この頃になってはじめて生じた現象ではない。しかし特に一九八〇年代以降、その深刻さの度合いが深まってきているようである。無抵抗なホームレスを集団で襲って死に至らしめたとか、気弱な教師を集団で繰り返し繰り返しいじめていたとか、おとなしい女子教員に何度もいたずらを重ねていたとか、やることが陰湿になっている。また、こういった問題現象が特定の地方、特定の地域に限られるのではなく、全国どこであっても多かれ少なかれ見られる、というように普遍化一般化している。

こういった状況では、もはや特定の生徒の特異な問題行動としてのみこれを考えることはできない。もっと一般的に、現在の社会、現在の学校の持っている基本的な教育力の弱さ、を問題にせねばならないのである。このことは当然、現在の教師の姿勢に見られがちな甘さ、を問題にすることにもつながってくるであろう。

しかしここでは、社会や学校あるいは教師のあり方について吟味し、抜本的な改善・改革策を考えてみる、といった課題に、直接的には深入りしたくない。

ここで行いたいのは、さまざまな形で暴力事件を起こす生徒の深層心理に、いったいどういう構造が潜んでいるのか、吟味してみることである。そしてそれを通じて、われわれ現代日本人が共有している深層心理のひだに、多少なりとも分け入ってみる、ということである。さらには、そのような深層心理を必然のものとしている現代日本社会のあり方についても、思いをいたしてみる、ということである。

2 「やつし」の心理の蔓延

言葉を考えてみる

こういった方向での吟味を進めていく出発点として、「暴力生徒」あるいはその予備軍的存在が、教師に対して使った言葉を取り上げて考えてみることにしよう。

先日、テレビのドキュメンタリー番組を見ている時に耳に入ってきたのは、次のような怒号であった。

「てめえ、なめんなよ!」

「俺を誰だと思ってんだよ! ええ?」

「本気で俺を怒らせる気かよ! お前は!」

これはヤクザの言葉ではない。ツッパリ生徒が教師に対して突っ掛かっているのである。つまり、中学生の男の子が、自分の学校の先生に対して使っている言葉なのである。

この言葉の意味するところは、いったいどういうことなのであろうか。

まず第一に、もはや教師を無条件には自分の目上として認めるものではない。むしろ自分より劣ったもの、低次なものとしておとしめようとしていると言ってよいであろう。

第二に、そういった劣弱な存在である教師が、身のほども知らず、不当にも自分を軽視するような態度をとっている、と難じているのである。

第三に、見かけはたしかに中学生にすぎないとしても、自分は単にそれだけの存在ではない。単なる中学生と教師という上下関係の中に自分を位置づけようとするのは不当であり間違いである、と主張しているのである。

第四に、こういった不当な扱いをされると自分としても腹を立てざるをえない状況となる。そうなった時に何が生じるか、教師の方では覚悟ができているのか、という恫喝である。

結局、こういった心の動きの背後にあるのは、次のような暗黙の前提であろう。

なめるなよ！　本当は私は……

自分は本当は非常に重要な存在である。しかしふだんは、日常的秩序に従って仮におとなしくふるまっているのだ。つまり、身をやつして生活しているのだ。しかし自分があまりにも不当に扱われるようなことがあれば、本来の姿を出す以外にない。その時になって慌てふためいても知らないぞ……。

この心理的構図は、なんら特別のものではない。民主主義の社会においては、大政治家が、大社長が、あるいは各界の実力者が、一日に何回こういった思いを持つであろう。たとえば記者会見の場において、失礼な質問にも愛想よくニコニコ答えていた大実力者が、あまりにも無遠慮に私生活にまで踏み込んできた質問にとうとう腹を立て、「君はどこの社のものだ！」と怒鳴ってにらみつけ、席を蹴って出ていく、といった状況を考えてみればよい。彼はそこできっと「てめえ、なめんなよ！　俺を誰だと思ってんだよ！　ええ?」という言葉を腹の中で噛みしめているに違いないのである。

これが実は特別な心の動きではなく、今では多少なりとも全国民的な心情となっているのではないか、と思わせられる一つの事実がある。それは、水戸黄門のテレビ番組の大衆的人気である。なぜ黄門様は人気があるのであろうか。それは毎回繰り返される「葵の御紋」のあの場面に他ならない。

「ひかえ！　ひかえ！　ひかえい！」

「この方をいったいどなたとこころえる！　先の中納言、天下の副将軍、水戸光圀公なるぞ！」

助さん、格さんが葵の御紋のついた印ろうを振りかざす。この瞬間、日常の秩序におとなしく従っていた無力な普通人、ただのおじいさんは、その場を全面的に支配しうる重要人物、比類のない力を持った存在へと変貌する。それまで隠されていた本当の姿がそこであらわになる。その場の他の普通の人達は恐れ入っておろおろするばかりである。

われわれ一人ひとりの心の底にも、こういった夢ないし願望が潜んでいるのではないだろうか。本当の自分は、重要な存在だと思いたい。この場を全面的に支配するほどの力を持った存在だと思いたい。しかし現実の中では、この日常的秩序の中では、大勢の中の一人として、おとなしくしていなくてはいけない。それはそうだけれど、それにどうも我慢ができない。何かのきっかけで、その日常性を突き抜け、自分の重要性が、自分の比類のない力が、みんなの眼の前にあらわとなってほしい。いや、自分は自らの手で日常性を克服し、みんなの眼の前に自分を重要なもの、比類のない力を持ったもの、として自らを現さねばならない。

平凡なサラリーマンであったとしても

これはもちろん、大多数のサラリーマンが昼間、仕事中に持つ考えではない。サラリーマンであるなら、夜になって何人かと酒を飲み、気持ちを解放してはじめて意識の表層にのぼってくる考えである。

「課長がなんだ！　俺がおとなしく言うことを聞いているからといって、いい気になりやがって……。そのうちにきっと奴を後悔させてやるからな！　待っていやがれ！……」

サラリーマンが酔ってクダをまいているからといって、すべてがでたらめの、口から出まかせではないのである。ただ、サラリーマンとツッパリ中学生との決定的な違いは、同じ構造の心情を秘めているのだとしても、一方が酒の勢いで理性をマヒさせてはじめて意識の表面にそれをのぼらせているのに対し、他方はそうでない、という点にある。もちろん、ツッパリ中学生の場合にも、仲間と集団を組み、その中で互いの感情と感覚を純粋に増幅し合い、それによって日常的秩序の枠を無視することが可能になるということであるから、一種の集団的酩酊にまかせてのもの、と言ってよいかもしれないが……。

いずれにせよ、ここで確認すべき点は、現代日本人が、実力者であろうと平サラリーマンであろうと中学生であろうと、みな、自らの秘めたる重要性、秘めたる力、を人々のまなざしの中に見てとりたい、という非常に強い願望を持っているということである。多くの大人はそれをストレートに表に出しはしない。しかしツッパリ中学生の場合には、それをストレートに出してゆくこと自体が、彼らの生きる証となっているのである。

3　社会状況の特性と現代人の心情

管理社会化の進行故に

それでは、なぜそういった願望をみなが強く持つにいたっているのであろうか。まず第一に考えられれるのは、現代日本社会が高度に組織化・管理化され、どういう立場の人であろうと定められた役割の狭い枠の中でしか発言したり行動したりできなくなっている、という事実である。つまり、従わねばならぬ日常的秩序がそれほどまでに強くなっているのである。その結果、地位の上下にかかわらず、一人ひとりが自らを、常に動かされるもの、与えられる課題を次々とこなしていかざるをえないもの、周囲の人々とのかねあいをいつでも考えなくてはならないもの、と感じている。自らの独自性を主張することも実証することもできず、多勢の中の一人、いつでも取り換えのきく一人、という位置におとしめられているのである。この故の基本的インシグニフィカンス（非重要性）の感覚こそ、現代日本人を特徴づけるものと言ってよいであろう。自分は結局のところ、とるにたらない人間、なんらの独自性をも持たぬ人間、ではないだろうか、という不安こそ、ことさらに他の人々に向かって自分の重要性と力とを誇示せざるをえない、という心情の底に流れているものであろう。

内的まなざしの喪失故に

第二に考えられるのは、現代日本人の大半が自らを支える内的まなざしを失ってしまっている、したがって自分の周囲に居る人々のまなざしによってのみ支えられるという状態になっている、という事実である。一人ひとりの人間は弱いものであって、誰かのまなざしによって確認され、支持され、価値あるものとされないと、自分の生に対し積極的に立ち向かうことができない。この誰かとは神仏であってもよいし、周囲の人々であってもよいし、また自分自身であってもよい。しかし、現在の世俗化（セキュラライゼイション）の進行した状況の中では、神仏のまなざしを仰ぎ求め、その中に自らの存在や行動の支えを見出そうとする者は、例外的少数者になっていると言ってもよい。誰に理解されなくとも、「南無八幡大菩薩、御照覧あれ！」と心の中に叫びつつ突き進んでいける人間は、ほとんど見当たらなくなっているのである。

また、自分自身のまなざしに依拠して自らのあり方を律する、という人もそう多くはいないであろう。「自らを省みて、これでよしということであれば、たとえ邪魔をする人が何百人何千人いようと、私は……」といった気概は、もうほとんど見られないと言ってよい。「自分では本当はそう悪いとは思わないけれど、他の人が見て誤解すると困るからやっておくことにしよう」というのが、現代日本人の行動原理であると言ってよい。しかも、民主主義の世の中では、あるいは大衆社会においては、大衆的支持こそが、人気こそが、正義であり力であるのであるから、自らのまなざしは、世の多くの人のまなざしに合致した折にのみ是とされる。そうでないと、まだ反省がない、自分勝手な考え方だ、等々、マスコミをはじめとした「世間的まなざし代行機関」にたたかれることになるのである。

無視されることへの恐れ

こういった状況においては、自分自身の存在感も重要感も、周囲の人々が、さらには世間の人々が自分を無視するかどうか、にかかっていると言ってもよい。大事にされてもよいし恐れられてもよいのであるが、他の人々が自分を無視できないことが確認できれば、自分が確固とした存在、価値と力を持った存在であるという実感が得られるのである。この意味で、誰にもなめられてはいけないのである。

さて、こうやって考えてくると、ツッパリ中学生が、われわれ現代日本人の大半が共有している基本的な心情の構造を、短絡的な形でストレートに表出している、という事情が見えてくるのである。気弱な教師に、いじめられやすい生徒に、そして社会的な弱者に対して、威圧の態度、攻撃の姿勢、をとることによって、自らの重要性と力を、周囲に対し、また何よりも自分自身に対して主張しているのが彼らなのである。そして相手のまなざしの中に、また表情の中に、おびえとか、たじろぎを見てとって、自らの重要性と力への裏づけとし、それによって存在感を得ているのが彼らなのである。

日常的秩序に従わねばならぬ場と、酔ったから無礼講だからといってそれを無視してもよい場との使い分けができぬ、という意味で彼らは短絡的である。またやり方において度をすごし、彼らにとって日常的秩序そのものである学校を全体として敵にまわす、という点でも短絡的で無思慮であることは確かである。しかし、その底にある心情の構造は、繰り返すようであるが、われわれみんなと共有されているものではないだろうか。

4 「暴力生徒」をどう扱うか

しかし、このように彼らの心情が理解できるからといって、彼らの行動そのものを是としたり、許容したりできるものではない。本当の責任の所在が、この現代日本社会の基本的あり方にあるにせよ、また具体的な形で彼らの日常性を枠づけている学校や教師の側の弱さや甘さにあるにせよ、彼らの行動そのものを絶対に許してはならないであろう。

もちろん、許さないということは、断罪し、処罰し、隔離することではない。そういった行動そのものが生じないよう教育的対策を考えるということである。ここでは、ごく簡単に、原則的な二点についてのみ述べておくことにした。

一つは、安定した人間関係のネットワークを作れるように援助してやるということである。ツッパリ生徒は、日常的秩序の中で自らのプライドが、重要性の感覚への欲求が十分に満たされないからこそ日常的秩序を無視した行動によってそれを満たそうとするのである。温かい関係を多くの人との間に持ち、その中で自尊感情が十分に満たされていく、といった状態が実現できるならば、この意味でのツッパリは不必要になるであろう。

もう一つは、彼らが本当に打ち込める課題を見つけられるよう援助してやるということである。自分で没頭できる課題があり、その中で十分な手応えを感じ、効力感を持つことができれば、他の人に対してツッパって、その中で自らの重要性や力を感じとることは不要になる。何かに取り組む中での手応えそれ自体が十分にその感覚を与えてくれるのである。

中学生の暴力事件を、けっして特異な学校の特異な生徒による特異な行動と見てはならない。繰り返すようであるが、現代の日本社会に生きるわれわれすべてに共通する心情を、満たされることのない自己願望のあり方を、ストレートに、そして極端な形で表出したものと見るべきである。このような見方をした時にはじめて、本当の意味で、こういった問題現象を克服する方策が見えてくるのではないだろうか。

Ⅲ

自己概念・自尊感情とその形成

第6章　学校と家庭における自己概念の形成

自己評価的意識をも含め、自己概念それ自体はどのように形成されていくのかについて考えてみることにしたい。ただしここでは、学校と家庭において子ども達が出会う諸経験が自己概念の諸側面をどのように規定するかという点にしぼって考えてみることにする。

学校や家庭で自己概念に何が生じるか

表6－1を見ていただきたい。これは、学校や家庭での主要な規定因によって、自己概念の各側面に関しどのようなことが生じうるかを、拾い出して整理してみたものである。この表からだけでも、学校と家庭における諸経験が、いかに広い範囲で、しかも多様な形をとって自己概念のあり方に影響を及ぼしているか、をうかがい知ることができるであろう。

学校や家庭で自己概念を規定するものとして、従来は、教師や友人や親の態度や言動が注目されてきた。そして同一視やモデリング、受容や拒否、などがこの場合における心理的メカニズムとしてしばしば言及されてきた。これに加えて、学習活動の中での経験、とりわけ成功や失敗の経験も、時に言及されなかったわけではない。しかし、学校においては教科書などとの接触によって、また家庭においては、テレビやラジオ、新聞や雑誌といったマス・メディアとの接触によって、自己概念のあり方がさまざまな点で影響されている、という面をも見落としてはならないであろう。特にテレビや雑誌を通じて、子ども達は、友人以上に身近なモデル、教師や親以上に尊敬し同一視するモデル、を見出す場合が少なくないのである。また、教科書や新聞を通じて世の中の規範や価値観に気がつき、自分自身をその枠組みの中で見直してみる、ということも日常的に生じているであろう。この表では、こういった考え方に立って、六つの主要規定因が設定されている。

さて、こういった多様な形で自己概念の各側面が規定されていくとして、それらを貫く原理的なものをどのように想定したらよいのであろうか。学校や家庭で自己概念のあり方がさまざまな形で規定されていくとして、その主要なメカニズムなりプロセスなりとして、いったい何を考えておかなくてはならないのであろうか。

モデリングの問題

まず第一は、モデリングの問題である。つまり自分自身にとってのモデル的人物像を認識し、そのモデルと自分とを同一視したり、そのモデルの特徴を自分の中に取り入れたりする、ということである。

モデルの候補となる人物像は、教師や親や友人という現実の姿でも存在しているし、また先にもふれたように、教科書の中にも、テレビ・ラジオ・新聞・雑誌の中にも存在している。

諸側面がいかに規定されるか

23　自己受容	51　可能性の意識	54　当為の意識	55,53　願望／意志
・達成（挫折）や成功（失敗）の積み重ねによって，自分自身の現状への満足（不満）感が強められていく	・達成（挫折）や成功（失敗）の経験から，やればできるという効力感（学習された無力感）や何がどこまでできるという感覚を持つようになる	・達成（挫折）や成功（失敗）の経験から，こういう場合にはこうすべきという認識を持つようになる	・効力感（無力感）を土台として明るい（暗い）見通しを持ち，意欲や意志を強（弱）める
・温かい支持的な（冷たい拒否的な）態度や言葉，まなざしを示されることによって，自己受容性が強（弱）められる	・やったことを認めてもらう（その逆）と，効力感（無力感）が強められる	・その時点での社会状況からくる「べき」，その教師の信念体系からの「べき」，その児童・生徒への期待としての「べき」を受けとり，内面化する	・励ましを受けたり，モデルとなる人物像を提示されると，新たな願望，意欲，意志を持つようになる
・自分自身の現状をこれでよしと正当化できる（その逆）記述に出会うことによって，自己受容性が強（弱）められる	・モデルになりうる人物像の行動や生き方を通じ，自分自身の可能性に気づく	・社会的役割（性別，職種，地位……）にともなう「べき」，人としての一般的な「べき」を受けとり，内面化する	・モデルになる人物像にふれることによって，新たな願望，意欲，意志を持つようになる
・温かい支持的な（冷たい拒否的な）態度や言葉，まなざしを交わし合うことによって，自己受容性が強（弱）められる	・やったことを認めてもらう（その逆）と，効力感（無力感）が強められる	・その時点での子ども文化からの「べき」（～するなんてカッコワルイ，など）を交わし合い，内面化する	・期待されたり，友人の間にモデル的人物像を見出したり，他のモデル的人物像を友人と共有したりすると，新たな願望，意欲，意志を持つようになる
・温かい支持的な（冷たい拒否的な）態度や言葉，まなざしを示されることによって，自己受容性が強（弱）められる	・やったことを認めてもらう（その逆）と，効力感（無力感）が強められる	・その子への期待としての「べき」，親自身の信念体系からの「べき」を受けとり，内面化する	・励ましを受けたり，モデルとなる人物像を提示されると，新たな願望，意欲，意志を持つようになる
・自分自身の現状をこれでよしと正当化できる（その逆）内容に出会うことによって，自己受容性が強（弱）められる	・モデルになりうる人物像の行動や生き方を通じ，自分自身の可能性に気づく	・社会的役割にともなう「べき」，社会状況からの「べき」を受けとり，内面化する	・モデルになる人物像にふれることによって，新たな願望，意欲，意志を持つようになる

表 6-1　学校と家庭において自己概念の

主要規定因＼主要側面	13　自己規定	21　自負・プライド	22　優越・劣等感
A 学習活動での経験	・達成（挫折）や成功（失敗）の経験から，自分のタイプ分けをする［例：文科系の人間，……］	・分かったとかできたという事実（その逆の事実）によって自負が，そしてプライドが強（弱）められる	・自分だけ分かったり，できたりする(その逆)と優越（劣等）感を持つようになる
B 教師の態度と言動	・教師のレッテル貼り的な言葉（お前は〜だ）によって，自分自身をそのレッテルで見るようになる	・ほめられたり良い評価を与えられたりする（その逆）ことによって，プライドや自負が強（弱）められる	・自分だけほめられたり期待されたりする（その逆）と，優越（劣等）感を持つようになる
C 教科書などの教材	・そこに現れる人物像との対比で自己規定を吟味し直す ・モデルになる人物像と自己を同一視する	・自分に該当する性別，特技などを特に重視（その逆）する内容があると，プライドや自負が強（弱）められる	・自分に該当する性別，出身，特技などを特別に高（低）く評価する記述があると優越（劣等）感が強められる
D 友人達の態度と言動	・友人達からのレッテル貼り的な言葉（お前は〜だ）によって，自分自身をそのレッテルで見るようになる	・大事にされ，頼られること（その逆）によってプライドと自負が強（弱）められる	・すぐれて（劣って）いるものとして扱われると優越（劣等）感が強められる
E 親の態度と言動	・親からのレッテル貼り的な言葉（お前は〜だ）によって，自分自身をそのレッテルで見るようになる	・大事にされ期待されること（その逆）によってプライドと自負が強（弱）められる	・すぐれて（劣って）いると言い聞かされていると優越（劣等）感が強められる
F テレビ，ラジオ，新聞，雑誌	・そこに現れる人物像との対比で自己規定を吟味し直す ・モデルになる人物像と自己を同一視する	・自分に該当する性別，出身，特技などを特に取り上げ重視する（その逆）内容があるとプライドや自負が強（弱）められる	・自分に該当する性別，出身，特技などを特に取り上げ重視する（その逆）内容があると，優越（劣等）感が強められる

さらには、教師や親が何げなくもらす人物評やうわさ話の中にも存在していると言ってよい。要は、それらの中からどの人物像を自分自身のモデルとするようになるのか、そのモデル的人物像を自分自身の中にどのように取り入れていくか、ということであろう。

この点について、明治、大正、昭和前期と現在とでは、大きく事情が変化していることを指摘しておきたい。すなわち以前には「尊敬できる」人物像がモデルとして提示され、それを子どもの側では受け身の形で理想的自己像とし、そのモデルの取り入れのために克己的な形で、つまり意志的に努力したと言ってよい。これに対し現在では、「身近な感じで親しみの持てる」人物像が子どもの側からモデルとして選択され、それを子どもは自らの志向的自己像とし、知らず知らずのうちに自らのうちに取り入れている、という形である。イメージ的に言えば、垂直方向中心のモデリングから水平方向の広がりの中でのモデリングへ、ということになろうか。

レッテル貼りの問題

第二は、レッテル貼り（レイベリング）の問題である。つまり周囲から一定のレッテルで見られ、それに対応した期待を持たれることによって、自分自身をそのような形で考えるようになるということである。

社会生活をしている以上、誰もがなんらかの形で周囲から一定のカテゴリーに入れられ、レッテルを貼られる。そして、それぞれのレッテルには、それに対応した妥当で適切な行動についての期待がセットされている。たとえば、子どもが小学校に通っているということで「小学生」というレッテルが貼りつけられ、「もう小学生なんだから……」とか、「なんだ小学生のくせに……」といった形で、周囲からの期待が表明され、その期待の枠の中に取り込もうとする暗黙の圧力がかけられるのである。

こういったレッテル貼りの要素は、教師や親が子どもに話しかける言葉の中に含まれていることが多いし、また友人同士の会話の中にも含まれている。しかしそれだけでなく、教科書や副読本の中にも、またテレビやラジオ、新聞や雑誌の中にも多く含まれている。

もちろん、レッテル貼りそのものは、ステレオタイプ的に相手を見てしまうという難点はあるにせよ、社会生活を円滑かつ効率的に進めるためには不可欠と言ってよい。しかし、問題はレッテルの中身の問題であり、また自分で受け入れがたいレッテルを貼られた時の対処の問題である。レッテルの中身と言っても、差別的であったり嘲笑的であったりするような悪いものばかりが問題なのではない。いくら良いものであっても、それまでの自己概念にどうしてもそぐわないものであるなら、さまざまの問題が生じてくることになるであろう。そういった場合、必然的に、周囲からの位置づけと自らの宣言との間の矛盾葛藤という形でアイデンティティの混乱が生じることになるのである。

人々のまなざしに映った自己像

第三は、「鏡」としての周囲の人々という問題である。つまり、教師や親や友人などの表情や態度、言葉つきなどから自分がその人達の眼にどう映っているのかを読みとったり、自分のやったことがうまくいっているかどうか、自分がこのままで受け入れられているかどうか、を知ったりするということである。クーリーの強調した鏡映自己（looking-glass self）と関連する問題と言ってよい。

学校や家庭での対人関係は、多かれ少なかれ、子ども一人ひとりにとって自らを映し出す鏡となっている。周囲の人の反応によって、自分自身の現状に気づくと同時に、自分がそれらの人にどのように位置づけられ価値づけられているかをも知ることができる。特に教師や親や親友といった「重要な他者(signification others)」のまなざしに自分がどのように映っているかは、見過ごすことのできない重大な問題である。自分の現状がそういう人から拒否され無視されているならば、当人としては自信を失い、自分自身をだめだと思い、自分のよって立つ土台が崩れていくように思うであろう。逆に、自分にとって大事な人のまなざしが、自分にとって温かなもの、是認的なものであるなら、自信がわき、自分はこれでいいのだと思い、自分のよって立つ土台がしっかりしたものだという実感を持つであろう。教師や親は笑顔一つで、あるいは渋面一つで、これほどまでの心理的効果を子どもに与えているという事実を、もっと認識する必要があるのではないだろうか。

呼びかけによる自覚

第四は、教育的呼びかけによる自覚の問題である。つまり教師や親から言われたり、きっかけを与えられたりして、自分の現状を反省したり、将来への志をはっきり持ったりする、ということである。これは教師や親からかなりストレートな形で自己概念の改変と、それにもとづく自己の可能性の意識、当為や意志・意図のイメージの形成を迫られるものと言ってもよい。指導という言葉で呼ばれるところのうち、教育的に見て最も重要なものではないだろうか。こういった自覚がなければ、自分自身のめざす方向へ向けて、自らのあり方を自らの努力でもって形成していくことはできない。この意味でこれは、一人ひとりに自己教育性を育てていくという教育の究極的な課題にかかわるものと言ってもよいであろう。

しかし、こういった呼びかけも、それによる自覚も、最近では、学校でも家庭でもあまり見かけることができない。そういったことの必要性それ自体が、現代社会においては意識されることがほとんどない、と言っても過言でないのではなかろうか。

体験や経験の自己吟味

第五は、体験や経験の自己吟味という問題である。つまり、それまでに自分が得てきたさまざまの体験や経験を教師や親や友人達とはかかわりなく、自分自身の内部で吟味してみる、ということである。これによって自己把握が深まり、より整理された妥当な自己概念を持てるようになるであろう。

もちろんこの場合にも、吟味の素材となる体験や経験の多くは、学校や家庭で得られたものであるかもしれない。また、自分の中でこういった吟味をことさらに（軽い形では日常的に不断に行っているであろうが）行ってみるきっかけは、教師や親によって、あるいは友人によって与えられたものであるかもしれない。しかしここで大事なのは、自分の体験や経験を、自分の中で自分なりに反芻《はんすう》するということそれ自体にある。これによって個別的、一回的な体験が整理され、一般化されて経験となり、またその経験が概念や意識や理論と突き合わされ、整理されて、実感的基盤を持った人生観、世界観が形成されていくことになるのである。自己概念が深化していくということは、結局のところこういった形での自己吟味を積み重ねていくことと言ってよいのではないだろうか。

しかしながら、このプロセスがひとりでに進行するようになり、自分自身によってコントロールできないところまで暴走してしまうようになると、それはもうりっぱなノイローゼ症状と言ってよい。そういう場合には、自己吟味の習慣を中断し、内側に向いた意識を外の世界に向け直すことがどうしても必要である。面白おかしく刺激的な生活を送り、いつでも活動し、自分自身に意識が向かないようにするのである。たしかにこれは、ある意味では「健康的な」生活であるかもしれない。しかし、たとえそうであったとしても、自分の体験や経験を自分なりに吟味してみることもなく、外の世界ばかりに意識を向ける「健康的な」状態は、真に自覚的に生きるという観点からは問題であることもまた確かである。両者の中間あたりに本当に望ましい状態がある、と言うのはあいまいすぎる言い方であろうか。

第7章　自己意識・自己概念の内実と教育の課題

ここまで述べてきたところにおいては、自己意識とか自己概念という語を、あたかも自明で周知のものであるかのように用いてきた。ここでは、自己意識とか自己概念ということそれ自体について、もう少しはっきりさせてみたい。自己意識・自己概念とは何か、またそれを問題とする場合の広がりとその内的構造をどのように考えておけばよいか、ということについて少しばかり吟味しておきたいと思う。

1　自己意識・自己概念を構成するもの

まず、表7－1を見ていただきたい。これは、自己意識・自己概念の内容を構成していると考えられるものを分類し、整理してみたものである。自己意識・自己概念について、その主要な側面を分析的に示したものと言ってもよい。これはもともと、フー・アー・ユー（あなたは誰ですか）テストや二〇答法など、自分自身のことをごく短い形で何通りにも回答させるテストの回答を分析するための枠組みと

表 7-1　自己把握（自己意識・自己概念）の主要様式

基本カテゴリー		A　意識化（行為的・状況的）	B　概念化（存在的・総括的）
10　自己の現状の認識と規定	11　気分・体調の把握	・私は快い（不快だ） ・私は気分（調子）がいい（悪い）	・～の時はいつも快い（不快だ），気分（調子）がいい（悪い） ・人にくらべれば，～の方である
	12　感情的志向	・私は～がうれしい（悲しい）	・私は～が好き（嫌い）
	13　自己規定*	・私は～している ・私は～だ	・私は～である ・私は～の方である
20　自己への感情と評価	21　自負・プライド	・～の時自分を誇らしく（悲しく）思う	・～の点で自分自身にプライドを持っている
	22　優越感・劣等感	・私は～にすぐれている（劣っている）	・私はすぐれた（劣った）人間である
	23　自己受容	・私はこのままでいい（このままではよくない）	・私は自分に満足（不満）である，好き（嫌い）である
30　他者から見られていると思う自己	31　他者からのイメージと規定の把握*	・私は～と見られている，思われている	・私は～として見られる，思われる ・私は～であるとされる
	32　他者からの感情と評価の把握	・私は～に好かれ（嫌われ）ている ・私は～に高く（低く）評価されている	・私は人気がある（嫌われ者である） ・私は高く（低く）評価されている（方である）
40　過去の自己についてのイメージ	41　過去の体験と事実*	・私は～をした（ことがある） ・私は ～という体験をした（ことがある）	・私は～であった ・自分の過去は～である
	42　自己の過去への感情	・私は以前～だった（をした）ことを誇りに（悲しく）思う	・自分の過去は（結局）～である
50　自己の可能性・志向性のイメージ	51　可能性の予測・確信*	・私は～ができると思う ・私は～になれると思う	・私は～が得意（苦手）である ・私は～になれるはずである
	52　予定のイメージ*	・私は～することになっている	・私は～になることになっている（予定である）
	53　意志・意図のイメージ*	・私は～するつもりです	・私は～になりたい
	54　当為のイメージ*	・私は～するのが本当，しなくてはならない	・私は～になるべきである，になるのが本当
	55　願望のイメージ*	・私は～したい，が欲しい	・私は～になりたい，でありたい

*のカテゴリーでは，さらに内容を次のカテゴリーに分類する。［A］属性，［F］事実，［C］性格，［T］行動傾向，［S］対人特性，［E］本質規定，［AW］意識，［AT］態度，［BH］行動

して作成されたものである。[*1]

まず最初に、この表で意識化（A）と概念化（B）が分けてあるところに注目していただきたい。自分自身を対象化するといっても、単に意識するだけの場合と、なんらかの形で概念化する場合とでは、いろいろな意味で違いがある。ここで問題にしている自己概念とは、自分自身について概念化されたところを指すのであるが、これは、いま現に意識している自分自身ということでは必ずしもない。ウィリアム・ジェイムズも指摘しているように、[*2]意識とは一つの流れであるから、ある特定の瞬間に意識されるものは、断片的かつ流動的なものでしかない。しかし、そういう断片的なものの流れの底に、その流れそのものを支え枠づけるものとして、かなり安定した暗黙の概念構造があるのではないか、だからこそ、自分自身の何かについて意識すると、それ自体は常に断片的で流動的であるにもかかわらず、いつでも繰り返し同じことが意識野にのぼってくるのではないか、と考えられるのである。たとえば、何かあるといつでも「どうして私はこうなんだろう」と考えてしまうし、それに関連していつでも思い出されるのは、何年か前のこういった経験であるし、そして「こんなことではこの先……」といつも同じ心配が頭に浮かんでくるということであるならば、その土台になる一定の構造がなんらかの形で潜在しているのではないか、と考えざるをえないのである。

自分自身についての意識を支えるこういった潜在的な概念構造が、ここで自己概念と呼ぶものに他ならない。これは毎日毎日の生活の中で、そしてその積み重ねとしての長い長い個人史を通じて、少しずつ形成され、発展してきたものであるから、自分自身のあらゆる側面にかかわる包括的なものであり、また少々時間がたってもそう変わることのない安定性を持ったものである。

もちろん、そういった包括的で安定した自己概念を、総体としてまるごととらえることは不可能である。そのために、断片的にではあるがいろいろと自己報告してもらい、それを分析、整理してその概要をうかがおうということで、表7－1のような枠組みも準備されることになるわけである。ただし、ここで意識化（A）概念化（B）とされているところが、そのまま自己意識、自己概念に対応するということではない。ここで意識化と呼ばれているものも、実際には、意識そのものでなく、言語報告される中で何がしかは概念化されたものと言ってよい。しかし自己意識に相対的に近い部分ということで、はっきりと概念化された部分から区別して整理することにしてあるのである。

2　自己概念を構成する主要な側面

さてそれでは、自己概念を構成しているものとして、いったいどのような側面が想定されるのであろうか。われわれは、従来の研究結果を整理し検討してみた結果、まず大きく次の五つのカテゴリーに分けてみている。

10　自己の現状の認識と規定
20　自己への感情と評価
30　他者から見られていると思う自己
40　過去の自己についてのイメージ
50　自己の可能性・志向性のイメージ

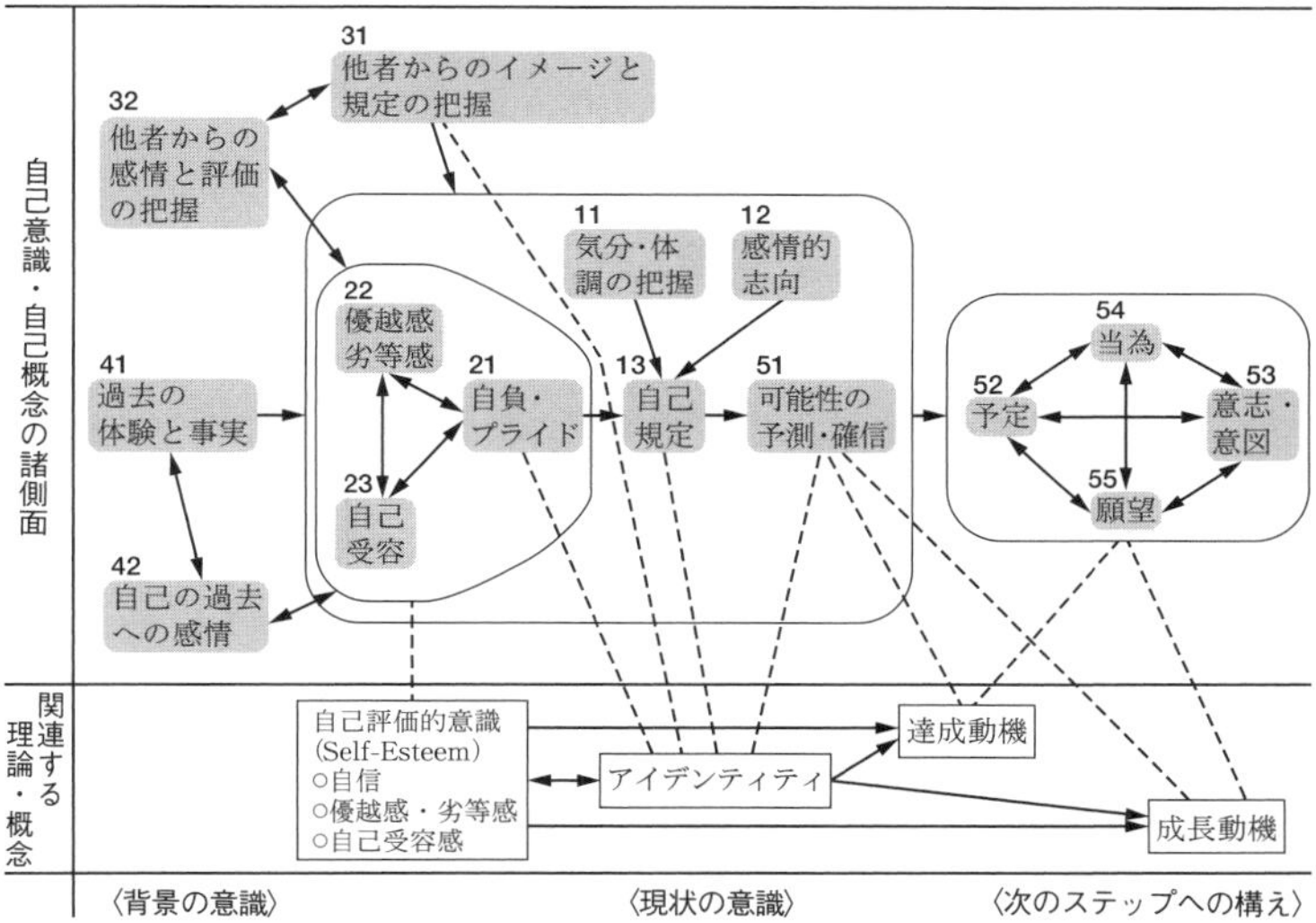

図 7-1　自己意識・自己概念の内的構造

そしてさらに、これらのカテゴリーを小分けして、一五のサブカテゴリーとして考えてみている。この小分けしたサブカテゴリー相互の関係を図示し、従来の主要な理論や概念との大まかな対応を示してみたのが図7－1である。

自己規定

自己概念を構成するものとして考えられる諸側面は、このように多岐にわたるのであるが、この中でやはり中心を占めるのは「13 自己規定」として一括されている部分ではないだろうか。これは、主として「私は……である」という形で示されるさまざまの形容や規定、位置づけから成るものである。具体的には、たとえば、「私は中学生である」「私はバスケット部に属している」「私はいわゆるマイコン少年である」「私はまだ子どもっぽいところがある」などといったものである。

もちろん、これらは単に羅列的に集合しているわけではない。何か一つの自己規定を中核とし、他の諸規定はその周辺に関連づけられる、といった一つの構造をなしているであろう。そうすると、その中核として何が位置しているかが大きな問題である。「中学生」が中核になるか、それとも「バスケット部」か、それとも「マイコン」かで、実際の生活の仕方が大きく異なったものになるであろう。「中学生」なら勉強に、「バスケット部」なら練習や体力づくりに、「マイコン」ならプログラム作りに、生活の中でのエネルギーや時間の配分に当たって第一位の優先順位が与えられるであろうからである。いわゆるアイデンティティの問題も、結局は、この中核的な自己規定が何になっているのか、ということに深くかかわっている。また、他者からのまなざしとの関係においても、他の人達はみな、自分を「中学生」として位置づける、しかし自分としてはむしろ「マイコン少年」として自己を宣言したい、といった形で、この中核的な自己規定のあり方が重要な意味を持ってくるであろう。自分自身を意味あるもの、価値あるものとして自他に示したい、という先にあげたこだわりも、このような自己規定のあり方と強く関連していることは言うまでもない。

自己への感情と評価

もう一つ、自己概念の全体の中で中心的な位置を占める側面として、「20　自己への感情と評価」に注目しなくてはならない。もう少し具体的には、「21　自負・プライド」「22　優越感・劣等感」「23　自己受容」といった面である。先に自分自身へのこだわりという視点に関連して述べたように、心理的に充実した生活を送るということは、まさにこの点にかかわっていると言ってよい。自負やプライドを失ったままで、劣等感にとらえられたままで、そして自分自身の現実を受容できないままで、人は積極的な生活も、生きがいのある生活も送れるものではない。そして、この「自己への感情と評価」として一括される部分は、他者のまなざしをどう受けとめるかによって、具体的には「31　他者からのイメージと規定の把握」「32　他者からの感情と評価の把握」によって、大きく左右されることを見落としてはならないであろう。また、自己形成、自己教育ということと最も関連の深い「50　自己の可能性・志向性のイメージ」も、結局のところは、この「自己への感情と評価」を土台にしたものと考えられるのである。

自己の可能性・志向性

ところで、「自己の可能性・志向性のイメージ」として一括される部分は、自分自身についての「51　可能性の予測・確信」、「52　予定」「53　意志・意図」「54　当為」「55　願望」の各イメージに分けて考えることができる。しかしこういった諸側面については、先に自己形成にかかわる視点のところで述べたように、人によってはもともと欠けているという場合もあるであろう。自己形成、自己教育という教育の本来的な目標ないし課題に直接的な形でかかわる側面であるだけに、こういった点で一人ひとりの自己概念がどうであるかについては特に深い関心を持たねばならないものと思われる。

小学生における自己概念の実態

さてそれでは子ども達の自己概念の内容は、実際にはどうなっているのであろうか。小学生に、「私は……」という形での質問項目を二〇個出し、「……」の部分に自由に記入させ、表7-1の枠組みに従って分析・整理してみたことがあるので[*3]、簡単にその結果を述べておくことにしよう。

石川県加賀市のI小学校において、三年、四年、五年の各学年二学級ずつ、男女児合わせて二二三名を対象に、一九八三年三月、実施した結果は、大略次の通りであった。

(1) ずば抜けて多いのは「13 自己規定／B概念化」に属する反応である。すなわち「私は〜である」「私は〜の方である」といった形での自己把握が、小学校の子どもの場合、自己概念の大半を占めているように見受けられるのである。全員のうち八七パーセントの子どもが、一人平均三・八個の割合でこうした反応を示しており、全員の記入総数の五二パーセントまでが、反応で占められている。この反応は女児の方にやや多く、学年が進んでいくにつれて少なくなる。

(2) 二番目に多いのは「12 感情的思考／B概念化」に属する反応である。すなわち「私は〜が好き(嫌い)」といった形での自己把握が、小学生の子どもでは、自己概念の中でかなりの割合を占めているように考えられるのである。全員のうち四〇パーセントの子どもが、一人平均二・八個の割合でこうした反応を示しており、全員の記入総数の一七パーセントが、この反応で占められている。この反応に男女差はなく、四年生、五年生にくらべ三年生で多い。

(3) 三番目に多いのは「13 自己規定／A意識化」に属する反応である。すなわち「私は〜している」「私は〜だ」といった形での自己把握がかなり見られるのである。全員のうち三九パーセントの子どもが、一人平均一・七個の割合でこうした反応を示しており、全員の記入総数の一〇パーセントが、この反応で占められている。この反応に男女差はなく、三年生、四年生にくらべ五年生で多い。

(4)　四番目に多いのは「51　可能性の予測・確信／B概念化」に属する反応である。すなわち「私は〜が得意（苦手）である」「私は〜になれるはずである」といった形の自己把握もかなり見られるのである。全員のうち三〇パーセントの子どもが、一人平均一・六個の割合でこうした反応を示しており、全員の記入総数の八パーセントが、この反応で占められている。この反応は三年生男児に特に多い。

(5)　この他に一〇パーセント前後の子どもに見られる反応は、「21　自負・プライド／B概念化」「55　願望のイメージ／B概念化」「32　他者からの感情と評価の把握／B概念化」「55　願望のイメージ／A意識化」の四つである。

(6)　「23　自己受容」「42　自己の過去への感情」「54　当為のイメージ」に属する反応は、意識化（A）的なものも、概念化（B）的なものも、全く見られない。

以上のように、小学生の場合、「自己規定」的内容が圧倒的に大きな分野を自己概念の中に占めており、これに加えて「感情的志向」と「可能性の予測・確信」がかなりの分野を占め、「願望」と「自信・プライド」と「他者からの感情と評価の把握」がそれぞれ独自の位置を自己概念の中で占めていることを、この調査結果からうかがい知ることができる。しかしながら、このような結果は、当然のことながら、安易に一般化できるものではない。中学生、高校生になれば、さらに大学生になれば、自己概念のあり方も大きく変わってくるであろう。成人になり、老人になれば、当然、自己概念の内容構成はまた異なったものになる。ここで反応の見られなかったカテゴリーにしても、たとえば「41　過去の体験と事実」「42　自己の過去への感情」のように、人生の後の段階においてはじめて大きな重みを持つようになってくるものがあるであろう。

3　自己概念の内容把握と教育の課題

さて、こういった形で一人ひとりの自己概念を構成するものを明らかにしてみることが、教育ということとどのように関係してくるのであろうか。

直接的には、自己概念の内容を吟味してみることを通じて、一人ひとりの内面世界にまで理解を進めることができるのであるから、これを土台に、より適切な形での指導を展開していくことが可能になるであろう。しかしそれだけでなく、自己概念についての教育課題を、それぞれの側面に関する教育の目標とそれを実現するための手だてという具体的なレベルにまでおろして具体化し、より現実的な形で考えていくためにも用いることができる。たとえば、「自分は以前これこれの賞をとったことがある」とか、「これこれのことで大きな失敗をしたことがある」といった形で過去にのみこだわっている学習者の目を、未来に向け、新たな挑戦に向け、開いてやるとか、「友人が……」「親が……」と他の人のまなざしにがんじがらめにされている学習者を、自分自身に固有の根っこに向けて開いてやり、外部からの位置づけとしてではなく、自己宣言としてのアイデンティティ確立に手を貸してやる、ということである。

こういった自己概念にかかわる教育課題、教育目標については、自己概念を育てるための教育実践を検討していく中で、より詳しく考えてみることにしたい。

＊1　梶田叡一『自己意識の心理学』東京大学出版会、一九八〇年、八六頁の表を改訂したもの。
＊2　ウィリアム・ジェイムズ『心理学（上・下）』今田恵訳、岩波書店、一九三九年、第一一章「意識の流れ」など。
＊3　調査の実施と結果の整理に、大阪大学大学院生・有本昌弘君の協力を得た。

第8章　自尊感情と学習意欲

子どもが勉強するということと自己概念のあり方とがどのように関連してくるのか、具体的なデータにもとづいて考えてみることにしたい。ここで検討するのは、具体的には、学習にかかわる意識や行動の実態と自己評価的意識との関連性についてである。

表8－1、表8－2を見ていただきたい。これは、埼玉県の都市部にある公立中学校の二年生を対象に、一九七九年七月、調査を行った結果の一部である[*1]。ここでは二一項目の学習意識・行動調査項目（三件法）と、学習塾や家庭教師を利用しているかどうか、家庭での勉強時間はどのくらいか、といった学習生活にかかわる二項目、さらに、自己受容性、優越・劣等感、自信の三次元から成る自己評価的意識（因子分析の結果選ばれた一八項目から各次元の得点を算出）が扱われている。ここに示されているのは、男女別に因子分析（主因子解）し、第Ⅲ因子まででバリマックス回転した結果である。

表 8-1　男子中学生の学習意識・行動の構造

(*n*=188)

		Ⅰ 勉強それ自体に積極的	Ⅱ 他人より良い成績を	Ⅲ テストされるのが不安	h^2
学習意識・行動	2. 授業が面白い	**.575**	.192	.237	.424
	1. 勉強が好き	**.546**	.243	.020	.358
	4. 分かるまで考える	**.533**	−.057	.145	.308
	20. 授業でよく発表	**.428**	−.042	.151	.208
	19. テストの前日は気になる	**−.388**	.245	**.430**	.395
	8. 大事なテストだと思うとできない	**−.386**	−.003	**.542**	.443
	11. 問題が難しいとあきらめる	**−.376**	.155	−.073	.171
	17. 先生によく質問にいく	**.360**	−.043	**.445**	.329
	16. 他の人のテスト結果が気になる	**−.343**	**.485**	−.009	.353
	6. 一生懸命やれば分かる	**.321**	**.350**	.108	.237
	14. 勉強で他の人に負けたくない	.154	**.750**	−.130	.603
	7. 勉強で一番になりたい	.110	**.699**	−.143	.521
	15. 運動会で一等になりたい	.175	**.576**	−.045	.364
	18. 友達より成績が上がるとうれしい	−.095	**.556**	−.114	.331
	5. テストの結果を気にする	−.138	**.411**	**.502**	.440
	9. 成績が良くて先生にほめられたい	−.278	**.347**	.120	.212
	12. 予習・復習をする	.249	**.327**	.010	.169
	10. テストや成績表を見せ合う	−.007	.093	**−.462**	.222
	13. 一つ分からないと後も分からなくなる	−.236	.013	**.435**	.245
	21. 認められなくても努力する	.215	−.072	**.395**	.207
	3. 目標を立てて勉強する	.297	.126	.099	.114
学習生活	学習塾・家庭教師	.048	−.063	−.083	.013
	家庭での勉強時間	**.506**	.052	.077	.265
自己意識的評価	自己受容性	**.492**	−.233	−.141	.316
	優越・劣等感	**.490**	**−.326**	.068	.351
	自信	**.524**	.014	−.103	.285
		3.326	2.830	1.729	7.885

（注）数字は因子負荷量を示し，負荷量が .3 以上のものは太字にしてある。

表 8-2　女子中学生の学習意識・行動の構造

(n=177)

		Ⅰ 勉強それ自体に積極的	Ⅱ 他人より良い成績を	Ⅲ テストされるのが不安	h^2
学習意識・行動	2. 授業が面白い	**.625**	－.083	.127	.414
	1. 勉強が好き	**.616**	－.040	.131	.398
	20. 授業でよく発表	**.610**	－.113	.037	.386
	4. 分かるまで考える	**.491**	－.041	－.144	.263
	6. 一生懸命やれば分かる	**.485**	－.222	－.256	.350
	3. 目標を立てて勉強する	**.463**	－.223	.162	.290
	14. 勉強で他の人に負けたくない	**.421**	**.425**	－.169	.386
	17. 先生によく質問にいく	**.418**	－.119	－.124	.204
	11. 問題が難しいとあきらめる	**－.408**	.150	**.399**	.348
	18. 友達より成績が上がるとうれしい	**.353**	**.485**	－.047	.362
	7. 勉強で一番になりたい	**.345**	**.460**	－.151	.353
	16. 他の人のテスト結果が気になる	**.333**	**.404**	－.176	.350
	21. 認められなくても努力する	**.332**	**－.355**	－.101	.246
	9. 成績が良くて先生にほめられたい	.026	**.508**	.059	.262
	5. テストの結果を気にする	.299	**.473**	.289	.397
	19. テストの前日は気になる	.191	**.353**	**.440**	.355
	8. 大事なテストだと思うとできない	.070	.192	**.579**	.377
	12. 予習・復習をする	.294	－.163	**.405**	.277
	10. テストや成績表を見せ合う	.097	－.273	**－.312**	.181
	13. 一つ分からないと後も分からなくなる	.009	.020	.185	.035
	15. 運動会で一等になりたい	.085	.105	.039	.020
学習生活	学習塾・家庭教師	.055	**.312**	.017	.101
	家庭での勉強時間	**.325**	－.157	**.446**	.329
自己意識的評価	自己受容性	－.069	**－.355**	**.320**	.233
	優越・劣等感	.290	**－.464**	－.023	.300
	自信	.258	**－.568**	.109	.401
		3.315	2.617	1.689	7.621

（注）数字は因子負荷量を示し，負荷量が .3 以上のものは太字にしてある。

1　中学生の学習意識・行動を貫くもの

まず気づくのは、学習意識・行動を貫く三因子が、男子の場合と女子の場合とで基本的な内容について類似し、中学生としての一般的特質を示しているように見受けられるという点である。

もちろん、これと同時に、性別に対応した違いも見られないわけではない。特に、学習意識・行動と自己評価的意識とのかかわりの点で性別による違いが顕著であることは、後で詳しく見るように、いろいろと考えさせられる結果である。

各因子ごとに見てみると、最も大きい第Ⅰ因子は、男子の場合にも女子の場合にも、勉強それ自体への意欲とか積極性を示すものとしてよいであろう。どちらの場合にも、「授業が面白い」「勉強が好き」「分からないところを分かるまで考える」「授業中よく発表する方」といった項目が上位を占めている。ただし女子の場合には、「勉強で他の人に負けたくない」とか、「他の人のテスト結果が気になる」といった負けず嫌い的な要素がここに入り込んでいるのに対し、男子の場合には、「テストのある前の日は気になって落ち着かない（逆）」とか、「大事なテストだと思えば思うほどうまくできない（逆）」といった性格的な強さに関係する要素がここに入り込んでいる。

第Ⅱ因子は、男子の場合にも女子の場合にも、「勉強で他の人に負けたくない」「勉強で一番になりたい」「友達より成績が上がるとうれしい」「他の人のテスト結果が気になる」が上位を占めている。他の人より良い成績をとりたいという欲求を示すものとしてよいであろう。ただし女子の場合には、「認められなくても努力する（逆）」がここに関係しており、周囲からの承認を成績によって獲得したいという要素がこの次元に入り込んでいるのに対し、男子の場合には、成績だけに限らず「運動会などで一等になりたい」などといった形で、何ごとにつけても他人にひけをとりたくないといった要素がこの次元に入り込んでいる。

第Ⅲ因子は、男子の場合にも女子の場合にも、「大事なテストだと思えば思うほどうまくできない」「テストのある前の日は気になって落ち着かない」とか「テストや成績表を見せ合う（逆）」といった項目が上位を占めている。テストされることについての不安を示すものとしてよいであろう。ただし、そうした不安が、女子の場合には「予習・復習」につながっていくのに対し、男子の場合には「先生への質問」につながっていく、という点が興味深い。

2　自己受容性、優越・劣等感、自信との関係

さて、こうした学習意識や行動の構造と自己評価的意識の三次元とは、いったいどのように関連しているのであろうか。ここには、はっきりした形で男女差が見られるのである。

自己受容性として得点化されているのは、「今の自分に満足」「今のままの自分ではいけない（逆）」「時々自分自身がいやになる（逆）」などの項目への反応であるが、これは当然のことながら学習意識や行動と深くかかわっているはずである。まず、男子の場合に注目されるのは、勉強それ自体への積極性と深く関連していることであろう。つまり、自分の現状に満足している者ほど勉強にも意欲的かつ積極

的に取り組む傾向が示されている。これは、男子の場合には、勉強それ自体への意欲や積極性が、テストなど気にしないという性格的強さの要素を含んでいることとも関連するものと思われる。

ところがこの同じ自己受容性が、女子の場合には、第Ⅰ因子である勉強それ自体への意欲や積極性とは関係してこない。第Ⅱ因子の他人より良い成績をとりたいとは思わないとか、第Ⅲ因子のテストされるのが不安であるといった気持ちの方と関連しているのである。つまり、自分の現状に不満を持っている者ほど、良い成績をとって周囲の人に認められたいという気持ちを持つと同時に、テストそのものについては不安を持っていない。逆に言えば、自分自身をこれでよしとしている者ほど、他人より良い成績をとりたいという気持ちなど持たない代わりに、大事なテストだとそのこと自体が不安になる、という傾向を持つのである。

優越・劣等感として得点化されているのは、「他の人よりすぐれていると思う」「人より劣っているのではないかと思う（逆）」「他の人をうらやましく思うことがある（逆）」などの項目への反応である。この面については、男子の場合、勉強それ自体に対する意欲や積極性と他人より良い成績をとりたいという気持ちの双方に関連している。つまり、劣等感を持っていると勉強への意欲や積極性がなくなり、これと同時に、他人より良い成績をとりたいという気持ちは強くなるといった傾向が見られるのである。これは非常に理解の容易な傾向と言えよう。女子の場合にもほぼ同様の関連が見られるが、劣等感を持っていると良い成績をとりたい気持ちが強まるという傾向が、男子の場合より顕著に出ている。

自信として得点化されているのは、「勉強や運動について自信を持っている」「自分を頼りないと思う（逆）」「他の人の反対が心配になる（逆）」などの項目への反応である。この面については、男子の場合、勉強それ自体に対する意欲や積極性と関連するのに対し、女子では、他人より良い成績をとりたいという気持ちとの関連が強い。男子の場合には、意欲や積極性と自信とが表裏一体の関係にあるように見受けられる。ところが女子の場合には、勉強それ自体の意欲や積極性と結びついてはいない。むしろ承認欲求的なものと結びついて、自信がないと、なんとか良い成績をとって周囲に認められ自信をつけたい、という気持ちが顕著に現れているようである。

3　動機づけの二つのタイプ

自己評価的意識と学習意識・行動との関連を全体的に見るならば、男子の場合には、勉強それ自体への意欲や積極性と自己評価的意識とが強く関係しているのに対し、女子の場合には、他人より良い成績をとって認められたいという気持ちと強く関係している。自己受容性にしても、優越・劣等感にしても、自信にしても、ここでの男子中学生と女子中学生とでは、その占める心理的位置が大きく異なっていたことをうかがわせるものである。

ここで見てきたように、たしかにこのデータからは、高い自己評価的意識が心理的安定と新たな動機づけを与え、学習への積極的な取り組みが生じる（男子の場合）のか、それとも、低い自己評価的意識を高いものへ導くための手段として良い成績を求め、そのために学習への積極的な取り組みが生じる（女子の場合）のか、といった現象的には正反対の傾向を読みとることができる。もちろんこのような違いを、男女の性差と固定的に結びつけて理解しなくてはならぬ、ということではない。もともと自己評価的意識と学習への意識や行動とのかかわりにはこの両面が併存しており、この場合、ここでの男子と女子とに優位な一面のみがそれぞれ表に出てきている、と考えてもよいであろう。

さてそれでは、自分に満足し、優越感を持ち、自信を持って、いさんで勉強に取り組むという姿と、自分はこれではだめだと思い、劣等感を持ち、自信がなく、だからなんとかして良い成績をとってみなに認められ、自分にプライドを持てるようになりたいという姿とを分けるものはいったい何なのであろうか。

これはまず、勉強そのものに魅力を感じているかどうか、ということであろう。勉強そのものを本当に面白いものだと感じているならば、心理的に安定すればするほど勉強そのものを目的とし、それにのめり込んでいくようになるであろうし、あんないやなものはないということであれば、心理的に安定すればするほどそんな余計なものは避けたくなるであろう。つまり、心理的な不安定さから抜け出す手段としての価値がある場合にのみ、いやでも勉強しなくては、ということになるのである。

このことはまた、自信やプライド、満足感などを支える土台は何か、ということでもある。勉強をはじめとしてなんらかの課題に取り組んでいる中で感じとられる充実感や効力感そのものが自己評価的意識を支えている場合には、積極的な取り組みと自信やプライド、満足感などとはきわめて密接に連動していくであろう。しかしながら、勉強によっては自分自身の内なる充実感や効力感が得られないということであるならば、教師や親や友人から認められ大事にされる、といったことによって自己評価的意識を支えていかざるをえない。この場合には結局、低い自己評価的意識を持つ人の方が認められたい気持ちを多く持ち、だからそのための勉強をいやいやでもやる、ということになるのである。

＊1　原資料は、日本女子大学教育学科の一九七九年度卒論研究の一環として、筆者の指導の下に、木下章子君が実施した調査結果の一部である。ここではそれを整理し直した形で示してある。

Ⅳ

〝まなざし〟と自己概念

第9章　〝まなざし〟のダイナミクス

ここまでの章でもしばしばふれたように、〝まなざし〟と自己概念との間には密接な関連がある。教育が、基本的には人と人との関係の中で行われるものである以上、この〝まなざし〟の問題はきわめて大きな意味を持つ。また、学校が社会の中で機能するものである以上、世間の〝まなざし〟は、学校教育のあり方を大きく枠づけるものとなるであろう。これらの点について、ここで少し詳しく考えてみることにしたい。

1　〝まなざし〟とは何か

われわれの自己意識、自己概念は、他者のまなざしとの関係の中で、形成され、支えられ、変容する。

ここで言う〝まなざし〟は多くの場合、視線で、あるいは目を向けることで代表される。しかし、〝まなざし〟は視線そのものでもなければ、単に目をある対象に対して向けるというだけのことでもない。

対象を見てとるべく意識を照射することこそが〝まなざし〟なのである。したがって視覚障害者もまた〝まなざし〟を所有するし、また自らが他者の〝まなざし〟の対象となっていることを、その場の雰囲気や会話から知覚することができるのである。

〝まなざし〟は意識を照射するサーチライトであるから、〝まなざし〟を向けられることによって、われわれは匿名性から、つまり状況の中に埋没した形でのあり方から、否応なしに引き出される。もしも〝まなざし〟を向ける人がこちらの名前を知っていたり、特徴を覚えていそうであったりすれば、〝まなざし〟を向けられることに対して、われわれはとうてい無関心でいることはできない。その人の意識を照射されるということは、その人の意識の中で吟味され、評価されることを意味するからである。

われわれは他者の〝まなざし〟を意識するや否や、自らがその相手の人にとって対象化されたことを感じとる。そして、その他者の目の中に自らが無価値なもの、とるにたらないものとして映るようなことがあれば、とうていそれを我慢できない。それだけではなく、単に自分とは違った見方で自分自身が見られるだけであっても、居心地の悪さを感じざるをえない。われわれは相手の目の中に、言葉やそぶりの中に、相手の心のスクリーンに映った自分自身のイメージを見てとって、一喜一憂し、安心したり不安になったりするのである。

では、いったいなぜ、このような〝まなざし〟と自己意識との関係が大きな問題となるのであろうか。その最も基底にあるのは、人間は一人ひとり孤絶した小宇宙として生きているにもかかわらず、互いに寄り集まって社会を構成しなくては、その生を支えていくことができない、というパラドックスであろう。まずこの点から考えてみることにしよう。

自分自身について考えてみる時、たとえば夜中に一人で床の中でじっと考えてみるような時には、本当の自分というものを純粋な形で考えることがあるいはできるかもしれない。しかし日常、活動しているところでは、自分は男だとか女だとか、学生だとか教師だとか、あるいは若いんだとか年をとっているんだとか、そして明日何をしないといけない、今何をしないといけない、といった形で自分のことを考えざるをえない。自分ということが、その人に割りあてられた社会的役割とか社会的機能と結びついた形で考えられ、概念化されるわけである。人間はこういった形で非常に個人的な自己意識を媒体にしつつ、一人ひとりが社会的な機能を担っている。つまり、そういう個人的な自己意識が社会的な部分機能をそれぞれ担い、それらがより集まって有機的に社会全体を支え、機能していっているわけである。

では、このような関係の中で〝まなざし〟はどのような働きをしているのであろうか。まず一つの具体例を考えてみることにしよう。たとえば、私がここで多くの人を前に話をしているとして、その途中で突然、腹を立てて「わーっ」とわめき出したとしたらどうであろう。きっと私はその場にふさわしくない行動をする者として、あるいは常識では理解できない行動をする者として、驚きと非難の入り混じった〝まなざし〟をいっせいに浴びることになる。誰ひとり口に出さなくてもいい。多くの人のそういう〝まなざし〟を一身に浴びたならば、そして私がまだその時正気を保っていて、その〝まなざし〟をいちおう正確に受けとめることができたならば、私は一所懸命自分をコントロールしようとするであろう。つまりある一人の人が、その場でその時に何をなすべきかということは、まず第一に、その時その場において、自分は何者であり、何を期待されているか、といった認識にかかわっているのである。そしてこういった自己意識は、その場で自分にそそがれる〝まなざし〟に対応しつつ、不断に自己提示をし続けていく、という過程を基底的に支え、枠づけるものになっていると言ってよい。このように一つの状況の中での自己規定あるいは自己統制は〝まなざし〟ということと切り離して考えることができないのである。

それからもう一つ、もっと長い目で見た場合、自分は今こういうものだと思って生活し、行動しているわけであるが、そういった自己概念も、まわりから与えられ続けてきた〝まなざし〟の積み重ねの中で、いつのまにかそう思い込んでしまっているものではないか、ということを考えてみる必要があるであろう。たとえば、回りからいつでも、お前は引っ込み思案でだめだ、お前は消極的でだめだ、お前は自信がなくてだめだ、と言われながら、あるいはそういう目で見られながら大きくなってくると、自分は消極的で、引っ込み思案で、自信がないといった自己規定をしてしまう。これは必ずしも口に出してなんらかの概念を投げかけられ続けるということでなくてよい。「〇〇のくせにどうして……」といった非難の〝まなざし〟や「〇〇なんだから当然……」といった期待の〝まなざし〟を投げかけられ続けるだけでよい。これによって、一定の自己規定が形成されるだけでなく、それにもとづく自己統制の基準や内容が形づくられていくわけである。

このように、一つの状況の中でどのように自己規定し自己統制するかという問題もまた、長い目で見た場合、その人特有の自己意識や自己統制のあり方がどのように形成されていくか、という問題も、〝まなざし〟的環境との関係において考えていかざるをえないのである。

2 〝まなざし〟と自己意識・自己概念――八つの基本問題

ここでは特に〝まなざし〟と自己意識、自己概念との関連における基本問題として、次の八つの点に注目し、考えてみたいと思う。[*1]

［1］他の人が自己に対しどのような〝まなざし〟を向けているかについて、人は通常、無関心であることができない。しかし〝まなざし〟に対し過敏であっては対人恐怖症となるし、鈍感であっては社会的不適応となる。〝まなざし〟への関心について、その人なりの、またその社会・文化なりの最適な水準を、どのように考え、どのようにとらえたらよいのであろうか。

結局われわれは、他の人の〝まなざし〟が気になって仕方がないのである。社会生活をしているから当然のことと言ってよいかもしれないが、横から見られるにしても後ろから見られるにしても、誰かに見られているということに対して、私達は非常に敏感である。

他の人からの視線にはこのようにすぐ気がつくわけであるが、しかしそこには大きな個人差が存在する。非常に過敏な人がいて、見られているという意識に支配されてしまう場合がある。これが極端になっていけば、対人恐怖症になってしまうことになろう。これと対照的に、非常に鈍感な人がいる。人に見られていようが何しようが、無神経というか傍若無人というか、こういう人もたしかにいないではない。

それからもう一つ、この点における文化的差異についても考えておかないといけないであろう。日本人は対人恐怖症になりやすいという指摘が内沼幸雄をはじめ多く[*2]の精神科医によってなされているが、やはり日本人は日常の生活の中で、他の人の目を非常に気にする。ところがアメリカ人などの場合には、こっちがどんなまなざしで見ていようが、やりたいことはやってしまうというようなところがある。一方には他人の目をそれほど気にしない文化があるのに対し、日本のように他人の目を非常に気にする文化があると言ってよい。しかも日本人の場合には他人の目を気にしがちであるというだけでなく、それによって自己意識が大きく影響されてしまうという問題があるのである。

[2] 他の人からの〝まなざし〟によって、人は自らを吟味し、コントロールしている。人は〝まなざし〟から、たとえば次のような点を読みとらざるをえない。

(1) この場に自分が存在することは許容され、歓迎されているか。
(2) 自らのあり方（態度、服装、発言、動作など）はこのままで受容されているか。
(3) 自らのあり方について期待されているものは何か。

さてそれでは、この読みとりはどのようになされ、それによって人はどのように自らの行動や態度などをコントロールしていくのであろうか。そのプロセスとメカニズムをどのように考えたらよいのであろうか。

これは、さきほどから述べてきたことの中心的な点にかかわるものである。つまり、他人の〝まなざ

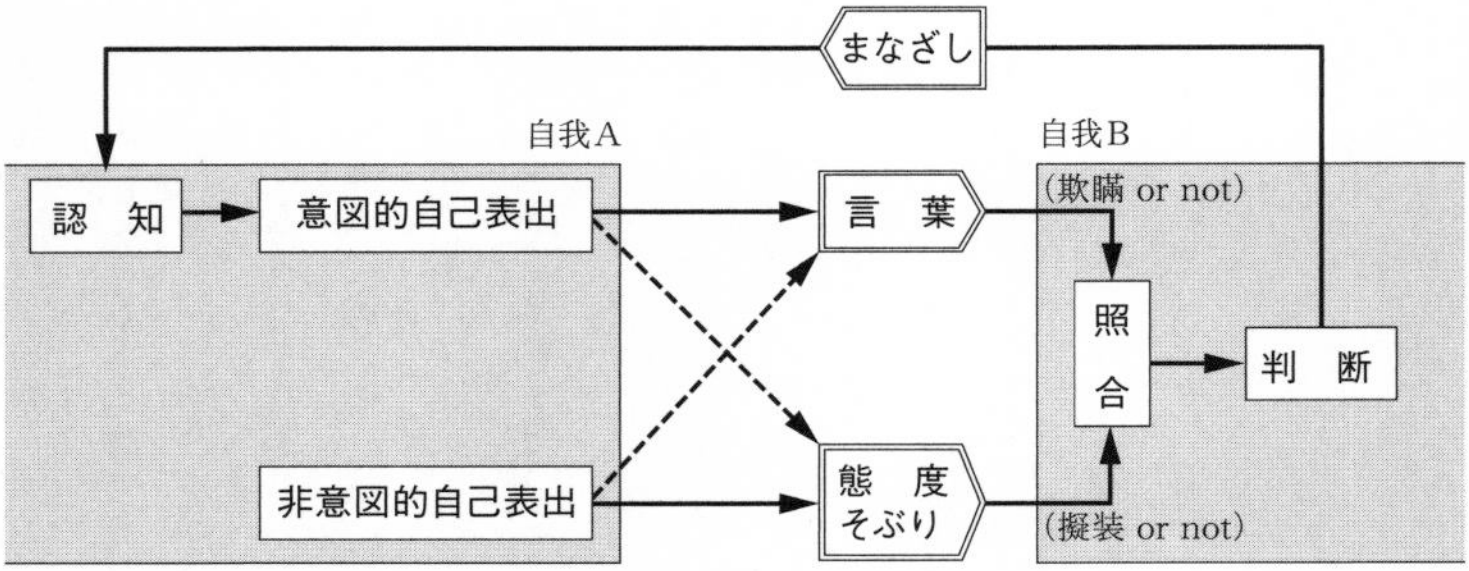

図9-1　Bの"まなざし"に対するAの反応、Aの自己提示にもとづくBの"まなざし"の形成

し〃をどういうふうに認知し、自分自身の今まで持っていた自己意識と〃まなざし〃によって投げかけられたメッセージとのズレをどのように吟味し、そしてそれにもとづきどのようにして自分の言動をコントロールしていくのだろうか、ということである。この点についてたとえば図9－1を見ていただきたい。これはもともと、仮面的自己提示と〃まなざし〃との関係を説明するために作成した図である。[*3] 詳しい説明はここでは省略するが、Bの〃まなざし〃をAがどのように受けとり、それにもとづいてどのような自己表出をBに対し行うか、またBの方ではAの自己表出を受けとってどのように判断し、それにもとづいてどのようにAに対する〃まなざし〃が規定されてくるか、いろいろと考えてみることができるのではないだろうか。いずれにせよ〃まなざし〃の受けとりから、それにもとづく自己吟味、自己統制、さらにはその延長上としての自己表出のあり方については、今後の研究の中でもっとはっきりさせていく必要があるであろう。

[3] 他の人からの〃まなざし〃が、自らの存在やあり方に対して批判的で非受容的なものである場合、人は自己意識、自己概念を

ネガティブなものとし、〝まなざし〞が支持的で受容的なものである場合、ポジティブなものとする。この場合、他者の〝まなざし〞の取り入れ、すなわち他の人に見られていると思うところを、自分自身でも、自らを見る目の中に取り入れるということが生じると同時に、自己評価を支える感情的な基盤が脆弱化したり、あるいは強化されたりする。このようなプロセスとメカニズムをどのように考えたらよいのであろうか。

他の人から投げかけられた〝まなざし〞が、温かかったり冷たかったりすると、自分自身についての意識にすぐこたえてくる。温かい〝まなざし〞に囲まれているとなんとなく自信がついてくるし、また、これでいいんだという自己受容の気持ちも生じてくる。ところが冷たい〝まなざし〞にさらされると、一所懸命に頑張っていても、なんかこのままではいけないような、自信がないような気持ちになる。こういう形で自分自身の意識がもろくなったり、あるいは非常に動揺しやすくなったりするわけである。

こういうプロセスについて、さらにもう少し考えてみると、たとえばわれわれは温かい、あるいは冷たい〝まなざし〞にふれて、いつのまにかその〝まなざし〞そのものを自分の内側に取り入れてしまうということがある。つまり、他人の〝まなざし〞通りに自分自身を見てしまっていることがあるわけである。たとえば、子どもが教師から何か言われたとすると、自分ではそんなことはない、そんなことはないと思っていても、いつのまにか教師から言われたその見方が自分自身に対する見方として、その子の中に定着してしまう場合があるであろう。それにともなって、先にもふれたように、その子の自己評価の基盤が脆弱になったり、あるいは強化されたりする。自分がある一定の自信を持ったり、あるいは一定の自信が持てなかったりするそれなりの基盤が、他者の〝まなざし〟によって形成されるわけである。すでに何度か強調したところではあるが、この問題については、教育や発達を考える場合、今後もっと注目する必要があるであろう。

［4］他の人からの批判的で非受容的な〝まなざし〟を避け、支持的で受容的な〝まなざし〟にできるだけ取り囲まれるような状態をめざして、人は対人関係のネットワークを切ったりつないだりしていく。しかしながら、ある特定の対人関係が自我関与の強い役割関係であるような場合、冷たい〝まなざし〟に耐えながら、その関係の維持に努めざるをえないこともある。このような点について、社会・文化的な差はどうであろうか。また、冷たい〝まなざし〟への耐性それ自体をどのように考えればよいのであろうか。

われわれが誰とつき合い、誰とはつき合わない、といった形で対人関係をつくっていく場合、どうしても温かい〝まなざし〟を送ってくれる人とは接触を保ちたくなり、そのつき合いを持続させるよう努力することになる。逆に、何かの時に非常に冷たい〝まなざし〟を送られると、なんだかその後は、その人とのつき合いがしにくくなる。つまりお互いに冷たい〝まなざし〟を交換しがちになり、そこで関係が断たれてしまうようにもなるであろう。これは、ただ単に二者関係だけのことでない。結局、われわれが自分の周囲に持っている対人関係のネットワークの全体が、こういった〝まなざし〟の交換によって成立しているのではないだろうか。お互いを温かい〝まなざし〟で心理的に支え合う、ということを暗黙の目標として対人関係のネットワークが展開し、発展していくと考えられるのである。逆に冷たい〝まなざし〟を投げかけ合うような事態が生じると、お互いがそれによって心理的に脆弱化し、傷つけ合うことになるのであり、対人関係のネットワークはその部分から崩壊していくことになるのである。

そういったプロセスにおいて、それぞれの人が冷たい〝まなざし〟にどの程度まで耐えられるか、という個人差の問題が重要となる。また、その対人関係が自分にとってどうしても必要であるとなれば、いくら冷たくされようと、つき合っていかなければいけないという状況の問題も軽視することはできない。こういった、いわば課題のみによって結合している対人関係、感情としてはいやだけど必要があるからつき合っていかざるをえない、といった関係を何が決めていくのか、そこにおける個人的要因、状況的要因としていったい何が重要なのか、今後詳しく検討していかねばならない問題である。

［5］他の人からの〝まなざし〟が支持的受容的なものに変わっていくことをめざして、人は一般に行動（態度、発言、行為など）しがちである。時にはこのため、自己概念と自己提示との間に鋭くズレを感じ、仮面性を意識することもある。この点についても、一方に他人志向（リースマン）とか市場的構え（フロム）が一般的となった社会・文化があり、同時に、他方には内的志向とか自立的あり方を重視する社会・文化がある。個人のレベルでも、虚飾虚栄にまで走るほど仮面性の強い人と、素朴自然でいささかの仮面性も感じさせない人がいる。このような違いをどのように考え、どのように理解すればよいのであろうか。

先に述べたところと直接に関係するのであるが、お互い温かい〝まなざし〟が欲しいわけである。そして、それが欲しいあまりに、相手の〝まなざし〟に迎合したり、温かい〝まなざし〟を受けることができるような仮面をかぶったりすることにもなる。つまり、周囲の人に合わせ、期待されている通りにふるまってみせるということが起こるのである。受容的な〝まなざし〟、温かい〝まなざし〟、支持的な〝まなざし〟を手に入れるために、意識的に、あるいは無意識のうちに、誰もが多少なりとも努力していると言ってよいであろう。仮面性の問題は、一番ミクロなレベルでは、結局そういうことになるのではないであろうか。つまり、対人関係において自分は相手からどういう〝まなざし〟を期待しているか、そのためにはどういう仮面を自分はかぶらないといけないのか、というプロセスとして基本的には理解されるのである。

［6］他の人からの〝まなざし〟をわずらわしく耐えがたいものに感じる時、人は〝まなざし〟に出会わなくてもよい状況に身を置こうとする。一人きりの隠遁生活に入ったり、心理的に周囲のできごとに無関心になったり、というのがその例である。このように〝まなざし〟を耐えがたいものにする条件とはいったい何なのであろうか。そのような場合に人が対処する方法としては、いったいどのようなタイプのものがあるのであろうか。

さて、温かい〝まなざし〟を求めて、あるいは周囲の人から理解され受け入れられることをめざして自分自身をいつも規制していると、周囲の人の〝まなざし〟にふれるということ自体が、しんどいこと、疲れることになってしまう。そうすると他の人の〝まなざし〟にふれなくてもすむ所へ行きたいという気持ちにもなる。夏目漱石の『草枕』の冒頭に述べられている主人公の心情「智に働けば角が立つ。情に棹させば流される。意地を通せば窮屈だ。兎角に人の世は住みにくい。住みにくさが高じると、安い所へ引き越したくなる。……」などそのよい例ではないだろうか。いずれにせよ人の〝まなざし〟を意識し、人の視線がいつも気になるという生活をしていくと、心理的あるいは物理的にその〝まなざし〟の受けとりを拒否して一人きりで孤立した生活がしたい、という気持ちになるのである。自分のことを誰がどう言おうと、どう見ようと、そういうことには無関心に自分の好きなことをやっていきたい、という気持ちになってしまうのである。日本の知識人に古来見られる隠遁生活的な生き方への憧れも、基本的には、そういう意味合いを持つものではなかったであろうか。

［7］周囲の人々の日常的な〝まなざし〟が安定性も絶対性も欠いていること（根拠のないうわさで一挙に変わる、など）を実感した時、人はなんらかの超越者の〝まなざし〟を求めることがある。神仏に対する祈りは、まさにこの現れであろう。このような方向から宗教的感情や行動、儀式などを理解していこうとする場合、人間存在の基盤的側面についていったい何が見えてくるのであろうか。

〝まなざし〟の問題は、私達にとって常に心理的な重みを持つ。しかしながら、しょせん、他人の〝まなざし〟はうつろいやすいものである。すべてがうまくいっている時には誰もが温かい目で見てくれるけれども、何かちょっとまずいことが起きれば、あるいはちょっと落ち目になれば、みなの〝まなざし〟は一変する。そういうことを何度か経験すると、周囲の人に受け入れられるために努力するということが、だんだん馬鹿らしくなる。そして人によっては、現実の周囲の人達の〝まなざし〟ではなく、うつろうことのない絶対的な〝まなざし〟を求めたくなる。そしてついには、「南無八幡大菩薩、御照覧あれ！」といった呼びかけをしたくなるのである。

誰も見ていてくれないと、私達はなかなか一つの決然とした行動、断固とした行動をとることができない。しかしながら、誰か見ていてくれないと、といっても、現実の人間が見ていてくれるだけでは不安定で仕方がない。人間の〝まなざし〟だけでは信頼できないということになると、神仏の〝まなざし〟を求めざるをえない、ということにもなるであろう。そうすると、他者の〝まなざし〟といっても、そこに現実の人間同士の間におけるそれ、といった水平の軸だけではなくて、神仏といった絶対者のそれ、といった垂直の軸を想定しないといけない場合ができてくる。こう考えてくると、祈りというものは、神仏といった絶対者に向かって自分に対する〝まなざし〟の投げかけを求める呼びかけ、この意味での垂直方向での〝まなざし〟の交わし合いの希求にかかわるものとして理解されることになる。また〝願〟とか〝願をかける〟ということもこの点に深く関係したものと考えることができるのではないだろうか。

［8］他の人からのものにせよ神仏からのものにせよ、人は他からの〝まなざし〟に依存することなく、自らの自らに向ける〝まなざし〟のみに基本的に依拠して自らのあり方を決定したいとも思う。〝主体性〟という言葉で呼ばれ、求められてきたところなど、このような志向性を具体的に示すものと言ってよい。しかし独善やわがままとこの主体性なるものとは隣接しており、逆に協調性や調和と非主体性とは隣接

している。もしもそうであるなら、他からの〝まなざし〟を無視することなく主体性を貫き通すための条件、他の人々と協調しつつ非主体的とはならないための条件を、いったいどのように考えればよいのであろうか。

たしかに〝まなざし〟には、非常に神秘的な重みがあり、好むと好まざるとを問わず、私達はそれに呪縛されていると言ってよい。しかし、本当の意味での主体性を確立するには、やはり他者の〝まなざし〟に依存しているだけではだめであろう。結局は「自らかえりみて縮《なお》ければ、千万人といえども吾往かん」（孟子）という言葉にもあるように、自分自身で自分を見つめてみて、これでよしと言えるかどうか、そこを最終的に問題にするような〝まなざし〟の持ち方になっていかざるをえない。自己意識というものが、そういう意味で、自分に投げかけられた自分自身の〝まなざし〟によって最終的には支えられる、というところにまで深まっていった時にはじめて、本当に自立したものとなるわけであり、また真の主体性も確立するのではないか、と考えられるのである。

ただここで一言つけ加えると、そういう形の主体的な自己意識は怖いものである、ということを忘れてはならない。自分自身に、人には必ずしも通用しない〝まなざし〟を投げかけて、自分自身を人には必ずしも通用しない形で自己規定する、ということもありうるからである。たとえば精神疾患の人の場合に典型的に見られるように、私は天皇陛下であるとか、億万長者の誰々であるとか、といった形で自己規定し、それでやっていこうとする場合も出てくるのである。そこまではいかなくても、主体性を持つということと、人に通用しない（人と断絶してしまった）自分だけの自己規定を持つということとが、時に紙一重でしかないということは、十分に考えておかなくてはならない問題であろう。

3 〝まなざし〟が「届く」ということと身体性と

〝まなざし〟が「届く」ということ

以下に、関連した問題として重要な点を、一つ二つ述べておくことにしたい。

まず第一は、「〝まなざし〟が届く」ということをめぐってである。[*4] 以上に述べてきた八つの問題は、いずれも、「〝まなざし〟を受けとる」という側からのものであって、「〝まなざし〟を投げかける」という面には必ずしもかかわるものでなかった。しかし、「互いに〝まなざし〟が届き合う」といった関係を真の人間関係のあり方として想定するならば、ここで述べたところを土台に、もっと先へと検討を進めることが必要になるであろう。たとえば、自分のことにかまけているだけの人は、目が光らないと言われる。つまり自意識過剰の人の〝まなざし〟は、相手の人にまでは届かないということが、臨床心理学者からしばしば指摘されているのである。お互いの〝まなざし〟が届き合うということの底には、互いに相手に対して本当の関心を持ち合うということがなくてはならない。

〝まなざし〟が届くということは、単に視線をその対象に対して向けるというだけのことではない。その視線がその人自身の意識の放射になっていなくてはならない。相手に対する自我関与が、つまり、「あなたのことが自分にとって目の離せない大事なことになっている」という気持ちが、相手にも伝わるような視線になっていなくてはならない。そして、相手の気持ちまでを自分の視線の放射によって読みと

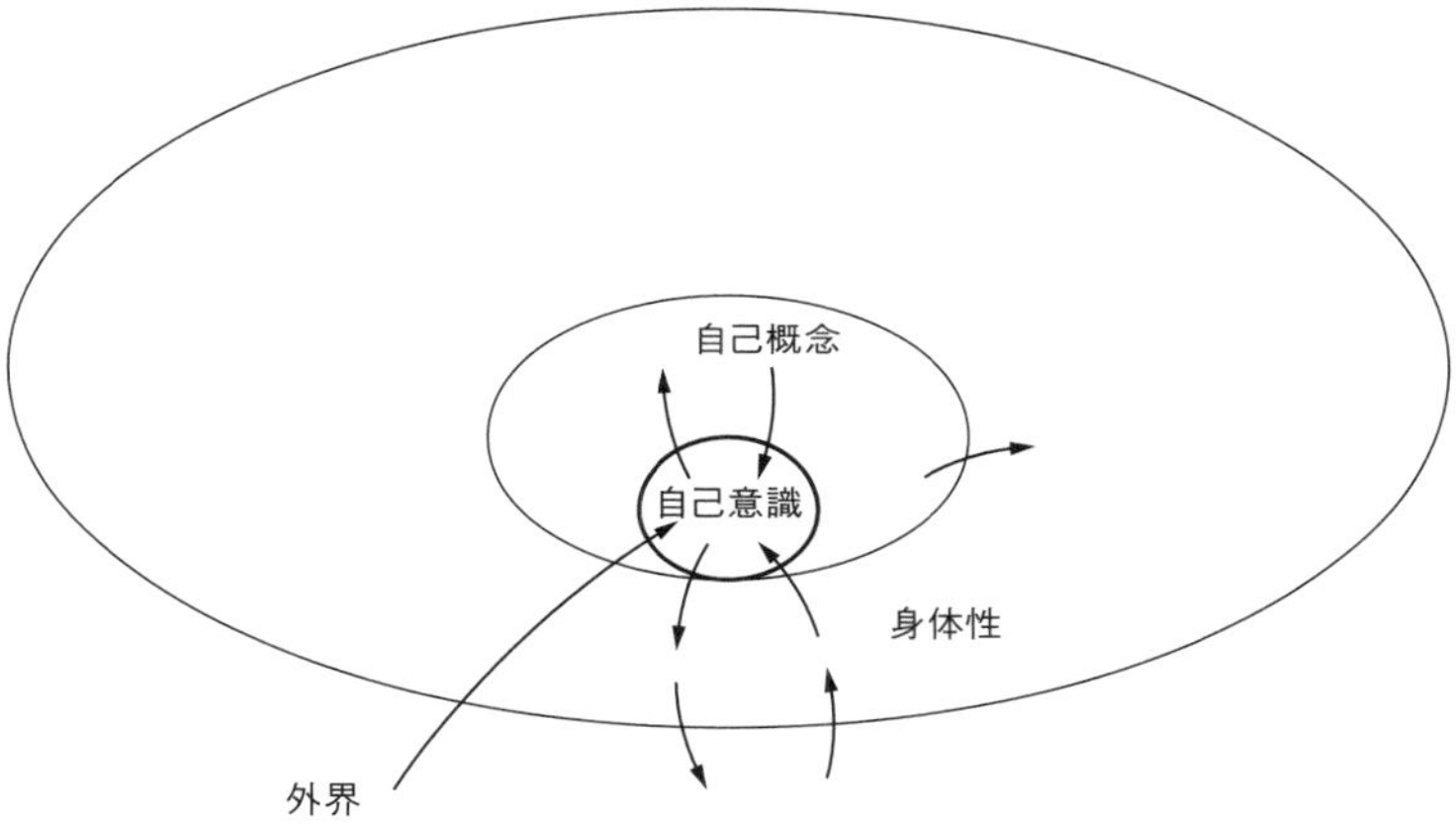

図 9-2　身体性と自己意識、自己概念

る、というほどのものでなくてはならない。そうすると、先に述べた「温かい〝まなざし〟の交換」ということも、真の人間関係への深まりということを考えるならば、あまり浅いレベルで考えられてはならない、ということになるであろう。

身体性と自己意識・自己概念

もう一つは、身体性ということと自己意識、自己概念との関係についてである。他の人の〝まなざし〟にさらされているのは、直接には私達の身体である。また私達は身体の諸機能に支えられた形において、自己意識や自己概念を持つ。この意味で、自己意識や自己概念を考える場合、身体性はその土台をなすものと言ってよい。

筆者はこれらの相互関係について、大略図9－2に示したような考え方をしている。具体的な自己意識を枠づけ、その大前提となっているのが自己概念であるが、しかし自己意識は、直接的に身体性にも依存している。身体の調子が悪ければ自分自身についても悲観的にしか見られなくなる、といったぐあいである。逆に、自己意識や自己概念のあり方が身体性に大きく影響していることは、心身症の場合を考えてみるだけでも自明のこと、と言ってよいであろう。これらの諸関係を十分に踏まえたうえで、〝まなざし〟の問題を、そして自己意識、自己概念の問題を、人間性理解の基底をなすものとして考えていかなくてはならないであろう。

＊1　ここでの問題提起は、梶田叡一「仮面的自己提示と他者のまなざし」（『自己意識の心理学』東京大学出版会、一九八〇年、一六七〜一九〇頁）と深く関連している。
＊2　内沼幸雄『対人恐怖の人間学――恥・罪・善悪の彼岸』弘文堂、一九七七年、など。
＊3　前出『自己意識の心理学』の図10（一七二頁）を発展させたもの。この前後図の記述を参照されたい。
＊4　「〝まなざし〟が届く」というとらえ方は、早坂泰次郎「身体的リアリティとしてのグループ――視線の社会心理学序説」（『応用社会心理学研究』一九七九年、第二〇集、一〜一四頁）に詳しい。

第10章　学歴追求と〝まなざし〟の問題

ここで述べてきた〝まなざし〟のダイナミクスは、当然のことながら、学校教育の各側面とも深くかかわっている。ここでは、現代の学校教育において大きな比重を占める学歴の問題を中心に、このかかわりを少しばかり掘り下げてみることにしたい。

1　学歴と〝まなざし〟

現代の日本社会においては、どの学校に進んだのか、どの学校を卒業したのかということが、多くの人からの〝まなざし〟を規定するものになっている。たとえば、最終的に卒業した学校が、東京大学なのか、有名私立大学なのか、地方の無名の大学なのか、それとも高校しか出ていないのかといった情報に接するだけで、周囲の人からの〝まなざし〟は大きく変わってくる。それにともなって、当然のことながら当事者自身の方でも、周囲の人の〝まなざし〟の中で価値あるものとされ、大きく期待される場合には、自らをそのようなものとして見るようになるであろう。有名大学を卒業していることは、自他の〝まなざし〟の中で、人間としての基本的価値が高いことを、社会的毛並みの良いことを、つまり現代社会においてその人が「貴種」であることを意味するものとなるのである。ここから、さまざまな悲喜劇が生じてこざるをえない。

「貴種」としての有名校歴

いずれにせよ、周囲の人の〝まなざし〟の中で、そして自分自身の〝まなざし〟の中で、自らが価値あるものとされるためにこそ、つまり「貴種」として自他に見られたいがためにこそ、子ども達は有名高校、有名大学をめざす、と言っては間違いであろうか。少なくとも、よりランクの高い高校へ進みたいという気持ちの中には、この感覚が潜んでいることは否定できないであろう。そして、高校のランクなるものは、基本的には有名大学への進学状況によって決定されているとすれば、先の仮説は簡単に捨て去ることのできぬものとなる。だからこそ、この反面として、この社会的「貴種」コースを断念せざるをえない子ども達が、ツッパリや暴走、非行に走り、裏文化の中で自らの価値と意味を追求していこうとする、ということにもなるのであろう。また教育ママという言葉に象徴されるような親の側の学校歴信仰も、必ずしもその方が生涯賃金その他で実質的に有利になるからというようなことではなく、我が子が社会的イメージの中で、すなわち人々に共有の〝まなざし〟の中で「貴種」に位置づけられることを追求している、というのが真相に近いのではないだろうか。

もちろん、自他の〝まなざし〟の中に「貴種」として映っているかどうか、ということは、単なるイメージだけの問題ではない。当人のプライドや自信、自己受容とも深く関係している。自らが有名校に在学している、あるいは有名校を卒業しているという事実自体が、プライドや自信、自己受容の源泉になるというだけでなく、これに加えて、そういった場合には、周囲の〝まなざし〟によってプライドなどが日常的に支えられ、強化されるのである。

「貴種」であると見ることは、とりもなおさず、その人に大きな価値を認め、重視し、温かく受容し、支持する、といった態度でその人に接する、ということを意味する。逆に、どこの馬の骨なのか、という〝まなざし〟で見るということは、その人に価値を認めないだけでなく、軽視したり無視したりし、さらには冷たく拒絶し、支持しようとしない、という態度をとりがちになることを意味するであろう。

先にも述べたように、周囲の人からの〝まなざし〟が、自らの存在やあり方に対して受容的で支持的なものである場合、われわれは自らにポジティブな〝まなざし〟を投げかけるようになるのに対し、他の人からの〝まなざし〟が非受容的、拒否的なものであれば、自らへの〝まなざし〟もネガティブなものとならざるをえない、という一般的傾向がある。プライドや自信、自己受容といった自己評価的意識や感情の基盤は、このような他者への〝まなざし〟によって、基本的に強化されたり、あるいは脆弱化したりするのである。

自分自身へのポジティブな〝まなざし〟の追求

ところで、人は自らに対してポジティブな〝まなざし〟を投げかけることができる時にのみ安定した心理状態を経験できる、という事実をここで思い起こしてみる必要があるであろう。つまり、プライドや自信、自己受容を高い水準に維持できている時にのみ精神的な健康が確保されるのである。だからこそ、周囲の〝まなざし〟が受容的で支持的なものになることをめざして、われわれは行動（発言、態度表出など）しがちなのである。また、非支持的で拒否的な〝まなざし〟を避け、受容的支持的な〝まなざし〟にできるだけ取り囲まれるような状態をめざして、自らの周囲の対人関係のネットワークを、切ったりつないだりしていくことにもなるのである。

こういった観点から見ても、現代社会の「貴種」であることを実証できた人は、決定的に有利である。あらためて受容的支持的な〝まなざし〟を獲得するために努力する必要は、そう大きなものでなくてよい。すでに彼自身、自らにポジティブな〝まなざし〟を投げかけているからであり、また周囲の〝まなざし〟によってそれが支えられ、強化されているからである。これに引き換え、学校歴の点で自らが「貴種」であることを自他に対し証明できない場合には、何か他の方法で、周囲からの、そして自らのポジティブなまなざしを獲得し、維持強化すべく努めなくてはならなくなるであろう。これは現代社会においては、たいへんな緊張と努力を必要とすることである。少なくとも、当人や父母は、そういう不安を強く持つ故にこそ、有名校歴を追い求めていくのではないだろうか。

2　周囲の〝まなざし〟と自己概念との矛盾葛藤

〝まなざし〟との矛盾葛藤をどうするか

ところで周囲からの〝まなざし〟によって、いつでも必ず、自らに対する〝まなざし〟が決められてしまう、というわけではない。当然のことながら、時には周囲の人からの〝まなざし〟と自己概念との間に乖離や矛盾を感じざるをえない場合がある。「自己宣言」としての強いアイデンティティを持ち、周囲からの「位置づけ」としての社会的アイデンティティに対抗しようとする場合がそうであろう。もっと日常的には、身におぼえのない情報が広まったり、自分自身では重きをおかない何かが生じたりして、周囲の〝まなざし〟が自己概念にそぐわない形で一変するといった場合もそうである。さらには周囲の〝まなざし〟は変わらないのに、自らについての何かを自分自身で位置づけし直すといった形で、自己概念の変化が生じた場合などもそうである。

このような時、人は一般に、次の四つのタイプのいずれかによって周囲からの〝まなざし〟と自己概念との乖離や矛盾に解決を与えようとするであろう。

(1) 自己概念に合うような形で周囲の〝まなざし〟を変化させるべく、周囲への働きかけをする。たとえば、「分かってください、私はそんな人間じゃないのです。私は本当は、○○なのです」といった類の反応である。

(2) 主我の全体的なあり方を変化させ（自己変革を行い）、周囲の〝まなざし〟に調和するものにする。たとえば、「まわりの人があのように考えているのも一理あるかもしれない。その線にそって努力してみよう。そうすれば、周囲の人が考えている面が自分にも見えてくるかもしれない」といった類の反応である。

(3) 自己概念を周囲の〝まなざし〟に同調するような形で、自らの意識の中で自閉的に変化させる。たとえば、「よくよく考えてみれば、本当の私というのは、周囲の人の考えている通り○○なのであろう」といった類の反応である。

(4) 自己概念と周囲の〝まなざし〟との間の心理的関係を絶ち切ることによって、両者の乖離や矛盾を意識しないですむようにする。たとえば、「まわりの人の見方はそれとして仕方がない。しかし自分は自分である。誤解や食い違いはよくあることだから気にしないでおこう」といった類の反応である。

学歴をめぐる自他の〝まなざし〟の矛盾葛藤

学歴ないし学校歴をめぐっても、当然のことながら、自他の〝まなざし〟が基本的な点で食い違い、矛盾葛藤を生じる場合がないわけではない。ある学校に在学している、あるいはその学校を卒業しているという事実を、周囲の人は高く価値づけ、その人への〝まなざし〟の中に大きく位置づけるのに対し、その人自身は、もっと他の点で自分を評価してほしいと考えていたり、その学校に在学している、あるいは在学していた、という事実をひそかに恥じていたりする場合などである。東京大学を出れば、京都大学を出れば、あるいは他の有名大学を出れば、その卒業者のすべてがその事実に対してプライドを持っているというわけでもないのである。また逆に、学歴がないから、という〝まなざし〟で見られることを拒否し、自分はこれこれの人間である、と自他に対しプライドを持って宣言する、といった場合もあるであろう。

有名校歴がもたらす「貴種」幻想を、真向から拒否する人も、あるいはまだ相対的には少数であるかもしれないが、たしかにかなりの層として存在する。そして、最近特に、このような幻想拒否が、企業の人事担当者に強くなってきたことが報じられている。有名大学の卒業生が必ずしも企業の求めるエリート・サラリーマンではない、という見方、考え方は、採用に当たっても昇進に当たっても、今や一つの常識になったと言ってよい。ここから、新たな形で、周囲からの〝まなざし〟と自己概念との矛盾葛藤が生じていることも見落とすことはできない。自分は有名大学を出た「貴種」であるから、採用に際しても昇進に際しても特別有利な扱いを受けるはずだ、という期待がその通りにならない、といった類のものである。東大出の「窓際族」は、現在の企業社会では必ずしも珍しい存在ではないが、彼らは毎年三月に週刊誌が「東大合格者全氏名」を載せるのを見るにつけても、痛切にこのようなギャップを感じることがあるのではないだろうか。

以上述べてきたところは、問題のごく一端でしかない。しかし要は、学歴問題を客観的な面から、すなわち社会的地位や収入等々の面から吟味していくだけでは不十分であって、人々の共有する〝まなざし〟の面から、そしてそれによって形成され規定される自己への〝まなざし〟から吟味していく必要がある、ということである。生涯賃金の点で有利でなくとも、組織内での昇進が自動的に約束されているわけではなくとも、さらには社会的な実力や人間性の点で問題がある場合が少なくないことが明らかになっても、人々の〝まなざし〟の中に「貴種」イメージが存在する限り、有名大学の在学生、卒業生であるということは、追求するに値する価値を持つのである。そして、その追求が成功し、現実にその大学の在学生、卒業生となることができた人々は、それに見合ったプライドと自信、自己受容の基盤を保障されることになるであろう。こういった意味での学歴の心理構造を解明していくことによって、学歴研究は新しい地平を切り開いていけるのではないだろうか。このことはまた、現代の学校教育の持つ社会的な位置と機能を理解していくうえでも、きわめて有力な視点を与えてくれるであろう。

V

自己概念の成長・発達のために

第11章　小学校導入期における自己認識の育成——「生活科」の創設に際して

小学校の一・二年に置かれていた理科と社会科がなくなり、その代わりに「生活科」という新教科が置かれることは、一九八八（昭和六三）年の秋の新しい学習指導要領の告示で本決まりになり、一九九二（平成四）年度から実施された。この新教科では、それまでの理科と社会科の内容の重要な部分を具体的な活動や体験を通じて学ぶだけでなく、学習主体である子ども自身の自己認識を育て、自発性・自主性と基本的生活習慣を身につけ、将来にわたっての自立の基礎づくりをすることがめざされてきた。ここでは、この新教科の構想に含まれている自己認識育成の意義と方法について、その重要なポイントを考えてみたい。

1　生活科の柱の一つとしての「自己認識の基礎づくり」

「生活科」と仮称される新教科の創設を提唱し、その目標・内容の大綱を示した小学校低学年教育調査研究協力者会議には私自身もメンバーとして参加したが、その「審議のまとめ」（一九八六年七月二九日）では、この生活科の基本性格について、次のように述べている。

「児童が自分達とのかかわりにおいて人々（社会）や自然をとらえ、児童の生活に即した様々な活動や体験を通して社会認識や自然認識の芽を育てるとともに、そのような活動や体験を行なう中において自己認識の基礎を培い、生活上必要な習慣や技能を身につけさせ、自立への基礎を養うことをねらいとする総合的な新教科として生活科（仮称）を設けることとした」

これを踏まえて教育課程審議会では、「教育課程の基準の改善に関する基本方向について（中間まとめ）」（一九八六年一〇月二〇日）において同一の表現でこの生活科の基本性格を確認し、そうした構想を「適当であると考える」としている。

これにもとづき、教育課程審議会初等教育分科会の生活科委員会や小学校学習指導要領生活科協力者会議では、この生活科のねらいを、「具体的な活動や体験を通して、自分と身近な社会や自然とのかかわりに関心を持ち、自分自身や自分の生活について考えさせるとともに、その過程において生活上必要な習慣や技能を身につけさせ、自立への基礎を養う」としている。

こうした記述からも明らかなように、生活科の目標および内容に関し「自己認識の基礎づくり」ということが、一貫して非常に重要な位置を占めてきた。自分自身のことについて調べたり、自分のいろいろな面について気づいたり、といったことが、生活科の大切な柱の一つと考えられてきたのである。

もちろん、自己認識といっても、小学校低学年のことであるから、そう大袈裟なことではない。自我の確立とかアイデンティティの明確化といった言い方がされるように、自分自身をとらえ直し、きちん

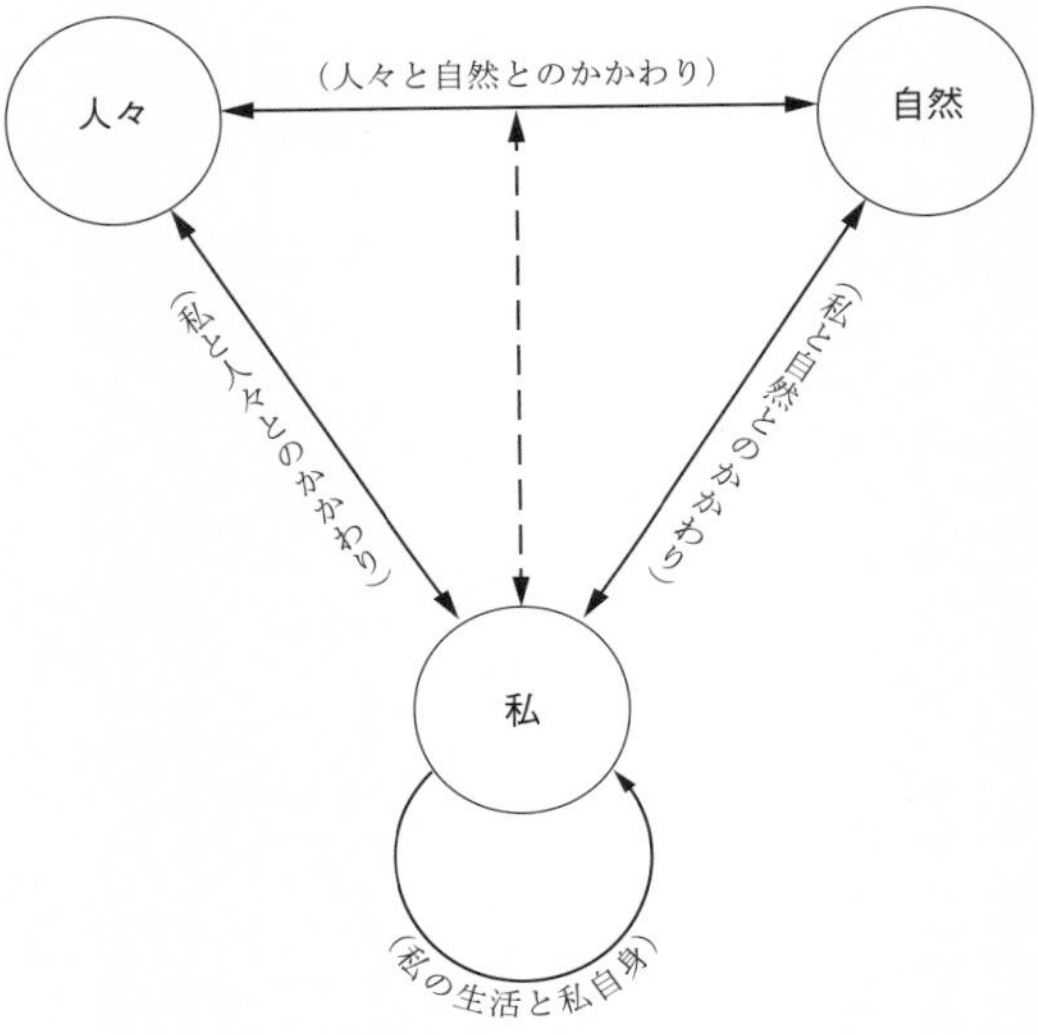

図 11-1 「生活科」の構造と主要領域

とした形での自己理解と自己規定をするようになるのは、多くの場合、青年期になってからのことである。自分自身のことが自分にとって真に大きな課題となるのは、一般には、青年期以降のことである。この意味において言えば、自己認識を教育の課題として大きく掲げる必要があるのは、本来、中学・高校、さらには短大・大学においてである、と言ってもよい。だからこそ、生活科においてめざされるべき自己認識は、その芽だけでよく、あくまでもその基礎づくりにとどまるものなのである。といっても、この段階での自己認識の育成はそれなりの重要性をはらむものであり、その意義をいささかも軽視することはできない。

いろいろな面について「自分自身への気づき」とそれにかかわる体験を豊富にし、将来にわたって自己理解を深め、広げていくための素材を蓄積していってほしいものである。そして、そうした気づきや体験の上に、自分自身に関する前向きの思い込みとしての健康的な自己概念の芽が、少しずつ育ってほしいものである。生活科においては、それを、純粋に自分自身についてのみ考え、探究していくという形においてではなく、自分の日常生活について、また自分の身のまわりの人々や自然について、考え、探究していく中で学習していこう、というわけである。生活科において構想されている自己認識とは、これ以上のものではなく、またこれ以下のものでもないのである。

もともと生活科の学習の全体構造としては、図11－1に示すように、「私」「人々」「自然」という三つの極が設定されている。そして、それらを相互関連の中で学習していくことをめざして、「人々と私」「自然と私」「自然と人々のかかわりと私」「私の生活と私自身」といった主要領域が想定されてきたわけである。「人々」といった社会的環境要素だけを取り出して学習を進めていくのが従来の社会科であり、「自然」にかかわる環境要素だけを取り出して学習を進めていくのが従来の理科であったとすれば、新しい生活科は社会科と理科との単なる合科ではないことが、こうした学習領域の設定の仕方からも理解されるであろう。端的に言えば、環境について学習するにしても、従来の場合とは異なり、環境的要素をそれ自体として問題にするのではなく、常に自分自身とのかかわりにおいてそれを問題にする、という考え方をとっているわけである。具体的に、こうした学習活動の展開のあり方として、「人々と私」の領域については「学校で働く人達」といった単元が、「自然と私」の領域については「生き物を育てよう」といった単元が、また「自然と人々のかかわりと私」の領域については「学校を探検しよう」とか「お祭りをしよう」といった単元が、さらには「私の生活と私自身」の領域については「遊ぶものを作ろう」とか「小学生になった私」といった単元が、検討されてきている。

2　自分自身に返ってくる学習――自己認識の芽を育てる（その一）

さて、こうした考え方に立った場合、生活科の学習においてどのような形で、自己認識の芽なり基礎なりを形成していくことになるのであろうか。具体的なあり方としてはさまざまの方向から考えてみることができるであろうが、その第一のポイントは、生活科の学習のすべてが自分自身とのかかわりにおいて進められる、というところから出てくると言ってよいであろう。

先に図11－1として示した図式に従えば、従来の社会科や理科で扱ってきたテーマや素材を生活科で扱う場合にも、その活動展開に、基本的な点での相違が見られなくてはならない。つまり、「人々」に関する学習をしていくにしても、「自然」に関する学習をしていくにしても、「私」とのかかわりが大切な視点として入ってくることになるであろうし、またそうした学習によって、「私」自身についての気づきが深まったり、新たになったりすることが期待されるのである。

たとえば、生活科の「生き物を育てる」といった単元で、アサガオを一人に一鉢ずつ持たせて世話をさせ、その育っていく様子を観察させる、といった活動をするとしよう。従来の理科では、まず種の様子を観察させ、その形状を確認させる、というあたりから始まって、種を植える際の土の深さ、水のやり方などを学習し、そして、いつどんなふうに双葉が出てくるのか、つるはどのように伸びていくのか、つぼみの様子は、花の様子は、種のできていく様子は、などと観察させることになる。こうした活動についいては、生活科においても、基本的には同様である。しかし生活科の場合には、アサガオの成長・発達の過程を、それ自体として現象的表面的に理解していくだけでなく、アサガオという一つの生命体の自己展開の過程として、生命体それ自体の働きの表現過程として感じ取り、理解していくことを期待したいのである。そしてそれが、自分自身を一つの生命体として感じ取り、その自己展開の過程として自分自身の成長・発達を理解していくうえで、一つのきっかけあるいは手がかりになっていってほしいのである。

また、「家の人々の働き」といった単元で、自分の家のお父さん、お母さんがふだんやっておられる仕事について、調べたり話し合ったりする活動をするとしよう。これも具体的な活動それ自体としては、従来から社会科でやってきたところとほぼ同じものにならざるをえないであろう。しかし生活科でやる場合には、自分自身とのかかわりにまで踏み込んだ学習展開が必要であり、また同時に、そうしたかかわりのあり方についてどう考え、どういう感情を持つか、といった形で心情面へと深まっていく活動が期待されるのである。つまり、お父さんは何をしており、お母さんはいつどこで何をする、といったことをよく認識するというだけにとどまらず、そうした働きによってはじめて自分の毎日の生活が成り立っていることを認識してほしいのである。そしてそこから、自然な形で感謝の気持ちが生じてくるところまでいきたい、と願うわけである。

ここで述べてきたことは、他のどういう単元についても、基本的に当てはまると言ってよいであろう。どういう環境要素について学習するにしても、私自身とそれとがどのようななかかわりを持っているのか、それによって私自身のどのような側面が新たに照らし出されるのか、といった方向への発展が期待されるのである。

3　自分自身の成長を見つめる学習——自己認識の芽を育てる（その二）

自分自身とのかかわりを大切な視点として常に持ちながら、学習を進めていくだけにとどまらず、さらに第二として、自分の生活などに現れてきている変化を、自分自身の成長・発達の過程としてとらえるという形で、いっそう直接的な自己認識の基礎づくりが生活科で構想されている。具体的には、前述の「審議のまとめ」において、各学年の内容の第六番目として、それぞれ次のように述べられ、それにそった独立の単元を準備することが考えられているのである。

〔第一学年〕入学前の頃の生活と入学してからの生活の様子について調べたり、話したりしながら、自分の生活の変化に気づかせる。

〔第二学年〕自分が生まれてから現在までの生活の様子について調べたり、話したりしながら、自分の生活や成長の様子に気づかせる。

こうした単元の第一学年での学習内容については、たとえば、次のようなものが考えられるであろう。

(1)　小学校に入る前と今とをくらべて、自分で大きくなったな、成長したな、と思うことはどういうことか、書き出してみたり、お互いに話し合ってみたりする。

(2)　小学校に入る前と今とをくらべて、毎日の生活がどのように変わってきたかを考え、書き出してみたり、お互いに話し合ってみたりする。

(3)　小学生になってから何ができるようになったかを考え、書き出してみたり、お互いに話し合ってみたりする。

⑷　小学生になってから家でどういうお手伝いをするようになったか、これからどういうお手伝いが自分にできそうかを考え、書き出してみたり、お互いに話し合ってみたりする。

⑸　これから小学生になる幼稚園や保育所の子どもに、小学校に入るとこんなに面白いこと、楽しいことが待っているよ、という手紙を書く。

自分自身の成長を見つめる第二学年の単元においては、たとえば、次のような学習活動が考えられるであろう。

⑴　自分が生まれた時の様子はどうだったのか、家の人に尋ね、お互いに話し合ったり、発表したり、ノートに整理してみたりする。

⑵　生まれてから今までの自分の生活をよく表している写真や記録などが家に残っているかどうか探してみて、あったらその中から毎年ごとに二つか三つを選んで説明をつけ、一冊のアルバムにまとめる。

⑶　自分が赤ちゃんの頃から今まで、まわりの人にどういう世話を受けてきたか、家の人に尋ね、お互いに話し合ったり、発表したり、ノートに整理してみたりする。

⑷　自分がどんなふうに大事にされ、期待されて大きくなってきたか、まわりの人から聞いた話や自分自身が覚えていることなどをもとに考え、お互いに話し合ったり、発表したり、作文に書いてみたりする。

⑸　自分が大きくなってお父さんやお母さんになった時、自分の子どもにどんなことをしてやりたい

か、どういうことはしないように気をつけたいか、お互いに話し合ったり、ノートに整理してみたりする。

こうした諸点を含んだ学習単元を設定する多様な試みが、以前から、各地の実践研究校で積み重ねられてこなかったわけではない。特に、合科・総合学習や国語科、社会科の単元として、小学校低学年においても、こうしたタイプの学習単元の試みが見られる。この機会にそうした試みを収集整理し、概観してみることも必要ではないであろうか。

4 学習活動の中での気づき――自己認識の芽を育てる（その三）

もう一つ、非常に一般的で基礎的な形での「自分自身への気づき」について考えておきたい。学習活動の中で自分の活動そのもののあり方やその効果などにふと気づく、といったタイプのものである。これが自己認識の基礎づくりの第二のものと言ってよいであろう。

こうした気づきにもまた、いくつかのタイプのものがあるであろう。その第一は、自分の学習の仕方や認識の仕方に気づく、というものである。自分はこんなことに関心があったのだ、自分の感じ方・考え方は他の子の場合とずいぶん違っているようだ、などといった気づきである。これは活動の中での直接的な振り返りであり、自分の学習のあり方そのものについての学習、自分の認識のあり方そのものについての認識であるという意味において、一種の「メタ認知」と言ってもよいであろう。

第二のタイプの気づきは、活動の中で自分の能力や機能が分かってくる、といったものである。自分の手はこんなことができるのか、自分の身体をこういうふうにするとこんなことまでできるのか、こういう順序で作業を進めていくと自分にもこんなりっぱなものができ上がるのか、などといった形での自己発見である。これは、自分の能力・機能について新たな認識を得る学習、と言ってもよいであろう。

第三のタイプの気づきは、自分なりに取り組んだ成果の確認、あるいは努力の結果についての学習、とでも言うべきものである。自分でもやればやっただけのことがある、自分が頑張ってやるかどうかで結果としていろいろなことが違ってくる、などといった気づきである。これは自らの学習への取り組みとその成果との関係についての自己評価であり、また、それを通じての効力感の獲得とも言えるであろう。これによって、子どもの心の中に深く巣くっている無力感が克服されていくことを期待したいものである。

こうした三つのタイプの気づきを活動の中で実現していくためには、当然のことながら、指導する側に十分な準備と配慮が必要とされる。ただ漫然と子ども達に活動させているだけではどうにもならないであろう。活動をどういう形で展開すれば気づきが期待できるのか。子ども一人ひとりの学習課題をどのようなものにすれば自己発見につながっていくのか。活動の場にさりげなくどのようなものをあらかじめ配置しておけば、子どもの気づきのきっかけとなるのか。どういう段階でどのような「言葉がけ」をすれば、子どもが自分自身についての振り返りをしてくれるのか。こういったことを十分に考え、準備しておかなくてはならないであろう。

5　健康で前向きの自己概念を育てる

生活科における自己認識は、ここで述べてきたように、基本的には自分自身についての豊かな気づきを、多面的に行っていく、ということである。しかし、それだけで済ませてよいわけではない。そうした気づきと気づきとをつなぐ「考え」もまた、少しずつでき上がっていかなくてはならない。多様な自己発見を統合整理していくうえでの軸となる考え方が、どうしても必要となるのである。つまり、この意味において、自己概念というところまで深まった自己認識が必要とされるのである。もちろん、小学校低学年のことであるから、その萌芽的なものができていくだけで結構であるが。

たとえば、その一つとして、「自分だって頑張りさえすれば、いろいろなことができるようになるのだ」という自己概念は、小学校低学年でも持たせたいものである。これは、自分から何もしなければ何もできない、誰かがいつも自分のためにやってくれるという期待を持ってはいけない、ということを分からせることでもある。また同時に、自分なんかが少々頑張ったって、とか、自分はいつもうまくいかない子だ、とかいった自己限定の気持ちや自信のなさを、少しずつ励まして、払拭させていくことでもあるであろう。

もう一つ、「自分がこうして学校で毎日勉強できるのは、たくさんの人達のおかげである」という自己概念を持たせたいものである。このことは、もっと言えば、自分が自分の力で生きているのではなく、周囲の多くの人の世話になりながら、もっと根本的には大自然の大きな力に生かされて、毎日毎日を生きているのだ、ということを分からせていくことである。自分の力で頑張らなくてはならないが、その自分の力自体が大きな力によって準備されたものである、だから何の不安もなく、安心して頑張ればいいのだ、といったところまで、将来は認識が進んでいってほしいものである。もちろんそれは、ずっとずっと先になってからのことでよいであろうが。

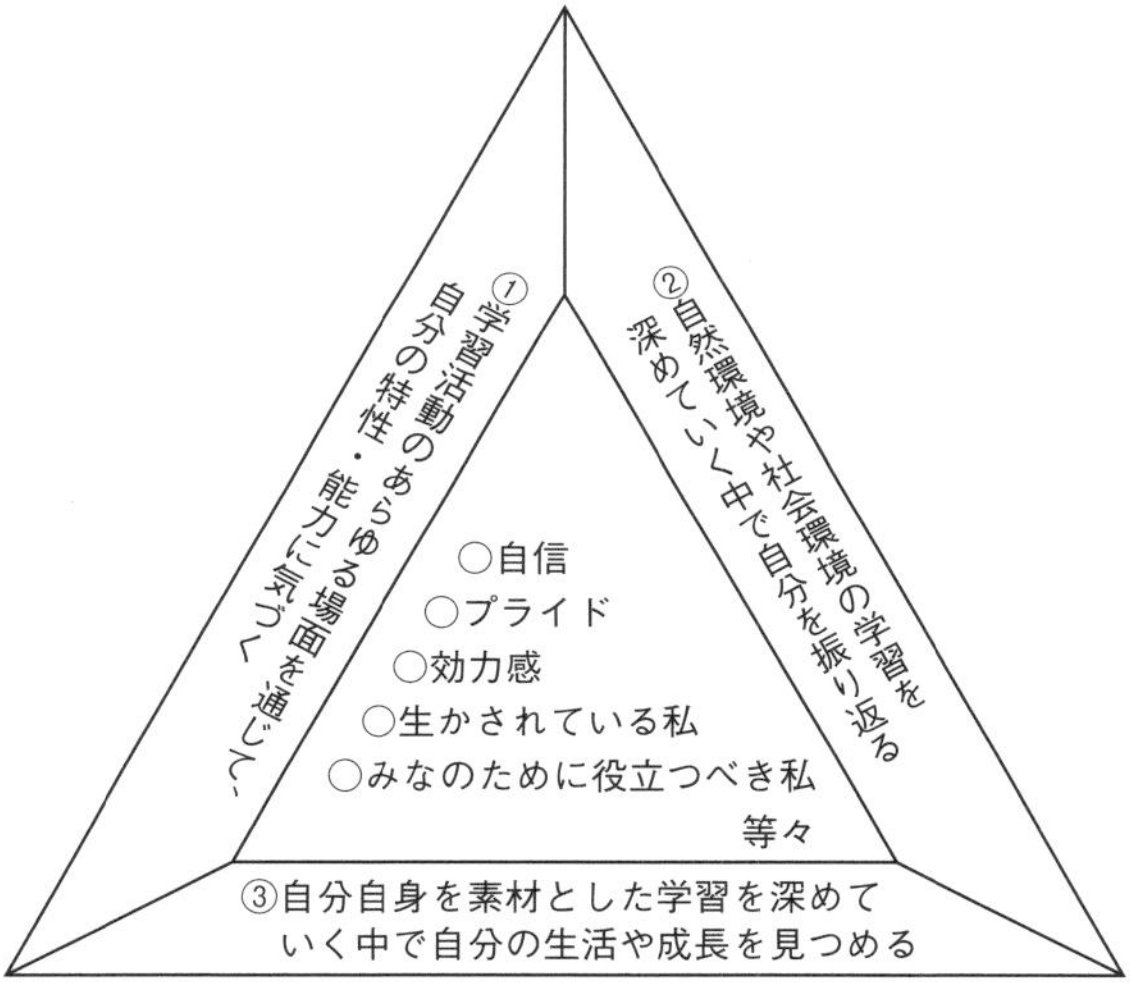
①学習活動のあらゆる場面を通じて、自分の特性・能力に気づく
②自然環境や社会環境の学習を深めていく中で自分を振り返る
③自分自身を素材とした学習を深めていく中で自分の生活や成長を見つめる
○自信
○プライド
○効力感
○生かされている私
○みなのために役立つべき私
等々

図 11-2　自分自身への気づきを自己概念へ

これらに加えて、「自分のことは自分でやれなくてはならないが、それだけではだめであって、自分にできるほんのちょっとのことでよいから、まわりのみんなのためになることをいつも心がけてやっていかなくてはいけない」という自己概念を持たせたいものである。自分が周囲の人達にお世話になって生きている、ということが分かるだけでは不十分なのである。自分も、当然のこととして、周囲の人達のために、ささやかなことでいいから何かやっていかなくてはならない、という気持ちをなんとか持たせたいものである。学校の掃除当番も、こういう気持ちを持ってや

らせたいものであるし、また、廊下にごみが落ちていたら、誰に言われなくともさっと拾ってごみ箱に入れる、という子どもになってほしいものである。

この他にも、この段階から少しずつ育てていきたい自己概念の持ち方がないわけではない。しかし、ここであげた三つのポイントくらいは、なんとか工夫して生活科の学習の中で育てていきたいものである。いずれにせよ、自分自身のいろいろな点についての気づきも、こうした自己概念の中に組み込まれていってはじめて、きちんとした自己認識になっていく、ということを十分に理解していただきたいと思う(図11-2参照)。生活科の新設も、そうした理解の深まりを関係者のすべてが共有するようになってはじめて、学校教育の本質的な意味での前進をもたらすものとなるのではないであろうか。

【参考文献】

梶田叡一『子どもの自己概念と教育』東京大学出版会、一九八五年、〈増補版〉一九八七年。
梶田叡一『真の個性教育とは』国土社、一九八七年。

第12章　キャリア教育と自己概念の指導

自己概念それ自体に焦点を当て、その形成や変容をはかろうという志向は、最近ではキャリア教育という枠組みの中にもはっきりと見られる。[*1] キャリア教育とは、アメリカの連邦教育局が一九七五年に出した文書「キャリア教育入門（An Introduction to Career Education）」によれば、「自らの生活の仕方を構成するものとしての仕事（work）について学び、それに就くための準備を行うことにかかわる経験の総体」として定義される。もっと積極的な形で言い換えるならば、一人ひとりの子どもが、どのような心構えを持って自らの仕事を選び、それにふさわしいものに自らを成長させていくためにどのような準備を行い、それによって、仕事を通じての自己実現をどのような形で現実のものにしていこうとするか、ということにかかわる教育である。したがって、そこでは、進路選択の前提としての自己理解、自己の現状と将来の進路との関連に関する理解、さらには自分自身に対する構えや態度、将来にわたっての自己形成のモデルと意欲等々、自己概念にかかわる問題が中心的な意義を持つことになるのは当然のことと言ってよい。

1　キャリア教育と自己概念

スーパー（Super, D. E.）は、一九五一年の論文で次のように述べている。[*2]

「職業に対する好みを表明するという場合、人は、自分がどのような種類の人間でありたいか、という考えを職業名に託しているのである。つまり、ある職に就くことによって、自分自身に関するある概念を実際のものにしようとするのであり、ある職において地位を確立していくことを通じて自己実現をはかっていくのである。

キャリア選択と自己概念とのかかわり

このような視点に立って、キャリアにかかわる意識や能力の発達と自己概念とのかかわりを検討した研究も、これまでにかなりなされている。前述のスーパーは、一九六三年の論文で従来の諸研究をレビューし、次のように結論づけている。[*3]

(1)　自己概念と自己の職業観とが一致しているということは、その職業を好むということと関連しており、また、その職業での成功やその職業への満足度にかかわる内的および外的クライテリア（指標）とも関連している。

(2)　自分にとって重要な人の職業的役割のイメージが自己概念と一致しているということは、その限りにおいては、成功にかかわる外的クライテリアと関連している傾向は見られない。

(3) 職業的自己概念は、自分にとって重要な人からの職業的役割に関する期待によって規定され、また一つの職業における到達の水準と関連している。
(4) 自己概念と外的測定との間の一致度、すなわち自己理解度は、年齢によって多少の相違はあるが、青年期において増大を示し、自己理解の欲求の強さと関連している。
(5) 青年における親との同一視（自己概念と親のイメージとの一致）は、職業的興味のタイプと関連する。同性の親との同一視は、第九学年の少年の場合には親子の職業的興味の類似と関連するが、第一二学年の少年の場合にはそうでない。女子大学生では、母親との同一視と、女性らしい一時的な職業に興味を持つことが関連する。異性の親との同一視は女子大学生の場合には職業的キャリアへの興味と関連し、少年の場合には男性的な興味の拒否や明確な職業的興味の欠如と関連する。

ところで、社会的進路ないしキャリアの問題は、具体的には将来、職業を含めどのような社会的役割に就くことになるか、ということとして考えられる。そうすると、そういった役割選択と自己概念との基本的な関連性は、次に示すいくつかのタイプのうちの一つとして、あるいは、二、三の組み合わせとして、現れることになるであろう。

(1) 自分の現状にあった役割を選ぶ。自分は外でいろいろな人に会って話をするのが好きだから、セールスマンになる、など。〔性格的技能的適性に関する自己概念──→適合する役割〕
(2) 自分の社会的位置づけに合った役割を選ぶ。親の仕事を受けつぐ人は自分しかいないから、自分もその仕事をやる、など。〔社会的位置づけ（役割期待）に関する自己概念──→適合する役割〕
(3) 自分の尊敬する人物が就いている（就いていた）役割を選ぶ。尊敬するあの人はこの仕事をしている（いた）のだから、自分もこれをやりたい、など。〔志向的自己概念（モデルとの同一視による）→モデルとなる人物と同一の役割〕

(4) 自分のめざす姿に近づくことのできる役割を選ぶ。将来は有名人になりたいから、自分の名前や顔を一般に知ってもらいやすいこの仕事をやりたい、など。〔志向的自己概念（目標としての姿による）→目標とする姿に近づきうる役割〕

(5) 自分の使命を果たすことのできる役割を選ぶ。自分の一生は、困っている人を援助することのために献げたいからこの仕事について、それを行いたい、など。〔志向的自己概念（使命感による）→使命を果たしうる役割〕

(6) 自己概念があいまいなままなので、自分の決断によって合理的に自らの役割を選ぶことができない。その時の思いつきで、たまたまの偶発的な事情で、行き当たりばったりに仕事を選ぶ、など。〔自己把握の不十分さ、自己に向けられた役割期待の認識不足、モデルや目標、使命感の欠如→合理的役割選択不能〕

自己概念の教育目標

このように、それぞれの自己概念のあり方によって将来の社会的役割の選択が大きく規定されてくるのであるとすれば、自己概念それ自体を妥当なものとし、深化させ、将来に進路との関連について広範かつ柔軟な認識を養っていくということが大きな教育課題にならざるをえない。それでは、実際にはどのような形で、こういった自己概念の教育が課題化され、目標化されているのであろうか。

ジョアダーン（Jordaan, J. P.）はそのキャリア教育論の中で[*4]、自分自身と自己の社会的環境について認識を深め、それにもとづいて職業を選び、その職業に対して準備し、実際にその職に適応し、その職を通じて進歩する、といった探求の過程こそがキャリア教育であるとする。そして、そのような探求の成果として具体的に達成されるべきものを列挙する。このうち、特に基礎的な意味を持つと考えられる課題は、次のようなものである。

(1) 自己知（Self-knowledge）が増大すること

a 自分の興味、能力、価値観、性格特性について、より現実的な評価をするようになること
b 自分の長所と短所について、より現実的な評価をするようになること
c 自分がなぜそのように行動し、感じ、考えるのか、ということに関する理解が増大すること
d 自分が他の人達とどのように類似し、あるいは相違しているか、により多く気づくようになること

(2) 新しく得た自己知を将来の目標へと関連づける能力が増大すること

(3) 次のことがらについて、より多くかつ詳細な知識を得ること

a 職業的な可能性、就職の容易さ、性格、必要とされる条件
b 自分にとって重要な人達の期待——両親、友人、仲間、教師、雇用主など
c 成人としてのしきたりと期待
d 自分の目標を達成するうえで克服しなくてはならない障害
e 自分の好む職

(4) 自分自身に対する知覚の仕方が変化すること

a より現実的な自己概念を持つようになること

b より明確で分化した自己概念を持つようになること

c より統合した自己概念を持つようになること

d より拡張した自己概念を持つようになること

e 自分の自己概念に対してより大きな信頼感を持つようになること

f より明確なアイデンティティの感覚を持つようになること

2 アメリカでのキャリア教育プログラム

ここに紹介したジョアダーンの考え方は十分にうなずけるものであるが、しかし現実の教育課題として考える場合、あまりにも抽象的である。もう少し具体的に、学校での教育プログラムと関連させつつ考えていくための手がかりを提供してくれるものとして、アメリカでの二つの事例を紹介しておくことにしよう。

ウィスコンシンでのプログラム例

一つは、ウィスコンシン州の教育委員会が作成したキャリア教育のプログラムの例である。[*5] ここでは、幼稚園段階から始まって高校卒業の段階まで、一貫した指導が計画されている。このプログラムの全体

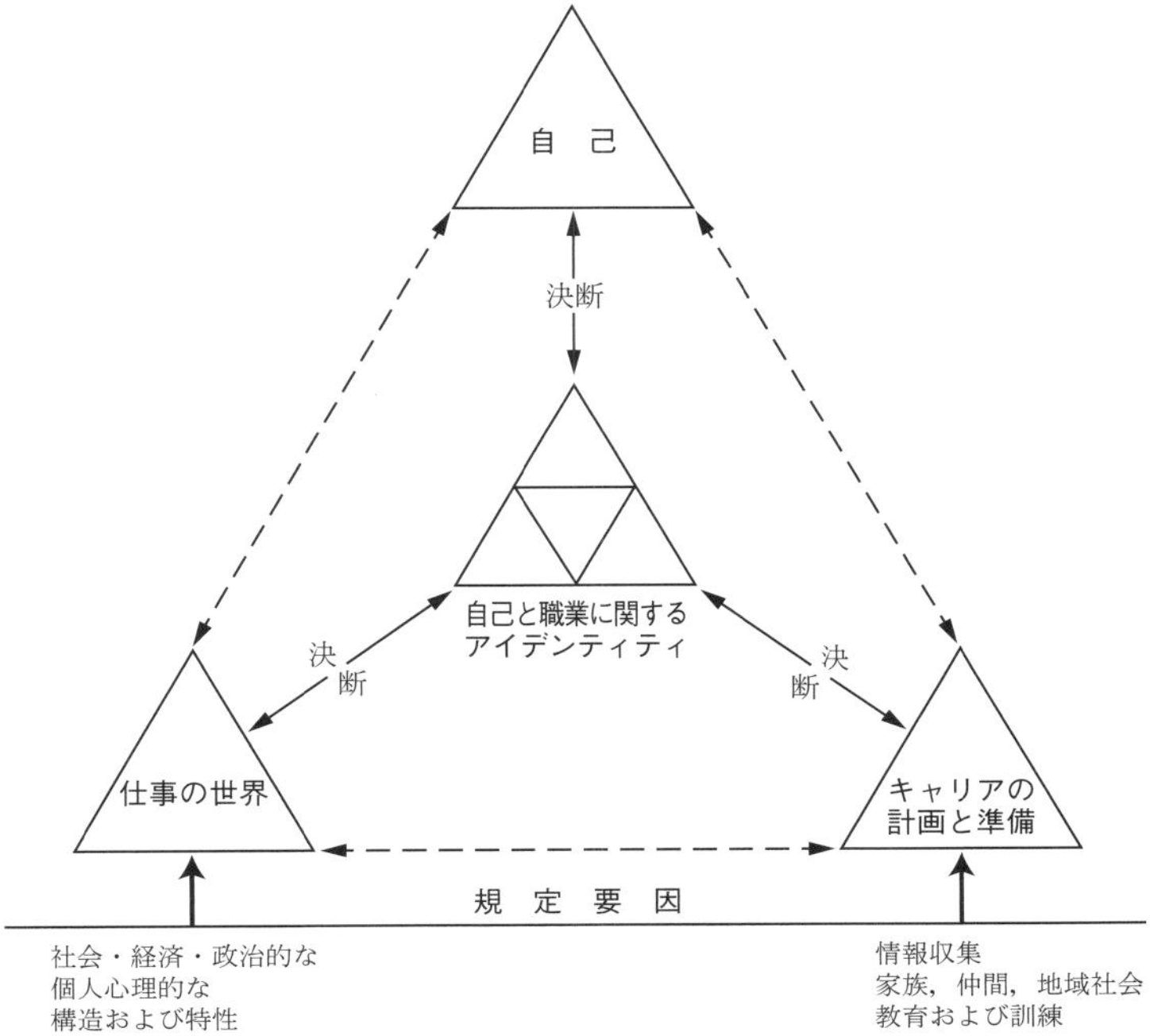

図 12-1　キャリア発達に関する基本モデル（ウィスコンシン州）

は、図12－1に示すように、「自己」「仕事の世界」「キャリアの計画と準備」という三本柱で構成される。そして、「自己」の柱はさらに「自己」「個人特性」「他者」「環境」という四つの領域から構成されている。この構想は非常にシステマティックで興味深いものであるので、「自己」の柱にかかわる大綱のみ、ここに紹介しておくことにしたい。

〈自己〉領域

・自分の見ているところと他の人の見ているところとの不一致の可能性に気づく（幼～小三）

・現実に存在している前記の不一致について理解す

る（小四～小六）
・前記の不一致をなくす試みをする（中一～中三）
・真の自己とそう見られている自己との不一致を統一する（高一～高三）

〈個人特性〉領域
・自分の能力についての意識を持つ（幼～小三）
・自分の能力を探求する（小四～小六）
・自分の能力をキャリア計画と関連づける（中一～中三）
・能力に見合ったキャリアの期待を形づくる（高一～高三）

〈他者〉領域
・自分を他の人から区別する（幼～小三）
・他の人と自分がどの点で似ており、どの点で違うか叙述する（小四～小六）
・なぜ人々はそれぞれユニークであるか理解する（中一～中三）
・人々それぞれのユニークさ（自己の場合を含め）を受け入れる（高一～高三）

〈環境〉領域
・自分の環境についての意識を持つ（幼～小三）
・環境を探求する（小四～小六）
・自己を環境と関連づける（中一～中三）
・環境内での自己の役割を現実に照らし合わせ検討する（高一～高三）

こういった当初の構想は拡張され、一六の中核概念を持つものへと拡張された。その一番初めに置かれたのが「自己を理解し受容することは、生涯を通じて重要である」という中核概念であり、これはまさに自己概念そのものの教育をねらうものであった。これをどのような具体目標の下で、どのような活動として展開するかについては、表12-1に示したところを参照いただきたい。

サンフランシスコでのプログラム例

もう一つの事例は、サンフランシスコ市の教育委員会によるキャリア教育プログラムである。[*6] ここでは、このプログラム全体について、「一人ひとりの児童・生徒は、自分自身と他者とに対する肯定的態度を発達させ、多様かつ変化しつつあるキャリアについて健全な決定をし、就職に必要な諸技能を獲得し、自分自身を充足させると同時に、自らの住む社会に貢献することのできるライフ・スタイルを追求するようになる」という到達目標が設定されている。そして、幼稚園から始まって高校卒業までに、キャリアの認識、自己の認識、態度の発達、教育の認識、経済の認識、など一〇個の目標を追求するとされる。このうち、自己の認識（self-awareness）については、「自分自身と他者に対する肯定的な態度、自らの価値と尊厳の感覚、自らの個人的目標を達成しようという動機づけを発達させる」という形でその内容が示され、それにもとづいて一五個の下位目標が、そして学年段階ごとの到達目標が設定されている。こういった目標を達成するための活動例をも含め、その概要については、表12-2を参照していただきたい。

コンシン州におけるキャリア教育（1975年前後）の場合

学習活動
1.（話題）**私の得意なもの** ・一人ひとりの児童は自分が一番自慢にできると感じているものを示すか言う。 ・級友はそれぞれの子どもについて彼の最も得意な点と考えるところを述べる。 2.（話題）**私のやりたいこと** ・それぞれが自分なりのやり方で一番やりたいことを示す。 3.**成長** ・以前は小さくてできなかったが今はできる，といったことがらについて話し合う。 ・家での自分の仕事（役割分担）について，また大きくなるにつれ責任がどのように増してくるかについて話し合う。 ・自分の身体的変化（歯が抜けかわるなど）について話し合う。
1.（話題）**私は誰？** ・現在の興味や能力について記述あるいは口頭で述べる。 2.（話題）**仲間からの受容** ・他の人とつき合う際に重要な意味を持つ長所や短所，特性や行動について話し合う。 ・仲間から受容されたい場合の受容的行動，非受容的行動について役割演技をする。
1.**あなたについてのすべて**（小冊子）を読み，話し合う（国語あるいは社会科の時間に）。 ・**あなたの職業を選ぶ**（フィルム）を見て話し合う（国語あるいは社会科の時間に）。 ・**あなたの性格――他の人達が見ているあなた**（フィルム）を見て話し合う。 2.**あなた自身の発見**（小冊子）を読み、話し合う（国語の時間に）。 ・「自分の志向性」や「責任」について話し合い明確化する（国語の時間に）。 ・１日のうちに自己の志向性を示すような何を行ったか一人ひとりあげ，それを行った理由を説明する（国語の時間に）。 3.**就職し仕事をうまくやっていくために知っておくべきこと**（フィルム）を見て話し合う（社会科の時間に）。 ・採用し昇進させる際に要求される特性についてのカウンセラーあるいは人事担当者の話を聞く（生活指導の時間に）。
1.自分が興味を持っていることを一つ選んで準備し，みんなの前で話す（話し方の時間に）。 ・いろいろな資料を用いて自分の個人的プロフィルを描く（生活指導の時間に）。 ・能力や興味や志望にふれながら自叙伝を書く（国語の時間に）。 2.カウンセラーとともに自分の指導要録の記録について話し合い，長所と短所を明確化する。 ・学校内外での体験にもとづいて自分の長所と短所をあげてみる。そして進路指導資料センターの資料を手がかりとして自分の長所・短所と職業とを関連づけてみる（国語の時間に）。

表12-1　自己概念の指導計画――アメリカ合衆国ウィス

中核概念：自己を理解し受容することは，生涯を通じて重要である	
	目　標
学年Ｋ－３（幼稚園～小３）での導入	１．児童は自分が認められるだけの価値を持つことを感じなくてはならない。 ２．持続的な自己評価が必要であることを認識しなくてはならない。 ３．自分自身についての知織および自己受容とその人の生活スタイルとの間には常に相互作用があるということに気づき始めなくてはならない。
学年４－６（小４～小６）での展開	１．児童は自分の長所と限界を吟味することの重要性を理解しなければならない。 ２．自分自身についての知識および自己受容とその人の生活スタイルとの間には常に相互作用があることを理解しなければならない。
学年７－９（中１～中３）での強調	１．生徒は変動する社会において持続的な自己評価を持つ必要があることを認識しなければならない。 ２．自己のめざす方向についての責任を認識しなければならない。 ３．ある職務を獲得し継続していくのに必要な個人的諸特性について調べなくてはならない。
学年10－12（高１～高３）での強調	１．生徒は自分自身の能力，興味，態度，価値観を評価し受容しなければならない。 ２．自己評価に関する情報を長所と限界のカテゴリーに整理しなければならない。

フランシスコ市におけるキャリア教育（1974年）の場合

○暫定的なキャリア選択を行い，それがなぜ自分に適しているか，どのような意味で自分に適していない可能性があるか，を述べることができる。

第9学年（中3）の終了時までに

○自分自身に変化をもたらした少なくとも二つの生活経験について述べることによって，個人特性が動的なものであることに関する理解を示すことができる。

○80%以上の生徒が，自分が成功する可能性のある職業を少なくとも四つ見出すことができる。

第10学年（高1）の終了時までに

○妥当性のある職業興味検査を受け，それぞれの興味とキャリア上の役割との関連について集団的な説明を受ける機会を持つ。

○標準学力検査の得点に比較して日常の学業成績が悪い生徒は，現在の学業成績および標準学力検査得点との差異を示される。

第11学年（高2）の終了時までに

○自分に最も望ましいものと思われる生活スタイルについて述べ，自分の現在の計画や活動がその目標に達するうえでどのように役立つものであるかを述べることができる。

○進路指導の関係者や両親の助力を得て，75%の生徒が，自分自身の目標を個人的に定め，キャリア類型に応じた自分自身の学習プログラムを選択する。

第12学年（高3）の間に

○その時点における自分のキャリア目標と関連づけながら，自分の長所と短所を口頭で述べると同時に論述することによって，自己意織の成熟を示し，問題点を克服するための計画を立てることができる。

○現在の能力，興味，特性，態度，価値観と自分の現在の状態や成績の間の多様な関係性について口頭で述べると同時に論述することができる。

Ⅳ. 目標を達成するための活動

1．自分自身の勤労観，適性，興味，パーソナリティ，能力，勤労者としての特性，個人的効果性について学ぶという形で自己への探求ができるよう必要な個人指導を行う。

2．個々人の可能性を明らかにするために役立てるよう検査ゃ調査を実施する。

3．上述のデータにもとづいて，個別指導の形で，あるいは集団指導の形で，それぞれの持つ可能性について説明する。

4．生徒達が望むなら，教師やカウンセラー抜きで，上述のデータにもとづいて少人数での話し合いをする。

5．自分自身の性格プロフィルを自ら描き出し，生徒達同士少人数で話し合ったり，カウンセラーと個別に話し合ったりする。

6．カウンセラーとともに，成人あるいは生徒が働いている場面についてビデオやテープレコーダで記録する。

7．「いかにして現在の性格を改善するか」という映画あるいはスライドを見る。

8．動機づけをはかるため，学校外の専門家などに来てもらって話を聞き，少人数で話し合う。この場合，個人的効果性や肯定的な勤労者特性を強調する。

表 12-2　自己概念の指導計画――アメリカ合衆国サン

Ⅰ．目標

自己の認識（self-awareness）：自分自身と他者に対する肯定的な態度，自らの価値と尊厳の感覚，自らの個人的目標を達成しようという動機づけを発達させること。

Ⅱ．下位目標

1. 相互依存性と責任性を強調し，将来のキャリアにおいて自己を充足させうるような肯定的自己概念を発達させる。
2. 自分自身の理解にもとづいて個人的に重要な意味を持つ目標を設定する（暫定的なものであろうとも）ことの重要性を学ぶ。
3. 自分自身についての知識が，自らに固有の価値体系と関連していることを認識する。
4. その属する文化との関連で自分自身について学ぶ方法の一つとして“役割”の概念を理解し用いるようになる。
5. 自分自身のユニークさを理解し受け入れ尊重するようになる。
6. 自分のキャリアとなる諸役割と関連するものとして，自分の興味，能力，価値観，その他の自己特性を認識する。
7. 自分自身について可能な限り最大の理解と，社会の一員としての自らの価値の評価を獲得する。
8. 固有の自己――個性のパターン――とは，静的な実態でなく，変化しようとし，また生活経験によって絶えず変化を余儀なくされる動的な存在であることを学ぶ。
9. 自分の現在の能力や関心，特性，態度，価値観と自分の現在の機能や業績との間の多様な関係性を明確化する。
10. 多様な能力や関心，特性，態度，価値観を自分がどの程度持っているか，事実の上に立って評価する。
11. 自己理解とアイデンティティの発達を促進する情報，サービス，経験の源泉に関する知識を得る。
12. 自分の現在の，あるいは予期しうる未来の目標や価値観，能力，興味と関連したキャリアの機会の特質に関する知識を得る。
13. 仕事と生活の特質と構造に社会がさまざまな形で影響を及ぼすことを理解することによって自分の役割をはっきりさせる。
14. 勤労者と勤労環境との間の調和的関係を作り上げるような個々人の役割についての理解を発達させる。
15. 職業と生活スタイルの相互関連性を見てとることによって，自分のキャリアが自分自身の充足に貢献しうることを理解する。

Ⅲ．到達目標

第７学年（中 1）の終了時までに

○それまでの生活の中で自分が他の人に与えた良い効果について，記述あるいは口頭で述べることができる。

第８学年（中 2）の終了時までに

○自分の個人的職業発達記録を与えられた時，自分の特徴を少なくとも五つ指摘することができ，自分の選んだキャリア上の三つの役割とそれらとの関連を述べることができる。

＊1 梶田叡一「自己概念の教育としてのキャリア教育」『キャリア教育に関する研究報告』国立教育研究所内キャリア選択研究委員会、一九八〇年三月。

＊2 Super, D. E., "Vocational Adjustment: Implementing a Self Concept". *Occupations,* 1951, **30**, 88-92.

＊3 Super, D. E., "Self Concepts in Vocational Development." in Super, D. E., *et al., Career Development Self-Concept Theory —— Essays in Vocational Development.* College Entrance Examination Board, 1963.

＊4 Jordaan, J. P., "Exploratory Behavior: The Formation of Self and Occupational Concepts." in Super,D. E., *et al.,* 1963.

＊5 ウィスコンシン州教育委員会資料。

＊6 Career and Occupational Preparation Department, *A District Plan for Career Educations.* San Francisco, 1974.

第13章　教師の力量を支える自己概念の育成

1　教師自身の自己概念の問題

学校という場における子どもの自己概念の形成を考えていく時、そこでまず第一にクローズアップされるのは、教師自身のあり方の問題である。学校では毎日教師と顔を突き合わせ、さまざまな指示を受け、ほめられたり罰せられたりする。教師は、実際的にも心理的にも子どもを支配している文字通りの「重要な他者（significant other）」である。いつも暗い顔をして不平不満ばかりを口にし、子どもの気持ちを踏みにじるような発言や態度しかしないような教師に指導を受けるのでは、どんな活動をやったところで、子ども自身が明るい展望を持ったり、自信を持ったり、やる気を出したりすることにつながってこないであろう。

教育的でない教師の特性

カミンズは、数多くの教師について実際に調査した結果から、自分自身に対しても子ども達に対しても不平不満が多く、教育上有害な影響を与えかねない教師は、授業の過程で次のような態度や行動を示しがちだとする。*1

(1) 自分を好いていない子どもを拒否する。
(2) 子どもを励ますため、いつでもテストをしようとする。
(3) 子どもにいっそうの努力を促すため、子どもが自分のだめな点について恥じ入るようにさせようとする。
(4) 子ども達をさまざまな点で競争させようとする。
(5) 試験の際に子どもの努力の裏をかくような出題をしようとする。
(6) 子どもを大人の生活の厳しい現実に直面するよう条件づけようとする。
(7) 違反や非行へと向かう自然な傾向から子どもを保護する。
(8) 自分に対してどの程度反抗したかの程度に応じて子どもを罰しようとする。

たしかに、ここにあげられているような行動や態度をとりがちな教師にいつでも指導を受けるのであれば、ゆったりと大らかに自分自身に落ち着くといった、心理的安定性は期待できない。子どもはみんないらいらし、自分自身にも周囲にも不平不満をつのらせることになるであろう。小学校のように、朝から夕方まで同じ教師に指導を受けるという場合にはたいへんである。

教育的力量を持つ教師の特性

もちろん、これとは逆に、その顔を見ただけで一日中気持ちが明るくなるような教師もいる。そしてそういう教師に指導してもらえば、学習もはかどり成果もあがる。まさにこれは、最も深い意味での指導力、教育的力量と言ってよいであろう。バーンズは、従来の諸研究をまとめてみると、指導力のある教師には次のような特徴が見られるという。[*2]

(1) 非常に柔軟で臨機応変に対応できる。
(2) 共感的な能力を持ち、子どもの諸要求に対して敏感である。
(3) 一人ひとりに合った形で指導する能力を持つ。
(4) ほめたり励ましたりすることが多い。
(5) くだけた、温かい、対話的なやり方で教える。
(6) 感情的に安定しており、自信を持ち、明るい。

教師に見られるこうした諸特徴は、一つの技術として、あるいは単なる心がまえとして、その気になりさえすれば簡単に身につけることができる、というようなものではない。教師が子どもに対して示す態度や行動は、その基本的なパーソナリティのあり方に深く根差していることが多いのである。ここで問題となってくるのが、教師自身の自己概念のあり方である。端的に言えば、教師自身が建設的で肯定的受容的な自己概念を持っていないなら、子どもにどうしてそのような自己概念を育成することができるであろうか、ということである。

望ましい教師の自己概念、パーソナリティ

指導力のある教師、教育的力量のある教師の持つ諸特性を、パーソナリティのあり方にまで深く分け入って明らかにしようとしてきたコームスは、大略次のような点がすでに実証されたか、あるいは実証されつつある、としている。[*3]

〔基本的な自己観〕

(1) 力量のある教師は、自分自身を全人類の一部をなすものとして考える傾向があり、他の人々から切り離され疎外された一人ぽっちの存在ではなく、人々と仲間であるものと見ている。

(2) 力量のある教師は、自分自身をそのままで十分なものであると考える傾向があり、自分の問題は自分で処理できるだけのものが備わっていると見ている。

(3) 力量のある教師は、自分自身を一つの有機的組織として深く信頼しており、何ごとが生じても対処できる能力があるものと基本的に頼みとし自信を持っている。

(4) 力量のある教師は、自分自身を価値のある重要な尊敬に値するものと考え、軽視されたり無視されたりしてもよいものとは見ていない。

(5) 力量のある教師は、自分自身を基本的に人に好かれ求められる魅力的な存在であると考え、自分にとって大切な人から一般に温かい反応を期待できるものと見ている。

〔基本的な人間観〕

(1) 力量のある教師は、人は一般に自分の問題は自分で処理できる力を持っており、何ごとが生じても自分で適切な解決策を見出すことができるものと見ている。

(2) 力量のある教師は、人は一般に友好的で明るいものであり、自分を脅やかしたり自分に悪意を持ったりしない善意の存在であると見ている。

(3) 力量のある教師は、人は一般に価値あるものであり、粗末に扱ってよいものでなく、敬意を持って接すべき重要性をそれぞれが持っているものと見ている。

(4) 力量のある教師は、人もその行動も基本的にはその内部から発達し展開するものであり、外的な事情によって形成され支配されるものでなく、それ自体として創造的で力動的であると見ている。

(5) 力量のある教師は、人は基本的に一定の秩序に従った行動をするという意味で信頼に値するものであって、それぞれの人の行動は気まぐれで予測できないものでなく十分に理解可能なものであると見ている。

(6) 力量のある教師は、人は基本的に自分を困らせたり脅やかしたりするものでなく、自分を満たしてくれ励ましてくれるものであり、いらいらや疑惑の源泉になるというより満足の重要な源泉になるものと見ている。

〔基本的な準拠枠〕

(1) 力量のある教師は、外的でなく内的な準拠枠によって人を理解しようとする傾向を持つ。そして、ものごとをある人がどう受けとって見ているかに関心を持ち、そのような受けとり方にもとづいてその人がどう行動するかを見てとろうとする。

(2) 力量のある教師は、ものごとやことがらよりも人やその反応の方に関心の中心を置いて考えようとする。

(3)　力量のある教師は、客観的な事象より人々がそれをどう見たか、どう経験したか、ということの方に関心を持っている。

(4)　力量のある教師は、人々の行動を外的な規定因や過去の事情に原因があるものとしてではなく、その時その場での考えや感情、信念や認識に原因があるものとして考えようとする。

この他にもコームスは、教師の専門的な知識や技術に関するものなどいくつかのカテゴリーに属する特性群をあげているが、独自の視点と発想が最もよくうかがえるのは、これら三つのカテゴリーに属するものであろう。もちろんこれは、すでにお気づきのように、基本的にはロジャーズの理論に沿ったとらえ方であり、カウンセリングに関心を持つ人にとっては、そう目新しいものと言えないかもしれない。

教師の自分自身への問い

もう一人、ロジャーズの理論に沿って教師のあり方の問題を検討した研究者として、ジャーシルドをあげておきたい。[*4] 彼は、教師はそれぞれ、自らの自己概念をより深く理解するため、次のような問いについて自問自答してみてはどうか、と提案する。

(1)　私は自分自身を一定の形をとり、それなりに完成した人間として見ているのだろうか、それともまだ学び続け、成長し続けているものとして見ているのだろうか。

（言うまでもなく後者であることが望ましい）

(2)　私は柔軟な自信を持っているのだろうか。

（「その通り」という答えが望ましい。独善や厚顔でなく、また自己不信や劣等感でなく、どんな状

況になってもなんとかやっていけるという自らへの信頼を持っているとするなら、それは心理的成熟を示すものである）

(3) 私は自分と正反対の考え方に対して寛容だろうか。子ども達が自分に異を唱えても腹を立てないだろうか。「算数の一番よい教え方は……」とか、「この問題についての一番よい本は……」とか、「これを学ぶ唯一の道は……」といった独断的な言い方を避けるだけの知的柔軟さを持っているのだろうか。

（言うまでもなく、「その通り」という答えが望ましい）

(4) 私は、自分自身が人間的にも専門的にも成長していくため、周囲からの批判を受け入れ、自分自身の人間的あるいは専門的な面での問題点を率直に話し合うことのできる人間なのだろうか。

（言うまでもなく、「その通り」という答えが望ましい）

ジャーシルドは、これだけにとどまらず、教師は子どもをどのように見ているか、子どもとどのように接しているか、についても自問自答してみることが必要であり重要であるとして、次のような問いを示している。

(1) 私は子ども達が見ている世界がよく分かっているのだろうか。特に私に対する彼らの感情や態度、信念や認識をよく見てとっているのだろうか。私は自分自身を子ども達の目を通して見るということができているのだろうか。

(2) 私はものごと志向的でなく人間志向的（person oriented）であるのだろうか。私は自分の教えている子ども達との間に人間関係を作り上げ、ともに学んでいこうとしているのだろうか、それとも子ども達と個人的なつき合いをしようとせず、冷淡で突き離した態度をしているのだろうか。子ども達の持つ要求や世界より教科内容の方に関心を持っているのだろうか。

(3) 私は子どもの学習がうまくいかないのを単純に能力がないからだとして満足してしまうことなく、その原因をいろいろと探求しているのだろうか。私は学習に「失敗」している子どものための学習プログラムを構造的に修正し、子どもが少しでも成功するよう、理解できるよう、達成感を得られるようにしているのだろうか。私はそれぞれの子どもが、学級に人為的に設定された標準に従ってではなく、それぞれの能力に応じて学んでいけるよう課題を構造化するといった形で個人差の問題を考えているのだろうか。

(4) 私は自分の指導を通じて、学習への愛情と自分の教科への関心を養い育てているのだろうか。

このような自問自答を通じて、人間としての、そして教師としての深まりが、一歩一歩達成されていくことが期待されるのである。

教師の自己理解を重視した学校経営

我が国の学校でも、教師が自分自身を振り返ってみることを重視し、それを新たな教育実践へのバネにしようと努めてきた例が見られないではない。茨城県の下館小学校の宮本三郎校長が、一九七九年度から六年間余りにわたって取り組んでこられた新たな「学校創り」など、そのすぐれた成功例として注目してよいものであろう。

この下館小学校は、現在、学力保障と成長保障の両全をめざす教育課程と授業の研究実践校として、全国の小学校の中で広く注目されている。しかし、以前から今のような有名校であったわけではない。校長を中心とした全職員一丸になっての努力が、現在のような成果を生み、各地の多くの小学校に対してモデル的存在となるまでに至っているのである。

この過程で宮本校長が一貫して強調してきたのが、学校経営の基調として重視すべき五本の柱である。その柱の一つは、次のように表現されている。

「常に教育実践者としての自己の在り方を振り返り、自己理解を深め、自己指導に努める」〈自己を知る〉

(1) 自己の人間性や教師としての力量について省察を深める。

(2) 自らの課題を明らかにし、研修に励む。

(3) 教育の流れを正しくとらえ、自らの実践を方向づける。

この視点は、下館小学校における教師各自の「見直し」運動の中心をなすものとして、当初から強調されてきたものであるという。宮本校長は、この「見直し」運動の初期の段階で、この視点の意味するところに関して、次のように述べている。[*5]

先日、西茨城郡のへき地校小勝小学校での算数研究会にS先生が参加した。ねらいは全体会で行われる教科調査官の講演であり、それはそれとして大きな収穫になった。しかし、それにも増して大きな収穫が予想もしないところにあった。それは小勝小での複式授業から、自分の日ごろ行っている授業は、形のうえでは直接指導であるが、児童一人ひとりの学習という点に焦点を移してとらえた場合、果たして何人の児童に直接指導をしているのだろうか。多くの児童に間接指導をしてきているのではないか、ということに気づき（自己覚知）、がく然としたというのである。これは、かなり深い次元での見直しであり、個を生かす授業の出発点と考えられる。このような自己覚知は突然として起こるものではないであろう。四六時中思いつめて、なお自ら明確にとらえられず、一触即発に近い状態で意識下に潜んでいたものが、たまたまへき地校での授業参観をきっかけにして明確化されたと解すべきであろう。実はS先生は三年前古河一中から転任してきて、初めて算数の公開授業をした時、子供が動かず、かなり強いショックを受けたということがあった。それまで数学教育専門でやってきて、多少なりとも自負があったであろうし、他からもそう見られていたであろう。その自己像が音を立ててくずれ去ったのである。こういう自己の無力さの深い自覚（自己覚知）を幾度か重ねながら毎日の実践にたずさわっているということであり、まさに見直しの過程そのものとも言えるものであろう。先生方も授業で失敗し、ショックを受ける（あるいは受けた）体験は多かれ少なかれあると思う。それが自分にとってどのようなものであるのか、自ら明確化していくことが大切である。

ここに述べられているところは、もちろん、前に述べたアメリカの学者達の考え方と若干そのニュアンスを異にする。自己吟味の仕方、自己理解の仕方に、当然、文化の差が大きくかかわってくるからである。しかし深い部分で通底するところもまた、見てとれるのではないだろうか。

＊1　Cummins, R. E., "Research Insights into the Relationship between Teachers' Acceptance Attitudes, Their Role Concepts and Students' Acceptance Attitudes." *Journal of Educational Research*, 1960, **53**, 197-198.

＊2　Burns, R., *Self-Concept Development and Education*. Holt, Rinehart & Winston, 1982. 251-253.

＊3　Combs, A. W., "The Personal Approach to Good Teaching." *Educational Leadership*, 1964, **21**, 369-377.
＊4　Jersild, A. T., *When Teachers Face Themselves*. Teachers' College, Columbia University, 1955.
＊5　「〝見直し〟のまとめについて」下館小学校資料、一九八〇年一月一九日。

第14章　高齢者の内面世界と自己概念——お年寄りをケアする人に望むこと

1　お年寄りをケアするということ

お年寄りの方は、さまざまな機能が衰えていき、日常生活のいろいろなことが自分でやりにくくなっていく。だから、なんらかのケアが不可欠になることが多い。といって日常生活の何もかもをお世話してしまうと、そうしたお世話が当たり前になって、自分でやるという自立心が弱くなり、せっかく残っている機能まで急速に衰えてしまうことになる。お世話のしすぎは、お年寄り自身を自立できぬようにすることがあるのである。だから、どういう点に留意しつつ、どのようなお世話をどのような形ですればいいのか、よほど考えてやっていかねばならない。

しかも、お年寄りといっても、一人ひとりの機能の衰え方は大きく異なっている。さまざまな持病がある人も多いが、これといった病気のない人もいる。それに、病気があるとかないとかいっても、やる気があり気力があって心理的に元気であるかどうかはまた別である。これといった病気はないのに気力が衰えて、積極的な気持ちがなかなか湧いてこない人もいれば、逆に、持病はあるのにやる気も気力も旺盛、という人もいる。

さらに大切なのは、そういった気力や元気の有無には、必ずしも年齢によって標準がない、ということである。政界や財界を見れば、八〇歳を越えた政治家や会社の会長・社長が、若い人以上の元気さで活躍しておられる事例も珍しくない。これとは逆に、まだ六〇歳代なのに気力も衰え、元気のなくなっているお年寄りに出会うこともある。お年寄りと言っても一人ひとりが大きく異なるのであり、お世話の仕方も一人ひとりによって異なってこざるをえない。

2 相手の人を理解するということ

お世話をしていく大前提として、まず一人ひとりを知らなくてはならない。その人に合ったお世話をしていくためには、その人自身がどういう人であるのか、を知らなくてはならないからである。

もちろん、お年寄りの方一人ひとりについて、介護する側ではすでに一定のイメージを持っているであろう。しかしそうしたイメージは、多くの場合、相手の側に立ったものではない。介護する側とのつき合いのしやすさしにくさ、お世話のしやすさしにくさ、などを中心としたものになっているのではないだろうか。

たとえば「わがままな人」「自分勝手な人」「依存心の強い人」などといったイメージを誰かに対して持つとすれば、それらはすべて介護する側からの見方でしかない。相手の人の側に立って、相手の人が

「わがまま」や「自分勝手」や「依存」と見える態度や行動をするのはなぜなのか、を理解しなくてはならない。そのためには、相手の人自身の感じている世界、見ている世界、思い込んでいる世界、等々を相手の人の身になって分かっていく努力をしていかなくてはならないのである。

他の人を見て判断する場合、私達はふつう、自分の見ているままが「事実」であり「真実」なのだ、相手の人も全く同じことを「事実」とし「真実」としているはずだ、という大前提に立ちがちである。自分にとっては、自分に見えているまま、自分にそう思えるまま以外には何ものも存在しないのであるから、こういう思い込みを持つのは至極当然のことと言ってよい。しかし実際には、相手の人自身はまた違うことを「事実」とし「真実」としているかもしれない。相手の人に見えていること、相手の人にそう思えることは、必ずしも自分に見えたり思えたりすることと同じではないのである。

看護したり介護したりする時には、いつもこのことを念頭に置かなくてはならない。自分が「事実」であり「真実」であると思っているところを基に「よかれ」と思ってお世話していっても、相手の人の顔に驚きや不機嫌の表情が見られることが時にあるのではないだろうか。こちらが「こうだ」と思っていることと、相手の人がその顔の後ろ側で「こうだ」と思っていることとが、微妙に食い違っている場合である。介護するに際して、お世話する相手の方自身がどのような内面世界を持っているか、特にどのような自己概念を持っているか、十分に洞察・理解しなくてはならない、ということが言われるのはこのためである。

3　それぞれの人の持つ内面世界の違い

目の前の人が自分とは異なったことを「事実」であり「真実」であるとしているのは、まず第一に、その相手の人が自分と異なった体験・経験の蓄積を持っているからである。

私達は自分が体験し経験してきた範囲でしか実感を持つことができない。そして実感的な土台が違うと、あることは自分にピンとこないのに相手の人にはピンとくる、自分には面白くて仕方がないのに相手の人には面白くも何ともない、といった違いが出てくることになる。しかも私達は、自分が体験し経験してきたことを基に考えたり判断したりする際の内的準拠枠を作ってしまう。したがって、さまざまなことについてどう考え、どう判断するかについても、大きな違いが出てくることになるのである。

もう一つ、何かを認識し検証する能力の違いも、当然のことながら、何を「事実」であり「真実」であるとするか、の違いをもたらすことになる。

こうした違いの具体的な点として、時間や空間についての基本がきちんと認識されているかどうか、目の前の人が誰かが分かっているかどうか、という最も基盤的な認識能力が十分であるかどうかが大切である。また、自分の感情から離れた形で、関連するさまざまなことに目配りしながら考え判断できるかどうか、目の前のことを過去の記憶や自分の周囲にある情報と突き合わせて吟味検討しながら考え判断できるかどうか、といった総合的な現実検証能力も重要な意味を持つであろう。お年寄りの方々の場合には、こうした能力がいずれも弱くなっているのであるから、介護する側の若い人との間にこうした点からの距離が生じてくるのは避けがたいことである。

4　お年寄りの方々の自己概念の一般的な特色

特に現実検証能力の弱体化ということに関連して、お年寄りの方々の内面世界や自己概念のあり方は、当然のことながら、痴呆的症状が出る前か後かで、その様相を基本的に異にすることになる。

痴呆的症状が出れば、自分の子どもを目の前にしてもそれが誰なのか分からなくなってしまう。そして現在の自分についてもはっきりした意識を持てなくなり、若かった頃の自分のままであるように思い込むことがある。近い過去のことから順に古い記憶に向かって、忘却と混乱が進んでいくのである。このために、自分の娘を自分のお母さんなりお姉さんなりと誤認して甘えてみたりすることもあるのである。

もちろん、こういう場合であったとしても、お年寄りの方の内面世界、自己概念を理解する努力は必要である。いや、痴呆的症状によって現実検証能力が失われ、実際のところと掛け離れた「事実」なり「現実」なりで生きていこうとしているのであるから、よりいっそうその人の持つ独自の内面世界、自己概念の理解に努めなくてはならない、と言うべきであろう。

しかし、痴呆的症状が出る前であっても、お年寄りの方の時間感覚と社会的関係のあり方は、成人や青年の場合とは異なっていることが多い。このため、その内面世界や自己概念に特有の特色が現れがちである。

時間感覚の点で言うならば、お年寄りの場合には一般に未来に対するイメージが希薄になって、過去に対する郷愁や執着が強い、という特色がある。未来志向的に「夢」や「志」を持って生きるというのはまれであって、「思い出」に生きる、過去の「業績」や積み重ねてきた「財産」、現役時代の「社会的到達点」を思い起こし、意識世界の中でそれを反芻しながら生きる、という過去志向性が強くなるのである。この点は青少年の場合と好対照である。人生の上り坂と下り坂の違い、過去の時間的蓄積が少ない者と多い者との違い、未来に想定される時間が多い者と少ない者との違いである。特に大きな意味を持つのは、自分の死までに残された時間を意識しないか、それとも常に勘定に入れざるをえないかの違い、と言ってもよいであろう。

5　社会生活からの引退による内面世界のあり方

社会的関係のあり方もまた、お年寄りの方に特有の内面世界や自己概念をもたらす要因として重要である。

職業を持って生きてきた人の多くは、現代日本では、六〇歳代で現役を引退する。自営業の人の場合でも七〇歳代になれば引退することが多い。そしてその後の一〇年間、二〇年間、あるいはそれ以上の年月を、社会的な動きや広範な人間関係から一歩退いた形で生きていくことになる。こうした社会的位置づけの激変は、自己意識に大きな影響をもたらさずにはいない。

まず第一に肩書きがなくなる。多くの人は自分自身を肩書きに象徴される社会的な役割や位置づけと一体視して見ている。つまり、私は何よりもまず「○○会社の○○部長」なのである。そして周囲の人達もその人を、何よりもまずその肩書きである「○○部長」として見ているわけであるし、またそれに応じたつき合い方をしているのである。ところが引退によって肩書きがなくなってしまうと、「自分はいったい何者だろう」という不安を持ったり、「自分はもはや何者でもない」という空虚感を持ったりすることになる。自己概念の中核にポッカリと空白部分ができたわけである。このため、うつ的な気分に支配されるようになり、能動的で積極的な気持ちを失ってしまうことになる。これを幾分でも回避するためもあって、社会的に引退した高齢者がやたらと「元○○」といった過去の肩書きを振り回してみたり、過去の仕事などの自慢話をしたがったりすることにもなるのである。

肩書きがなくなるのにともなって、家族や親族以外の人達との接触が一挙に減少する。自己概念というのは自分で自分のことをどう考えるかというだけでなく、周囲の人達がほぼ自分が考えている通りに自分に対して接してくれる、ということによって確固としたものになるものである。ところが、お年寄りになると自分の自己概念を確認してくれるような他者との接触が非常に少なくなってしまうのである。この面からも、自己概念が不確かなもの流動的なものになって、アイデンティティの拡散が生じやすくなる。また自信を持ったり自信がなくなったりなど、気分も不安定なものになりやすい。

専業主婦でやってきたような人の場合は、ある日突然に社会的引退がやってくるわけでないから、職業を持って生きてきた人ほど激変はない。しかし子どもが大きくなって家を出て行き、配偶者が社会的引退の日を迎え、といった過程を通って、徐々に自分自身も社会とのつながりが薄くなっていく。そして身近な家族や親族とだけ顔を突き合わせて過ごす時間が多くなる。こうした中でやはり、自分の持っている自己概念を確かめてみる機会が少なくなって、不安定になったり、流動的になったりすることは免れないであろう。

6　老人ホームなどの施設に入所することによる内面世界の特色

さらに言えば、老人ホームや老人専門病院などの施設に入るならば、その内面世界のあり方に共通の特色が出てくることになる。これは入所前に、組織人としてやってきた人でも、独立自営の仕事をやってきた人でも、専業主婦としてやってきた人でも同様である。

施設の中の生活では体験し経験する領域は大幅に狭められ、日常的に接する人間関係も非常に狭いものとなる。しかも、自分で判断したり選択したりする機会も少なくなり、生活のあらゆる面にわたって管理されることになる。日常生活のこうした刺激の減少、変化の減少、能動性の減少は、高齢者の内面世界から躍動する活気を奪っていく。このため自己概念も輪郭のはっきりしないボンヤリしたものとなり、受け身的で諦念的な色彩を帯びることが多くなるのである。

もちろん、こうした点については、施設の職員の方々の努力で大幅な改善をはかることが可能である。たとえば、少なくとも次のようなことくらいはやってみる必要があるのではないだろうか。

(1)　できるだけ回数を多く、その人の名前を呼んで話しかけ、その人のアイデンティティが維持強化されるよう努める。

(2)　できるだけ多く施設内の行事を設け、毎日の生活スケジュールが単調なものとならないよう、新しい刺激に富んだものになるよう工夫する。
(3) 家族や親族、ボランティアなどの人達に、できるだけしばしば施設を訪問してもらうよう働きかけ、社会的接触の機会の確保に努める。
(4) 多様なサークル活動の機会を設け、入所者同士のふれ合いの機会を多くすると同時に、自分の意思を用い、能動的主体的に判断したり行動したりする機会が多くなるように努める。

こうした日常的な努力によって、施設に入所しているお年寄りの方々の気持ちを活性化し、能動的にし、そのアイデンティティの強化をはかるよう努力しなくてはならないのである。

7 その人なりの精神的自立に向けての支援を

初めにも述べたように、お年寄りといっても一人ひとりで内面世界や自己概念のあり方が大きく異なっている。だからこそ、お世話する相手の人の顔の後ろにその人固有のどのような世界が広がっているのか、をいつも問題にしなくてはならないのである。相手の人の顔の後ろにどのような気持ちが潜んでいるのか、相手の人は何を感じ何を見てどう考えているのか、などについて、深く洞察し理解する努力が必要になってくるのである。

そしてそのうえで、お年寄りの方々一人ひとりに固有の内面世界の洞察・理解を基盤としながら、少なくとも次のような方向にその人の自己意識・自己概念が変容していくように働きかけをしていきたいものである。

(1)「自分のことは誰かが決めてくれ、面倒を見てくれる」といった形で、受け身になり、依存的になり、非主体的になりがちな自己意識・自己概念から、「年をとっても自分自身の主人公は自分自身、自分のことは基本的に自分で決める」といった主体的な自己意識・自己概念に変容していくように。

(2)「自分にはもう何もすることがないし、何もできない」といった形で、無為と無力感に彩られがちな自己意識・自己概念から、「やろうと思えば私だって、まだまだ〇〇がやれるし、それをやれば自分のためにも人のためにもなる」といった有能感に彩られた自己意識・自己概念に変容していくように。

(3)「自分のことしか考えられないし、関心がない」といった形で、狭く自己中心的なものになりがちな自己意識・自己概念から、「これまで関わりがあった人や今周囲にいる人のことを思いやり、感謝の気持ちを持つ」といった開かれた脱自己中心的な自己意識・自己概念に変容していくように。

(4)「こんなに年をとってしまって、若い頃のすべてが失われてしまって……」といった形で、喪失感に彩られ現状否認的になりがちな自己意識・自己概念から、「人生には四季がある。今の私は華やぎの春、輝きの夏、収穫の秋を終え、静かに今までのことを噛みしめてみる晩秋の季節にある」と人生全体を見渡して今の自分を意味づけ受容できるような自己意識・自己概念に変容していくように。

こうした基本的願いを持って、目の前のお年寄りの方々に対して、言葉かけをしたり、励ましたり、活動の場を準備してあげたり、音楽を聞かせてあげたり、本を紹介してあげたり、ビデオやテレビを見せてあげたり、等々といった具体的な支援のあり方を工夫していきたいものである。

【参考文献】
梶田叡一『内面性の心理学』大日本図書、一九九一年。
梶田叡一『内面性の人間教育を』金子書房、一九八九年。
梶田叡一『〈生きる力〉の人間教育を』金子書房、一九九七年。

附章

附章1　内面世界から考える――大阪大学お別れ講義（一九九五年）

ただいま倉光修先生から非常に懇切なご紹介をいただきました。これから学部と大学院の演習の最終回という意味を兼ねてお別れ講義をさせていただくわけですが、今日はお忙しい中を人間科学部の教官の方々、学会や研究会でごいっしょしている同学の先生方、教育心理学講座や教育技術学講座の卒業生の方々、それに私個人の友人・知人の方々まで来ていただいておりまして、とてもありがたく、またうれしく思っております。まあ結局はよもやま話じゃないかということになるかもしれませんが、一つのけじめとして、私自身が今考えておりますことを話させていただきたいと思います。

1　大阪大学での一三年半を振り返って感謝したいこと

人間科学部での私の定年まで、まだ一〇年あるわけですけれども、その一〇年を残して、京都大学に設置される高等教育教授システム開発センターという、大学教育のあり方を研究するところに、急に移ることになりました。実を言うと、この話があった時に、お断りするつもりで京都大学まで行ったのですが、ミイラ取りがミイラになりまして、結局最後は断り切れなかったという事情があります。率直に言いますと、この人間科学部にいた方がどんなに楽で気持ちいいか分からないのですが、今さらそういう愚痴を言ってもしようがありません。しようがないことはしようがないと思いますが、しかしそのおりで学生や院生、研究生の方々に大きなご迷惑をおかけする結果となりました。本当にすまないことだと思っています。一つは、フォーマルな指導の継続ができなくなってしまったということがあります。インフォーマルな形では、これからも一部の人に対する指導は継続していくことになるとは思いますが……。それからもう一つ。そういうごたごたの中で、この一年間、講義や演習を含めて指導が入念にできなかったということがあります。少なくとも私から見て不本意な点がたくさんあります。お許しいただきたいと思います。

私はちょうど四〇歳の時にこの人間科学部に来ました。そして今五三歳が終わろうとしております。気持ちはまだまだ若いのですが、何しろ私にも一歳になる孫がおります。昨日はその孫が九歩歩きまして……。こういう話を始めるとそれだけで一時間以上はかかりますからやめますけれども、まあ、いつのまにか孫を持つ年齢になってしまったわけです。私の人生の中で一番豊かでプロダクティブな時期を、この人間科学部で送らせていただいたという気がしております。振り返って考えてみますと、本当にいろんな意味で感謝です。

まず第一に、ひょっとしたら私は、この人間科学部の一番輝かしい時にいさせていただいたことになるのではないか、と思ったりしております。もちろん、これからも人間科学部にはもっと大きな栄光の日々があるでしょうから、こんなことを言ったら叱られるでしょうけれど、ただ私自身のわがままな感想から言うと、本物の学者、研究者として尊敬できる先生方と同僚としておつき合いできた、これは本当にありがたいことです。研究とか学問の世界というのは、基本的に平等じゃないのですね。やっぱりすごい人とだめな人、本質的なものの見える人と見えない人とがいるわけです。本気で学問とか研究とかやりだしたら、「人間しょせんちょぼちょぼや」なんていう表面的なきれい事を言っているわけにいかなくなります。「すごいなあー」と自ら頭が垂れる人もおるし、「まあこれはこれで仕方ないか」という程度の人もおります。大学は特にそういう差のひどいところです。私は、自分自身は至らぬわけですけど、すごい人が好きなんですね。深いところから考える人とか、自分に固有の視点を持っている人とか、自分なりの研究とか学問を展開している人が好きなんです。そういう意味で私は本当にここに来て、それが誰とは言いませんが（まあ差し障りがありますから）、本当に尊敬できる方に、しかも一人じゃなくて何人もの方に、お会いできたと思います。まず第一に、このことに感謝ですね。

それから二番目に、この人間科学部でいい学生や若い研究者の方々との出会いに恵まれ、いい刺激を受けることができたと感謝しております。これはお世辞じゃありません。若い諸君とよいつき合いをすることができて、私は本当に、頭の中がかなり柔軟になったなあ、新しくなったなあ、と思っています。いい学生とか研究者とはどういう人かというと、自分の問題意識で率直にものを考えるという人です。しかも感覚がいいと言いますか、感覚が鋭い人。私も若いつもりではありますが、だんだん頭が老化している面があるかと思います。学生時代にこだわった問題に、いまだに同じ形でこだわっている。それはいいことでもあるわけだけれども、そこで発想が固着してしまっているという面もあるわけです。自分の発想の固着している点について、何人もの若い方々から陰に陽に教えてもらいました。これは教師稼業をやってることのありがたい面ですね。これが会社とか役所ですと上下関係がきついですから、年齢が違う、肩書きが違うと、率直に「あんた、そんなこと言ったって」という発言が出てこないわけです。私も若い頃、国立教育研究所という少々お役所的なところに一一年間おりました。比較的自由なところではありましたけれども、しかしやっぱり小役人でしかないような人もおりまして、率直にものを言うということが非常に難しい場合もありました。しかし人間科学部はその点では(少なくとも私自身の周辺は)非常にフランクな雰囲気があったように思います。本日この場にも、私自身の固着した視点を解きほぐしてくれた人が何人も来てくれています。ありがたいと思うと同時に、自分は若いつもりでも新しい世代にどんどん乗り越えられていくんだなあ、という苦い感慨もあります。

それからもう一つ、私自身にとって、ちょうどいい時期に、いい環境で仕事をさせていただいたことに深く感謝しております。ここに私の著書のリストがありますが、この中で、今日までに一万部以上売れたものが一〇冊あります。このうちの八冊は、人間科学部に来てからのものです。ベストセラー的な本をお書きの方もこの人間科学部におられますから、私があんまり自慢するわけにはいきませんが、ただ、私自身は自分の本をこれだけ出せたという実績にいちおう満足しております。これで二〇年か三〇年か後に、私の著作集を作る時が楽しみになりました。学生時代からノートやカードにメモしたものだけでもたくさんあるわけですが、人間科学部に来てからかなりの部分を本の形にまとめることができました。私は東京で仕事のスタートを切ったのですが、大阪に来るまでは忙しくて忙しくて、余裕のないまま毎日を過ごしていた感じがします。東京には役所もあれば出版社もあれば学会事務局もあるわけですから、情報の流れはすごいものがありますし、流行のテーマについてなら雑誌などに書く機会も多いのですが、本質的なことにこだわって考えたり文章にまとめたりするのは難しいところです。自分でこれが本当に大事だと思ったことをまとめていくということは、やはり大阪に来させてもらってはじめて可能になったような気がします。その意味で言うと売れなかった著書の中にも私にとってきわめて大事な本があるわけです。いずれにせよ、自分のこだわりや思いがかなり書き込めたなあと思う本が、後になって私の主著と呼べそうな本が、数冊は書けたように思うのですが、これは研究生活をやってきたものとして非常にうれしいことです。少なくとも文科系の研究者にとっては、これこそが本当の生き甲斐なのですから。こうした仕事を自分なりにやらせていただくことができたということは、結局は先生方も学生諸君も含めて、この人間科学部の雰囲気そのものが、細かいところではいろいろ愚痴がないわけじゃないけれども、基本的に私に合っていたということだろうと思います。

人間科学部での一三年半、年齢的に言うと四〇歳から五三歳まで、私の人生で一番大きな意味を持つ時期だとつくづく思うのです。もちろんこれからも、いろいろと本を書くでしょう。りっぱな肩書きもできるかもしれません。あるいは収入も増えるかもしれません。そんなことを言いながら明日の朝はもう死んでるかもしれませんけれど……。しかし、明日の朝どうなったとしても、あるいは社会的な意味でこれからうまくいかなかったとしても、この人間科学部での日々は基本的に感謝すべきものでした。

2　人生は右上がりでなく、短いピークと長いボトム

ここであらためて振り返ってみますと、若い方々にはなかなかお分かりいただけないかもしれませんが、人生って山あり谷ありなんですね。私は若い時には、人生とは基本的に右上がりだと思っていたんです。年をとると偉くなる、金は入る、影響力は生まれる。どんどん年齢を重ねていくことによって、個人としても、社会の中の位置づけとしても、自分は発展していくものだと暗黙のうちに固く思い込んでいたんです。そういう幻想を持っていましたけれど、年をとってみますと事実は全く違う。人生は右上がりといった単純増加関数ではない、ということがよく分かってきました。何度もピークとボトムがある、それを繰り返していくのが人生なのですね。

私にもピークだと思える時期が何回かあります。一つのピークは三五歳前後でした。社会的な影響力も持ちましたし、お金も入ったし、忙しかったし、多分、非常に輝いていたと思います。それから四五歳前後も一つのピークだったのではないかと思います。これから後、もう一度ピークが来るかどうか分かりませんが、しかし、あの時が自分のピークだったと振り返るということは、それ以外の時期はボトムだったということですね。たとえば、三〇代前半は上り坂だったでしょう。で、ピークがあって、がたんと落ちてね、ずーっと三〇代後半、四〇代前半ときて、そしてまたピークがあって、またがたんときて、今に至っている。こういう感じですね。ピークというのは短いのです。もちろん、ピーク状態のまま突っ走っていく人もいるかもしれません。しかし私なんかの場合、ピークはごく短いですね。

『聖書』にタボール山のエピソードがあります。イエスが弟子を連れてタボール山という山に登るのですが、その頃のイエスはまだ有名でも何でもない。弟子の方も、必ずしも本気で尊敬して従っているわけではない。そのイエスと弟子達がタボール山の頂上に登ったところ、エリアとモーゼというユダヤ民族の伝説的な英雄が白い衣を着て下りて来て、イエスと三人で語り合ったというのです。三人ともに光り輝いているところを見て、弟子達は「うちの先生も本当は偉い人なんだなあ」と思ったというわけです。そういうエピソードが『聖書』にあるのですが、長い人生の中でピークと言える時は本当に短期間なんだということを、「タボール山の栄光は短い」と言うわけです。山頂では栄光に照らされているけれども、山を下りたらただの人になるわけです。私もありがたいことに、ほんの数回は若干輝いたと思える時期があります。しかしその後は、御多分に漏れず低迷しております。今も低迷しております。ただね、そういう中で、谷底を渡っていく時こそが大事なんだということを、つくづく感じさせられました。

『六然』（明の崔銑《さいせん》のもの）の中に、「自ら処するところ超然、人に処するところ藹然《あいぜん》、無事澄然、有事斬然《ざんぜん》、得意澹然《たんぜん》、失意泰然《たいぜん》」という言葉があります。得意な時には静かに落ち着いていて有頂天になったりしちゃいかんと。そして失意の時には、ゆったりとした気持ちで、落ち着いていなくてはいけないということなんですね。この言葉で言われていることの大事さを、私自身も実感として、谷底の時期を過ごしていく中でずっと感じ続けてきたように思います。まあ谷底だろうと何だろうと、泰然としていないといけない。若いみなさんは、これからの長い人生があるわけですから、この『六然』の言葉をぜひ頭のどこかに置いておいてほしいと思います。間違っても、人生は基本的に上り坂だと思っちゃいけない。上り坂だという前提で考えるから、その坂が終わった後の定年後が怖くなる、老後が怖くなる、老人ホームに行ったらどうしようかと思うのです。老人ホームに行ってからピークの時期が来るかもしれないのです。私も、老人ホームへ入って、生まれてはじめてすばらしい人に出会ったと言って、恋におちたいと思っております。まあ、とりあえずはそれまで生きておりたいですけどね。

いずれにせよ、私自身、ピークの時には本当に大事なことをあまり学んでないなと思うのです。三五歳前後がピークで、四五歳前後がピークで、しかしその時期にはあまり学んでいない。もちろん、思い出はいっぱいできます。ビデオテープに収められた大事な記録だっていっぱいあるんですけどね。けれども、本当に大事なことを学んだのはやっぱり他の時期ですね。私が人間科学部に来ましてからしばらくは上り坂だったでしょうね。そしてピークが来た。で、下り坂になって今に至る。その下り坂の中で、そしてその後の低迷の中で、つまり四〇代後半、そして五〇代になってから、身に沁みて学ばしていただいたのが、内面性という視点だったように思うのです。

3　内面世界に着目するということ

内面性とか内面世界という言葉も、それが意味するところも、知識としては以前からいちおうは知っていました。そういう意味では私自身にとって新しい話でも何でもなかったわけです。内面性ということへの着目は、結局一人ひとりには自分の世界しかないし、その世界は自分自身の内的な準拠枠で自分なりに意味づけして見ているものなのだ、一人ひとりはその自分に与えられた世界を自分なりに生きていく他ないのだ、ということにつながっていくわけです。しかしそういうことであれば、私も学生の時にロジャーズとか、あるいは現象学的心理学ということでスニッグやコームズなどを読んでおりましたから、すでに分かっていたつもりのことでした。知識としては十分に知っていたつもりだったわけです。しかし、知っているということと身に沁みて分かるということとは、やはり違うんですね。私はこの六、七年の低迷の中でそのことを実感として身に沁みて分かるようになったという気がします。

内面性ということで私がこだわりたいことはいろいろあります。一つは、どんな親しい人と楽しく話をしていても、私とその人は違う世界で生きている、という当たり前のことを、どこまで実感し前提にできるか、ということです。これを実感するということは、若い時はなかなか難しいかもしれません。「世界は私達のためにあるのだ！」という幻想を持っているようでは全然だめ。こういうのを「対幻想」と言うのでしょうかね。まあ、二人で夢を見られる時には見ればいいわけですけどね。しかし、どんなに親しい人と何十年いっしょにいても、たとえ親子であっても、親の持っている世界と自分の持っている世界が違うということは（単に考え方が違うといったことじゃないのです）、断絶している、全くの別物だということです。これをまず第一に考えておかなくてはいけない。一人ひとりが相互に断絶した世界、自分自身の世界を持っているし、またそれしか自分の世界がない。そして、どんな親しい人でもこれを共有することはできない。だから、不幸なことに、阪神・淡路大震災でたくさんの方が亡くなられましたけれども、人命は地球より重いと言われるような意味でもたいへんかもしれませんが、私はそれよりも、亡くなられた人自身が持っていた、それぞれに固有の世界が消滅したということ、かけがえのない独目の世界が数多く消滅してしまったということが、痛ましい気がします。

私はよく思うのですが、たとえばこの空間に、今これだけの方がおられます。そうすると、私達みんなが一つの幻想にとらえられている可能性が強いのですね。客観的世界にみながいるのだという幻想、パブリックな世界に各人が参加しているんだという幻想です。そういう幻想の中では、今、この五一番教室に一〇〇人余りの人がおって、自分もその中の一人なのだと思ってしまう。しかしそれは、基本的に間違いなんです。そんな客観世界など、どこにもない。一人ひとりが「これが五一番教室だ」と思っている世界があるだけです。これはまあ、理屈としてはみなさん「当たり前じゃないか」と思われるかもしれない。ただ問題はね、それを身に沁みて感じるかどうか、ということなのです。各人の世界が根本的に断絶しているなどということはあんまり考えたくない、という気持ちが心のどこかにあります。互いに甘え合ってベトベト依存し合っている世界（幻想の世界）から無理やり引き出されて、自分だけが虚空の中に屹立せざるをえないような世界（真実の世界）に直面させられる、といった厳しさがあるせいでしょうか。だけれども、この場には現実に一〇〇通り余りの孤絶した世界が、それぞれ独自な形で成立しているということを、まず考えてみなきゃいけないと、私は思うのです。

4　自分の世界を自分の責任で生きるということ

次に考えてみなければいけないのは、そういう孤絶した固有の世界を各自が持ち、その世界を自分なりに生きていくわけだから、結局は、自分に与えられたその世界に自分自身で責任をとっていかなければならない、ということです。ここで「与えられた世界」という言葉を使いましたが、もともと自分自身の世界といっても、自分で構成したものではないわけです。赤ちゃんの時から、少しずついろいろなことが自分なりに分かっていって、「これはなんとかだ」といったことを自分で考えるようになるわけですけれども、そういった「与えられた世界」に対して私自身が責任を持たないといけない。自分の世界を自分自身としてどう生きていくかが勝負なわけですね。まあ結局は、自分に与えられた舞台で自分の踊りを踊るよりしょうがないのです。本当言うと向こうの舞台の方がいいかもしれない。だけどしょうがないのです。あるいは踊りにしても、友達の誰かはもっとカッコよく踊っているかもしれない。しかし、たどたどしくても、自分の踊りを踊るしかないのです。自分に与えられた舞台は、汚い、みすぼらしいものかもしれない。しかしそこで勝負するしかないのです。第一、自分の舞台がみすぼらしいと感じること自体、ひとつの幻想なわけです。何かパブリックな共通世界があって、その中でみすぼらしいコーナーを割り当てられたみたいに思うからいやになるんでね。自分の世界しかないと思えばみすぼらしいもくそもないわけです。そう思うと、自分の世界に対してどうやって自分で責任をとっていけるか、ということが、一番の大事なこだわりにならないといけないと思います。

ここで、自分の世界に対して自分で責任をとっていくということはどういうことなのか考えてみることにしましょう。普通、常識的には、自分の世界の外側にパブリックな共通世界があると考えるわけです。そしてこれは、現代社会ではマスコミで報道されたこととほぼ同値になっていると見てよいでしょう。たとえばテレビが何か報道すると、それがパブリックな共有の現実になって、そしてそれを一人ひとりがシェアしていく。「これこれはたいへんだ!」という報道があると、それを一人ひとりが受けとめて「現実の世界は今そうなんだ」と思い込む。そしてそれを基礎としてお互いがコミュニケーションしていく。そういう基本構造があります。そこでは世間相場というものが価値判断の基準になるわけです。自分にピンとこようがこまいが、みんながそれがそうだというふうに思ってしまえば、これが世間相場として共有の価値基準となるわけです。以前は、「日本の知識人の意見を知りたければ、朝日新聞の論説と天声人語を読めばいい」とよく言われました。日本の知識人にとっての世間相場を朝日新聞がつくっていたわけでしょう。今は必ずしもそうじゃないかもしれませんね。

いずれにせよ、世間相場的なパブリックな世界を、いちおう、自分の世界の外側に想定することができるわけです。もちろん世間相場は十分考慮していかなくてはいけません。私達は、それを前提に生きていかざるをえない面があるわけですから。一人ひとりの人間は群れの中でしか生きていけないのですから。世間相場はやっぱり大事にしていかなくてはいけない。しかし最後は、世間相場はそれとして、やはり自分の中でピンとくるもの、自分の中でわくわくするもの、自分の中で「本当はこれだっ！」と思えるもので勝負していかなければいけないのではないでしょうか。これが自分の世界に責任を持っていくということだろうと思うのです。

だから、たとえば絵を見ても、「この絵は号何十万か、うーん、なるほどいい絵だなあ」などと間違っても言ってはいけない。号何十万というのは世間相場の話でしかないのです。問題は、その絵が自分にピンとくるかどうかです。昔、ソ連の首相をしたフルシチョフという人は偉かったんですね。ある時ピカソの絵を見てね、「なんだこんなロバのしっぽで描いたような絵！」と言ったんだそうです。やっぱり一国のトップにもなりますと、普通はカッコつけますよ。「なるほどこれが、そのいわゆる有名なピカソの絵か」ということになるでしょう。「よう分からんけどなかなかいい絵だ」ということになると思いますね。もちろんここで、自分がそういう世間相場にとりあえず話を合わせているんだ、という意識があればいいのですけれども、たいていは、そういう「とりあえず」という意識が希薄になって、だんだん世間相場が自分の内部に侵入してきます。とりあえず自分はそこで仮に同意していただけのはずが、なんとなくピカソが本当にいいように思えてきてしまう、という感じになるのです。本当にはピンときていないのに、みんなに話を合わせてるうちに自分もその気になってしまうのです。

「裸の王様」という話がありますね。ある時王様のところに詐欺師がやって来て、「これは心の正しい人にしか見えない布です」と言って一枚の布を見せる。そうすると、王様もまわりの人もみんな競って「いやあこれはすばらしい布だ」と言う。それでその詐欺師は、「じゃあこれでりっぱな服を仕立ててあげましょう」と言って服を仕立てるわけです。そして、その服を王様に着せたふりをする。すると王様もまわりの人も、「ああこれはすばらしい服だ」と言って町へ繰り出すわけです。すでにその不思議な布で作られた服のうわさは広まっておりますから、町の人達もみんな、「いやあ今度の王様の衣装はすばらしい！」と言い合うわけです。ところが、見ていた子どもの一人が、「いやあ、王様は裸だ！」と言ったんですね。その一言でその場の空気に水が差されて、王様は自分の本当の姿に気づき、詐欺師の方は逃げ出さなくてはならなくなったわけです。

でもね、私達は毎日の生活の中で、知らず知らずのうちに世間相場でものを言い、まわりに話を合わせているうちに、実は裸の王様を見ているのにそのことが見えなくなっているのではないか。あるいは意識の片隅では裸の王様がかすかに見えているけれども、自分でその意識を抑制してしまって、それを見ないように自分自身に仕向けているんじゃないか。そういう気がしてなりません。自分にピンときたことを「ピンときた」と言い、自分にわくわくすることを「わくわくする」と言うのは簡単なようですが、しかし実際には非常に難しい。特に現代のようなマスコミが発達した社会、自分の外側にある強力なパブリックな世界という意識が一人ひとりの個人的な意識をからめとってしまいがちな社会、少し前の言葉で言いますと大衆化社会、そういうところでは結局、T・S・エリオットが言うように、人々は「藁の人間」になってしまうのです。「藁の人間」というのはストロー。外側から見るとりっぱに見えるが中身はがらんどうということです。自分なりの感覚も、考えも、思いもない。自分の心の底からの涙もなければ、心の底からの喜びもない。いつでもとりあえず外面を取りつくろって、世間相場に話を合わせているわけです。このことは、リースマンも「他人志向」と言っていますし、フロムも「市場的構え」と言っているわけですね。結局、現代という社会は、自分がこれを考えてるんだ、自分がこれを見てるんだと思いながら、外的に構成された世間相場にどこかで操られている。つまり、自分自身に与えられた世界はあるわけだけれども、その与えられた世界は本当に自分自身が実感するもの、自分自身にとって必然的なものによって構成されているかどうかです。自分にピンとくる、自分にとって切実である、自分にとって取り替えがきかないものになっているかどうかです。そういう意味では、どこか根本に常に不安があるのではないでしょうか。これでいいのだろうか、これが本当なんだろうか、こんなことにのめり込んでいいのだろうか、などといった不安です。そうした不安が出てくるのは、やっぱり基本的に「藁の人間」だからでしょうね。

5　自分の世界を耕す

自分の世界に自分で責任を持っていく。自分の実感のありようを探って、納得のありようを探って、本音のありようを探って、それに忠実に誠実に生きていかなければいけない。そんなことを考えていきますと、自分に与えられた世界は自分で耕すしかない、ということになるわけです。

人に頼っていろんなことを教えてもらうだけではやはりだめでしょう。教えてもらってもいいけれど、自分で納得しなければしょうがない。卒業論文とか修士論文を書いた人がおられると思いますが、論文のできを誉められたってしょうがないのですよ。その論文に書いたことが自分で「うーん、なるほどな」と思えなきゃいけないわけでね。で、そういうことのためにも、やっぱり自分自身の世界の耕しが必要だろうと強く思います。

たとえば感性的なことで言いますと、いい音楽を聴かないといけないでしょう。いい音楽を聴いて心を躍らせるということが、最近は少なくなっているのではないかと思います。もちろん、いい音楽と言っても、クラシックである必要はありません。自分にピンとくる音楽です。その日によってピンとくる音楽が違うことはありますが、音楽の感性を耕すためには、やはりいいものを聴いていかなければいけない。自分が本当にいいと思うものをですよ。私の場合で言うなら、バッハもいい、モーツァルトもいい、あるいはビバルディの「四季」なんかもいい。「四季」はインベンションですね、独奏のメロディを追いかけてストリングスの旋律がからまっていく、といった展開は非常にいい。しかし、私を一番深く引き込んでしまうのは石川さゆりです。こういう自分の音楽的感性が分かっていなければいけないし、石川さゆりがピンとくる間は石川さゆりを聴かないといけないわけです。どこか深いところで自分の心のありようとふれ合うからこそ、その音楽がいいように聴こえるわけです。自分の心の深いところでその音楽を欲しているわけですし、それが満たされることで自分の心の深いところが耕されていくことになるのです。読書の場合でもそうですね。やはり自分にピンとくるところのある本を探して、どんどん読んでいかなければなりません。絵とか彫刻でもそうでしょうね。いいものをどんどん見ていかなければいけない。茶碗などの焼物でもそうです。世間相場ですぐに箱書きの方から見てしまう。「何のなにがしが作ったものなのか、おお!」なんてね。そうではなくて、この茶碗が自分に何かを訴えてくるかどうかですよね。そういうことを積み重ねていく中で、自分の内面世界がどんどん耕されていくのではないかという気がします。

もちろん、いいものとふれ合う機会を持つだけではありません。マックス・ピカートが『沈黙の世界』という本の中で言っているように、沈黙の世界に自分を閉じ込めていくことが必要な場合もあるでしょう。ヨーロッパの文化では沈黙を非常に大事にしますね。これはキリスト教の伝統でもあるでしょうけれども、ある時間完全に何もしゃべらない。まわりの人のことも考えない。たった一人の自分の世界の中に沈潜するということを大事にする。私は沈黙ということを、ただ単に黙っているという消極的な意味ではなくて、沈潜することとして、自分の心の奥深いところに沈み潜むという積極的な意味を持つものとして、もっと能動的にとらえたいと思うのです。この沈黙も、内面世界を耕すという意味では非常に大事なもののように思います。

ちょっと余談をしますとね、私はこの大阪大学での一三年半の間に二回勲章をもらいました。といっても世間的な勲章ではありません。それは何かというと、私の文章を入学試験に使っていただいたということです。ものを書いている者として、これは非常にうれしいことです。一回は「自己と他者」という文章が東京の都立高校の国語の入試問題に出ました。もう一回は「沈潜する」という文章。國學院大学の小論文の課題として使ってもらいました。本当にありがたいことです。

それはさておき、内面世界の耕しということで、やはり沈潜ということ、あるいは沈黙ということを、もう一度お互い考えてみなければいけないと思うのです。これは別に処世法的な意味で言っているのではありません。「しゃべると貫禄がなくなるから、やっぱり黙っていた方がいいよ」というような意味で言っているのではないのです。人がどう見ようと関係ないのです。そういう意味で、いいものにどんどん出会って、自分の中に沈潜して反芻して味わいを深めることも必要でしょう。もちろん、ちょうど座禅のように、きちんと座って頭のてっぺんで天井を突き刺すようにしてね、ぐっと下腹を落ち着かせて、ゆっくり息を吸ったり吐いたりするだけでもいいかもしれません。そういう形をとって自分の世界に入り込んでいくこともいいでしょう。そういうことも含めて、結局は自分の世界にしか自分で責任を持てないとするならば、自分の世界そのものを豊かにしたいものです。自分の内面世界を豊かにするということで言えば、おいしいものも時々は食べなくちゃいけない。これも忘れちゃいけない大事なことだと思いますね。そういうことも含めて、いいもの、美しいもの、自分をときめかせてくれるものに出会うチャンスを求めていくと同時に、深く沈潜することを考えていきたいと思っております。

6　自分と異質な内面世界に対して心を開く

もう一つ、これはなかなか難しいことですけれども、今申し上げたようなことをすべて土台にしながら、自分と異質な内面世界を持ってる人達とどうつき合うか、という工夫をしていかなければいけないと思うのです。日本ではすぐに、「みんな同じ人間じゃないか」とか、「話し合えば分かるはずだろ」とか、言いたがります。私はそれではだめだと思うのです。そういうことでは結局お互いに世間相場の中で、自分なしで生きていくようになってしまう恐れがあります。

「同じ人間」だとか「話せば分かる」を大前提にするのではなくて、「同じ人間でも当たり前が大きく異なることがある」「話せば話すほど分からなくなる可能性がある」ということを、お互いに前提にしながら話し合う努力をしていかなければいけないと思います。私も非常にわがままな人間ですから、合う合わないを顔に出してしまうかもしれません。それは私の不徳の致すところですし、修業の未だ至らざるところですけれども、気持ちの持ち方としては、「合わない人であればあるほど本当は耳を傾けなきゃいけないなあ」と自分に一生懸命言い聞かせております。なかなかうまくいかないのですけどね。

結局人間は、生理的な面ではお互いほとんど同じなわけです。そして、生まれ育っていく環境的な条件も現代ではそれほど違わない。そしてお互い同じ社会の中で生活している。だから話していると、お互い、「うんうん、そうだそうだ」というところはいっぱいあるわけです。ただし、内面世界というのは一人ひとりの個人史によって形成されていますから、実を言うと「うんうん、そうだそうだ」と言ってもその中身は全然違っているかもしれません。厳密に考えたら違うところもあるかもしれませんけれども、同じような生理的基盤があり、同じような環境条件の中で生まれ育ってきて、同じような現代社会の諸条件の中で生活しているということから、共通な悩み、共通の願い、共通のこだわりといったものが出てこざるを得なくなることがあるのです。たしかに、お互いの内面世界には、そうした同質性があることも考えておかねばならない。

そういう同質性があるにせよ、基本的には自分とは異質な世界と、できるだけコミュニケーションを積み重ねていかないといけない。そうしないと、結局はどんどん独善的になって、自分だけの狭い世界の中に浸り込んでしまう、という恐れがあります。一人ひとりの内面世界から離れた意味でのパブリックな場はありません。マスコミがつくっている公共的な場というのは虚構です。けれども、一人ひとりの頭の中にある、内面世界にあるパブリックな場を、お互いのコミュニケーションの積み重ねによって擦り合わせていかなければならないのです。基本的に異質な世界を持っていようとも、お互いにコミュニケーションし合える場、手をつなぎあってやっていける場、という意味でのパブリックな場をお互いの内面に構成していかなければならないのです。

ついでに言っておきますと、私は一人ひとりの内面世界を三つの領域に分けて考えています。すなわち、パブリックな領域、セミ・パブリックな領域、プライベートな領域があって、各領域が相互に垣根を持ちつつも長期的には浸透し合っていると考えているのです。

内面世界の中で、誰とも共有していこう、あるいは共有できる、ということでコミュニケーションしているのがパブリックな領域です。一人ひとりの内面世界は基本的に異質であり、孤絶しているわけですが、このパブリックな領域では、他の人達との間で共通の言語や記号を使うことによって、情報や価値づけが各人にとって機能的に同等の意味を持つように努めているのです。これが一般的な意味での社会性の基礎となるものと考えられるのではないでしょうか。多くの日本人の内面世界は、こうしたパブリックな領域が中心になっているような気もします。

これに対して、あの人だったらこの点では話が合うから情報を共通にしておこう、しかしあの人には話が通じないからこのことは伏せておこう、というように、相手により問題により共有するかどうかが異なってくるようなところをセミ・パブリックな領域と呼びたいのです。ある非常に大事な体験を共通して持っていないと、いくら話し合っても分からないということがあるのです。あるいは思いや願いが共通でないと、話し合っても仕方がないこともあるのです。これがセミ・パブリックな領域ということですが、これが特定の人との人間関係の基礎となっているのでないかと考えています。人によっては特定の人との間のセミ・パブリックな領域によって内面世界のすべてがからめとられている、ということがあったりするのではないでしょうか。

そしてプライベートな領域とは何かというと、内面世界の中で誰にも話すことのない領域です。私的な世界と言っていいかもしれません。自分では気づいており、そのことについて自分自身とは対話するにしても、他人との間ではおくびにも出さない。極端に言えば、墓場まで持っていく秘密というのが、このプライベートな領域のことです。日本人の多くにとって、こうしたプライベートな領域を厳密な形で自分の内面に持つというのは辛いことでもあり、またほとんど不可能かもしれません。いずれにせよ、この三つの領域の相対的な大小は、人によっても文化によっても、かなり異なっていると思います。

こうした意味でのパブリックな領域を拡大し、豊かにしていくことは大事な意味を持っています。世間相場的な借り物の「常識」を詰め込んでいくことによってこの領域を拡大するのではなく、みんなとお互いに自分の内面を開示し合い、お互いの深い気づきや思いを交換し合い、それによって自分自身の内面世界もまた豊かにしていきたいものです。そして他の人の内面世界に対しても、そういうコミュニケーションを通じてコントリビュートできるということであってほしいものです。だからこそ、お互いの内面世界が異質であればあるほどコミュニケーションし合わなきゃいけないという気がします。もちろんこれは「言うは易く行うは難し」ですけれど……。

7 国際理解・異文化理解のために

話は飛びますが、国際理解とか異文化理解について考える時には、異質の内面世界に対する理解・洞察ということを特に課題としなければいけないと思います。生まれ育った文化が違いますと、「当たり前」とされることがいろいろと違っているわけです。たとえば、ここにいる若い男性がラテンアメリカの国へ行って、若い女の子が「オラ！」と言いながら首っ玉に抱きついてきたらね、もうそれだけでどぎまぎするでしょ。私だってそうでした。しかしそれが向こうでの普通の挨拶なんです。つまり、人と人との距離の取り方についての当たり前が違うわけです。去年の夏メキシコにいっしょに行った息子は、そういうふれ合いの仕方を歓迎していましたけどね。「これだけ美人の多い国はいない、しかもこれだけフランクにつき合えるとは……。人生観が変わった！」と言っていました。文化が違うと、当たり前の構造が違うのです。これが常識だ、これがまっとうだ、ということの中身が違うのです。そういう意味で文化が違うと内面世界も異質性が強くなるのですね。だからこそ、異質な内面世界に耳を傾け続ける努力をするということが、国際理解の、異文化理解の、最大の課題になると思うのです。

ロジャーズは、晩年には他人の言うことを聞くだけではだめだと言います。それ以上に自分自身に対して耳を傾けなくてはならない。自分自身に対して耳を傾け、他人の言うことに耳を傾け、そして自分の心の中に出てきたことは口にしなければならない。そうしないと、結局は自分がなくなってしまうと言うのです。日本では、ロジャーズ理論というと、何でも「ふんふん、はんはん」と言って受容すればいいんだととらえる早分かりが、まだあります。だから、ロジャーズ流のカウンセラーというと、「ふんふんおじさん」「ふんふんおばさん」ということになりがちなのですが、ロジャーズ自身は娘さんのナタリー・ロジャーズからの批判もあって、やはり自分で言うべきだと思うことは言わなければいけないという考え方になるわけです。たしかに、自分と異質な内面世界に対しては、まず耳を傾ける努力をしなければならない。しかし同時に、私はこういう意味であなたが大前提としている「当たり前」とは違う「当たり前」を持っているよ、ということを言わなければいけない。あるいは、あなたはこういうふうに言うけれど、それに対しては私はこういうことでこだわりが生じますよ、と言っていかなければいけない。こういうことを含め、異質な内面世界との間に交流を持つためには、特に文化的背景の違う人との間に交流を持つためには、お互いが忍耐強く聞き合い、そして同時にお互いの内面世界を率直に開示し合う努力を続けていかなければならないと思います。

私も人間科学部でいくつか調査研究を行いましたが、それらの調査の中で非常に印象深いのは、大阪と松本、韓国のソウルとテグ、この四つの都市の三〇歳代、四〇歳代、五〇歳代の人達に人生観を尋ねたものです。一つは私がつくった三〇項目の生き方意識のインベントリー、もう一つはモリスの「一三の生き方」についての考え方にもとづく調査票を使って調査を行いました（研究概要は『生き方の心理学』に収録）。たとえば大阪と松本なんて、街の雰囲気も人の感じも大きく違うわけですよ。松本は本当に律儀なところですし、大阪はざっくばらんなところです。ところが、そうした違いはあるけれども、基本的な人生観ということでは大阪の人と松本の人とではそれほど違いはない。因子構造なんか、ほとんど同じです。若干の傾向の違いはありますけど、同じ構造の中での違いなのですね。では韓国の場合はどうか。私はソウルに行くといつも大阪と似ているなあと思うのです。特に明洞《ミョンドン》なんか大阪のミナミの感じと雰囲気的に似てるなあと思います。街の雰囲気が似てるから人々の人生観も似てるかと思ったら、全く違う。特に因子構造が全然違う。そして、ソウルと地方都市のテグとでは、因子構造が同じなんです。これも、大阪と松本のように雰囲気が大きく違う街なんですけどね。

私はこの調査結果から、文化というものがいかに基本的なものの見方、感じ方、考え方を規定しているかということをあらためて思わされました。関東と関西では大きく違う、関西の中でも大阪と京都では人間の感じが違うとかよく言うわけですけれど、しかし日本という文化の中で生きていることから各自の内面世界が非常に強い共通性を持つようになっているのではないか。逆に言うと、異質な文化の中で生活している人と出会ったら、表面的にはいくら似ているように思っても、基本的なものの見方や感じ方は大きく異なっているということを、よほど覚悟しておかなくてはならないのではないか。こういうことをいつも念頭に置きたいと思います。だからこそ、心を開き合うということの努力と訓練が必要になると思うのです。うわべの言動だけを見て自分と同じような内面世界を相手も持っていると思うと、とんだ間違いになるのです。

8 教育研究から見えてくること

ここまで、内面世界のことについていろいろ話してきましたが、私はこの七、八年の間、こういうことを本当に身に沁みて考えるようになったんですね。これは単に一つの理論とか論理として言っているのではないのです。私が何を身に沁みて考えたか、という私自身の経験のあり方についての話なのです。これを土台に、私なりの人間学をつくっていきたいと考えておりますし、また同時に、私なりに教育研究をしていく際の基本視点にもしていきたいと考えているのです。

私は三〇歳の時にブルーム先生のところに勉強しに行って、遅まきながら教育評価論、教授・学習理論（学校学習の理論）、カリキュラム理論、教育制度論などの世界に目を開かせてもらうことができました。そして、それをきっかけとして今日まで二〇年余り、教育の世界にいろいろな形でかかわってきました。長い年月にわたって具体的な形で教育ということを研究する場を与えられ続けたことは、本当にありがたいことです。しかし、教育研究ということがいかに面白いか、いかに大事なことか、ということは、二〇代は当然のこととして、三〇代でも、あるいは四〇代半ばでも、本当には分かっていなかったように思います。私が昨年（一九九四年）に出した『学びと育ちのフィールド』の中にも書いておきましたけれど、やはり小学校や中学校で授業を見る、子ども達といろいろおしゃべりをする、先生方とカリキュラムの工夫や授業の手立てについて夜遅くまで話し込む、ということを積み重ねていく中で、薄紙を一枚一枚剝《は》いでいくように少しずつ面白さや大事さが分かってきたのですね。特に、内面性の視点から教育を見る、ということをやるようになってからは、教育研究の面白さも大事さも格段に大きくなってきたような気がします。教育ということは最終的には人間としてのあり方を深いもの、高いものにしていくことに帰着するわけですが、このことは、内面性という視点を抜きにしては考えられないことです。内面世界が成長・成熟すること、これこそが教育の最終目標ですし、そのことを人間教育と呼んでいるわけです。

ということで私は一般的な人間研究もやります。そして教育研究もやります。幼稚園から大学まで、あるいは生まれてから死ぬまでの人間の成長・発達、あるいはこれを支える仕組みや働きかけを考えていきたいと思います。いずれにせよ、基本視点は内面世界ということになるだろうと思います。ただしまだ今のところは初歩でして、十分にそういう内面性の視点が生きてくるのはこれから先のことだろうと思います。と言いながら明日の朝は死んで冷たくなっているかもしれないけれども、今後もし二〇年か三〇年の寿命が与えられたら、そういう方向で、少しは人のやらないような突っ込み方をした研究をしてみたいと、ひそかに考えています。

私は六〇年安保の年に大学に入ったのですが、その頃は社学同（社会主義学生同盟）という学生の政治団体が盛んに活動していました。彼らのスローガンで「一点突破・全面展開」というのが非常に印象的でしたし、今でも好きです。私は、やはり教育研究ということでも一点突破して、それを土台に人間の基本的なありようが見えてくるといった全面展開をはかりたい。さらにもっと言えば、一点を突破することによって、社会が見える、歴史が見える、人類が見える。まあここまで言うと話が大きくなりますけれど、そういう「一点突破・全面展開」をしたいと思っているわけです。突破すべき一点、爆破孔を開ける削岩機の錐の先のような一点、そういう意味での一点に、内面性という視点がなるのではないかという予感を持っています。

一人ひとりが孤絶した独自の世界を生きていかざるをえない、一人ひとりが自分に与えられた世界に責任を持つ形で生きていかざるをえない、そして自分自身でその自分の世界を形づくっていかざるをえない、しかしながら日常的にはそうした事実を互いに見ないようにして、幻想の中に埋もれ込んで、世間相場の中で右往左往して、毎日を過ごしているのが、私を含めて人間の通常のあり方なわけです。ここからどう抜け出していくかです。幻想を脱却してなおかつ力強くやっていくための拠り所を内面にどう形成していくかです。こういった基本認識の上に、新しい総合的な人間学を、そしてその一環としての教育研究を考えていくことができれば、というのが私の現在の時点での期待ないし抱負と言ってよいと思います。

9　宗教や哲学などから教えられること

こうした視点に立った人間研究の大事な柱として、宗教の問題があることは、あらためて言うまでもありません。内面世界を問題にしたら、否応なしに、これまでの宗教的な思想や哲学から多くを学ばなければならなくなります。私はまだ宗教的な問題についてはいろいろと考えている途中ですので、公にはあまりしゃべらないことにしておりますが、実は宗教というものは、たとえばキリスト教であろうと仏教であろうと他の宗教であろうと、内面性にかかわるところに人間の生きていく本当の原点があるんだぞ、ということを指し示してきたように思うのです。宗教というと、なんかよう分からんことを信じないといけない、という一般的な思い込みがあります。私は宗教とはそういうことではないと考えています。分からんことは分からんことなんです。私は、ある時奇跡が起こって、なんて話が好きでして、そういうテレビ番組は喜んで見るんです。しかし一方で、結局は自分の身に起こらなきゃ信じられない、というところもありましてね。そういう意味では、いろいろなことにすぐ乗っていきそうだけれど、しかし実際には乗らないという傾向があります。そういうことも私の『内面性の心理学』の最後のところに書いておりますから、参照していただきたいのですが。しかし宗教をそういうレベルで考えるから変なんでね。宗教なんていうのは別に不思議な話でも何でもないのです。結局、人間が生きていく土台として何をどう考えておけばいいのかということについての思想だと思うのです。ただ、どの宗教でもシンボリックな形でそれを言おうとするので解読がなかなかたいへんということはありますが。

もう一度、『聖書』からの話を出させてもらいます。日本でキリスト教というと「愛の宗教」だとかいって、どこか上品で温かい感じがすることがあります。結婚式では、「愛は寛容であり、愛は情け深い、また、ねたむことをしない、愛は高ぶらない、誇らない、不作法をしない、自分の利益を求めない、いらだたない、恨みをいだかない、不義を喜ばないで真理を喜ぶ、そして、すべてを信じ、すべてを望み、すべてを耐える……」（コリント前書13章）といった『聖書』の言葉がよく読まれます。たしかにここではアガペとしての愛のあり方を端的に言っているわけですが、現代社会で見受けられる浮ついた愛のイメージで愛だと言われると、誤解を生むのではないかと思うのですね。イエスの言葉はきわめて厳しいもので、あの人の言う愛なんていうのはそんじょそこらの話じゃない。厳しくて厳しくて、なかなか普通の人間では受けとめられないような話です。

その一つに、こういうのがあります。当時のユダヤ教では厳しい決まりがあるわけですね。あの頃の宗教というのはいわば生活規範ですから。たとえば未亡人がいたらどれだけの施しをしなくてはならないとか、どの日には断食をしなくてはならないとか、安息日には一切の労働をしてはいけないとか、規定があるわけです。これらをきちんと守っている人が道徳的にすぐれた人とされていたのです。ところが、イエスが自分のところに来た病人を、仕事をしてはいけない日である安息日に治してしまった。それで、言われるわけです。神から与えられた律法を破っているではないかと。イエスはこの批判に対してこう言うわけですね。自分が大事にするのは石に書かれた律法ではなくて肉に書かれた律法なんだと。外側から一律に、これが正しいとか正しくないという形で与えられた決まりではなくて、その人自身の立場に立って何が一番正しいかを問題にするような決まりのあり方なんだ、というわけです。

さらに言えば、その人の内面でこそ何かの意味を持つ決まりのあり方なんだというわけです。たとえば、断食するのはいいことでしょう。しかし普通の人は、断食する時には、私はさも断食しておりますというように、やつれた顔を人に見せたがる。自分は宗教心が深いから、道徳的に非常にいい人間だから、断食しているんだ、ということを言外に主張しているわけです。ところがイエスは、断食するのなら、顔に油を塗っててかてか光らせ、飽食してるぞという顔をして、いっぱいうまいもん食ってるぞという顔をしてやれ、と言うわけです。あるいは、貧しい人に施しをするのはいいことだ、しかし、みんな鳴り物入りで施しをしているではないか、とイエスは言うのです。鐘を鳴らして人の注意を引いて、「私は施しておりますよ」「私は義援金いくら出しましたよ」と言ってね。もちろん義援金は出した方がいいんです。しかしイエスは、右の手がしたことを左の手にも知らせてはいけない、と言うわけです。これは外面世界に対する内面世界の絶対的優位を主張するもののように思われてなりません。世間相場の中で、共同幻想の中で生きて、まわりの人から拍手が起こって初めて安心できるという、そういうあり方に対するきわめて強烈なアンチテーゼだと思うのです。自分の気がそれで済むのならやればいい。ただし他人に誉めてもらおうなんて思ったら、もうそれだけで非本質的な方向への脱線となる。すべてが偽りの行為となる。偽善とはそういうことなのだ。イエスの発想を敷衍《ふえん》すると、こういうことになるのではないでしょうか。つまりイエスの言うのは、ある行為が良い悪いといった道徳的な話ではないのです。つまりそこで、たとえば誉められてうれしいという気持ちから何かをするとしたら、精神的な自立性を、自分の内面世界の自立性を失っていくわけです。私はそう解釈しますね。

この点に関連しては、宗教者や哲学者が昔からいろいろなことを言っております。たとえば『論語』には「古《いにしえ》の学者は己《おのれ》の為にし、今の人は人の為にす」という言葉があります。勉強というものを、今では人に誉められるために、あるいは出世するためにやっているが、昔の人は自分自身を肥え太らせるためにやっていたのだ、というような意味です。学ぶとは、結局は、自分の内面世界を豊かにするためのものだ、ということになるわけですね。こういうことを孔子は二〇〇〇年以上も前に言っているのです。今ではもっと「人の為にす」ということになっているのでしょうね。

ただ「己の為にす」というのはどういうことかとなるとまた難しくなるのですけどね。それをたとえば、近江聖人と言われた中江藤樹という江戸時代初期の陽明学者の言う「獨（独）」ということと関係づけて考えてみたい、という気もします。実は私の出ました小学校（鳥取県米子市立就将小学校）が、中江藤樹先生が幼少の頃に勉学された屋敷の跡に建てられたというので、当時の校歌にも「藤樹先生勉学の……」という文句が入っていたのですけどね。まあそれはさておき、中江藤樹は、こんなことを言っているんです。「我に在り、自己一人の知る所にして、人の知らざる所、故に之を獨と謂《い》う」「獨は良知の殊稱（称）、先聖の学脈」。「獨」というのは自分独自の世界、いわゆる境涯と呼ばれる自分だけに与えられた世界でしょう。この世界に足をつけて学問をしなくてはいけない。自分の中で「うーん、なるほどな」というような学問をしないといけない。で、これが良知（明徳とか本心とも言われる）という本質直観の世界にもつながっていくのだ、というわけです。常に自分自身に翻ってみて考え、内的な反芻を重ねながら考えていくことによってはじめて本当の知恵が獲得されるのだ、ということになるのでしょう。

　中江藤樹の弟子筋に当たる儒学者・熊沢蕃山は「天地の間に己一人生て在りと思ふべし」と言っています。学問ということ、研究ということは、誰か他の人の中に拠り所を持ってはいけない、むりにでも世界には自分しかいないのだ、自分自身を拠り所とする他ないのだ、と考えてやらなければならない、ということでしょう。熊沢蕃山は、こんな歌も残しました。「憂きことの尚この上に積もれかし限りある身の力試さん」。憂きことというのは嫌なことと言っていいでしょう。その嫌なことが自分の身にもっとやってこい、というのですね。私は弱い人間だけれど、受けて立ってその弱い自分の力を試してみようじゃないか、というわけです。武者震いするような歌ですね。こういう歌は、よほど張り切ってる時じゃないと口にできません。二日酔いの時には、こんな歌は絶対につくれません。普通の時でも、人間たるんだ気持ちになっていますと、「快楽の尚この上に積もれかし……」くらいにしかならんわけですよね。でもね、熊沢蕃山は偉いですね。「憂きことの尚この上に積もれかし」ですからね。

10　「ミネルヴァの梟《ふくろう》」が与えてくれる基本視点を大切にして

内面性にかかわる問題領域について、概略をお話ししてきました。ことがらとしては、あるいは簡単なことかもしれません。しかし、これは一つの基本的な視点の問題なのです。視点がきちんと定まらないまま、どれだけいろいろな知識を仕入れても、どれだけいろいろなことを論議してもしようがないのですね。やはり視点をきちんと定めなければ、研究もなんにもできない、さらに言えば、自分の人生というものを自分の責任で生きていくことができないのじゃないかと私は思います。

繰り返しになりますが、本当に大事な視点というのは、自分が輝いている時にはなかなか与えられません。失意の時にこそ大事な認識を獲得するのではないか、というのが自分自身を振り返っての感慨です。古代ギリシャでは「ミネルヴァの梟は夕暮れを待って飛び立つ」ということが言われました。社会の絶頂期にではなく下降していく時期に、すぐれた学問や芸術の花が開く、という意味です。私は個人の人生においてもそういうことがあるのかな、と思います。残念ながら頭の働きからいうと、私はもう着実に下降線をたどりつつある、退却戦に移りつつある、ということをひしひしと感じます。しかし、下り坂の道辺に美しい花が密やかに咲いているのを目に留めることができるかもしれません。この教室には、これから上り坂を登っていく人が多いわけですけれど、将来、意外に早く下り道に差しかかって驚かれるのではないか、と思います。しかし大きな収穫がその下り道に待っているかもしれないから安心して行けばいいんだ、ということも、最後に申し上げておきたい気がします。

まあ、こういうことで、今日の私の、あまり十分でない講義を終わらせていただきたいと思います。

＊『大阪大学教育心理学年報』４、一九九五年三月、一～一四頁に収録。

附章2　「自己」が育つ教育のために
――富山市立堀川小学校教育研究実践発表会での講演（一九九七年）

1　唯一の「正解」が存在するのか

遠藤周作が、『お茶を飲みながら』というエッセイ集を小学館から出しています。その中で、自分の文章がある大学の入学試験に使われたことについて書いています。大学から送られてきた入試問題を見ると、文章の一部分に線が引いてあって、「作者はここで何が言いたいか」という問いがあり、選択肢が四つあったそうです。遠藤周作は一生懸命考えたそうです。作者として、ここで何を言いたいのだろうと一生懸命考えて、これだろうと思って丸をつけたら、みごとに間違っていたと書いています。遠藤周作は、時々突拍子もない冗談を言う人ですから、私はそれを読んだ時はあまり信用しませんでした。

ここからは、私の自慢話になりますが、私もその後、入学試験に私の文章が使われるという経験をしました。一〇年ほど前、東京の都立高校の入学試験で、国語の問題に、私の「自己と他者」という文章が使われました。ものを書いてる人間にとっては、入試に自分の文章が使われるというのは、大事な勲章です。

いずれにせよ、この時に、私は遠藤周作と同じ経験をしたんです。文章中の「ところで」というところに線が引いてありまして、この「ところで」は何にかかるかという問題になっていて、1、2、3、4と選択肢が四つありました。私はこれを解いてみたわけです。これだろうと選択肢の一つに丸をつけたのですが、当時高校生だった息子にたしなめられました。

「お父さん、そんな安易な方法で問題を解いたら、今時、高校にも入れないよ」

息子にそんなこと言われますと腹が立ちます。「安易だと言うけれど、一生懸命考えてこれだと思ってやっているんだ。どこが悪いんだ」と言いますと、「出題者の意図が何なのか。システマチックに探って、それに応じるような答え方をしなきゃだめだ」というのです。「じゃあ、どうやったらいいんだ」と聞きましたら、四つ選択肢があれば、まず選択肢の読み合わせをする。キーワードになりそうなものが一つか二つ必ずある。それを念頭に置いて、何が求められているか問題を読む。そして、問題とその選択肢のキーワードを頭に置いたうえでもう一度元の文章を読む。こうした手順というものが大切だと言うのです。じゃ結論的にどれが正解なんだと聞きますと、おやじのはやっぱり違う、こっちのはずだと。確かめたら息子のが合ってたんです。このことがあってから、遠藤周作の言うことも時には正しいことがあるかも、と思うようになりました。

何でこんな話をするのかというと、外側に唯一の正解がある、唯一の正義がある、唯一の美があるといった形で、何でも基準は外側にあるという感じが、今強まっているからです。こういう言い方があります。たとえば「これは美しい花だ」とみんなに言うとします。けれども本当にそんなことを言っていいのでしょうか。「美しい花」が一般的な意味で存在するかどうかです。この花を見て胸がときめいた、だから私にとっては美しい花なんですが、隣の人も同じようにこの花で胸がときめくかどうかです。誰かが胸がときめいたということを抜きにして「美しい花」という客観的な存在はあるかというと、そんなわけはないのです。

何がピンとくるかということを抜きにして、何に胸がときめくかということを抜きにして、つまり私ということを抜きにして、どこかに一般的な意味で美しいものとか、正しいものとか、すばらしいものがあるかのように思って、それを学ぶのが学習だと思っている。それは、人間として下の下だと思うのです。学ぶことを通じて自分自身が太らなくてはならない。そうでないなら、学ぶことを通じて結局、小賢《こざか》しくなるだけでしょう。ものの言い方を覚えるだけです。自分の中で今まで以上にピンとくるものが増えてくる、自分の中で今まで以上にわくわくするものが増えてくる、今まで以上にこのためにはエネルギーをかけるぞという何かが増えてくる、これが人間として太っていくことです。このことを抜きにした学びということが、今、非常に多くなってきているように思います。

今日いろいろと見せてもらいましたが、子ども達が自分の実感でものを言っている姿をずいぶん見ました。昔からの伝統が生きてるな、今おられる先生方が新たに工夫しておられるな、と強く思いました。これが、よかったと思う第一点です。教育という点から言えばすばらしいことですけど、教師から言えば、そういう子どもが育つとやりにくくなります。教師の実感と子どもの実感とでは違うわけですから。この子とこの子では実感が違うわけですから、それぞれ違うことを言い出すわけです。しかも、教師が

「それは、こうじゃないか」と言っても、「ぼくはそう思えない」と言いだしたら、それは、やりにくいことになります。でももう一度言いますけど、やりにくい子どもは、自分の内面の世界に対して忠実で誠実であろうとしていることがあります。だから、見かけは一見協調性に欠ける、素直さに欠ける、そういう子どもを育てないと本当の教育にはならないだろう、と私は思っています。われわれは、これを内面世界を育てるという言い方で言ってきました。あるいは、内的な原理を持つ子どもに育てると言ってきました。もちろん、素直さも大切です。協調性も大切です。しかしそれを自己目的化してはいけないのです。

2　絶対矛盾の自己同一

私は今日ここで、西田幾多郎の言う「絶対矛盾の自己同一」の話をしようと考えてきました。こんなことを言うと、みんな帰りたくなるでしょう。何のこっちゃ、「絶対矛盾の自己同一」なんて。いろいろな解釈があります。最近の解釈にはこういうのがあります。相矛盾する二つの要素、この二つの相矛盾する要素がセットになって、はじめて一つの具体的アイデンティティ「自己同一性」、一つの固有の性格を持った何かが成立する。つまり、一つの原理だけで何かが進むのではなくて、矛盾する二つのものがセットになっていてはじめて、ある一つのことがらが成立する。こういうことを「絶対矛盾の自己同一」というわけです。私は、多くのものがそういう性格を持っていると思います。

ただ、われわれは、面倒なものだから、たいてい一つの要素だけで考えようとする。しかし、それでは単純化のしすぎになるのです。教育に限ってみても、教育というのは、まさに「絶対矛盾の自己同一」だと思います。

たとえば、「スズメの学校ではだめだ」とみんな思いますよね。今時、鞭を振り振りチーパッパがいいなんて思いませんよね。では、メダカの学校、誰が生徒か先生かでいいのかです。スズメの学校と反対なのがメダカの学校。牧歌的でいいのですが、メダカの学校でいいという教師は給料をもらってはいけない。誰が生徒か先生かというくらいですから。生徒が給料もらってないわけですから、給料をもらう時だけ私は先生ですなんて、そういう区別をつけちゃいけません。メダカの学校とスズメの学校、これはある意味で矛盾します。

ベテランの先生は、当たり前だと思うでしょうが、授業では、スズメの学校的要素も必要でしょう。メダカの学校的要素も必要です。たとえば、算数で考えてみますと、「自分で課題を見つけて自分なりに取り組もうね」なんて言ったら、分からないままになります。たとえば、自分でやるだけで、分数のかけ算、わり算ができるようになるのなら、やり方を教えてほしいです。そんなりっぱな子どもがいるのでしたら。そりゃあ、時々変わった子がおります。自分の力だけで分かっていく子どもです。でも、たとえば四〇人の子ども達を引き受けたのなら、四〇人全部に分からせなくてはいけないというのが、われわれの仕事です。だから、授業のどこかでは筋道立てて「ほら、こうでしょう。だから、こうでしょう。だからね……」と言っていかねばならない。これはスズメの学校です。だけども、いつもこればかりやっていてはだめです。

理科や社会で典型的なように、「このことの何が面白いか、何が変だと思うのか、何でこんなふうになるのか、そういうことを自分で考えてみてごらん。そして、自分がこだわったこと、何が変だとか、何でだろうとか思ったことについて、いろいろと資料を探したり、あるいは話し合ったりして、自分でなるほどなあと納得するところまで、ちゃんとやってごらん。そして、自分が納得できたら、他の人みんなに、私はこんなことについて、こういう調べ方をして、こういうことが分かってきたので、なるほどなあと思いました、と教えてあげようね」という授業をやらなくてはなりません。これは、メダカの学校ですよね。

だから、一口に授業と言っても、教科によって、あるいは単元によって、あるいは一時間の授業の中でも、導入の時、展開の時、まとめの時で、メダカの学校的要素が強くなる時もあれば、スズメの学校的要素が強くなる時もあるわけです。

ところが、日本の教育では、どっちが正しいか、ということをすぐ言います。スズメの学校がいいのか、メダカの学校がいいのか、と。どちらもそれだけではだめなんです。スズメの学校的要素もメダカの学校的要素もちゃんとあって、しかもそれを教材に応じ、活動の性格に応じ、上手に組み立てることができる。こういうあり方を、われわれは人間の学校と言いたい。スズメの学校でもない、メダカの学校でもない、人間の学校です。

つまり、教師が賢くなければできないのです。メダカの学校でやろうと思ったら、教師は賢くなくてもやれます。放し飼いにすればいいんです。何についても「自分でね」とやっていけばいいのです。スズメの学校の場合も教師は賢くなくてもやれます。赤本さえあれば。だけど、どこで教師が前に出なくてはいけないのか、どこで教師はあえて後ろに引っ込まなければいけないのか、を考えてやるのは賢い教師でなくてはどうにもなりません。一つの単元の中で、あるいは一年間の指導計画の中で異質な要素を組み立てるということは、頭を使わなくてはだめです。赤本だけでやるスズメの学校的なのもだめだし、何の手立てもなくて、子どもはすばらしいと自慢しているだけのメダカの学校的なものもだめです。子どもがすばらしいのは当たり前です。大人だってすばらしいのです。人間はみんなすばらしいのです。子どもはすばらしいと言ったところで、何も言ったことにはならないのです。日本の学校教育の世界では、よく分からん言葉がはやって、それを「あおによし」みたいに単なる枕詞として使い、それでムードだけができ、結局は、子どもが育たないままになる、ということが起こりがちです。

メダカの学校とスズメの学校、これは絶対矛盾です。似たようなことで、見える学力が大事か、見えない育ちが大事か、というのがあります。これも互いに矛盾しているような感じがあります。たとえば、お隣の長野県はすばらしいところですが、お隣の富山県が大学進学の実績が良すぎるものですから、長野県の教育は、といろいろ文句を言われています。そういう中で、長野県では県の教育委員会の方針で、基礎・基本ということを強調しています。私も「新しい学力観という言葉を使っちゃいけません」と、長野県での講演会の前に注意を受けました。「我が県では基礎・基本、これだけで話してください」。長野県では、地域の素材の教材化ということを考え、子ども達の関心の掘り下げから学習課題を成立させていくという、長い間の信州教育の伝統があります。しかし、一部の人が、そういうことではだめだと言っているわけです。「そういうことだから、富山県に負けるのだ。大学に入れないんだ。教科書に書いてあることをきちんと分かって、できて、覚えていくような教育をしよう」というわけです。でもこれだってですね、おかしいのです。

3　見える学力、見えない学力

指導要録を一九八〇年頃に改訂した時に、観点別学習状況の評価という欄を作りました。「知識・理解」「技能」「考え方」「関心・態度」という四つの観点から教育の成果を見ていこう、という考え方をしたわけですね。

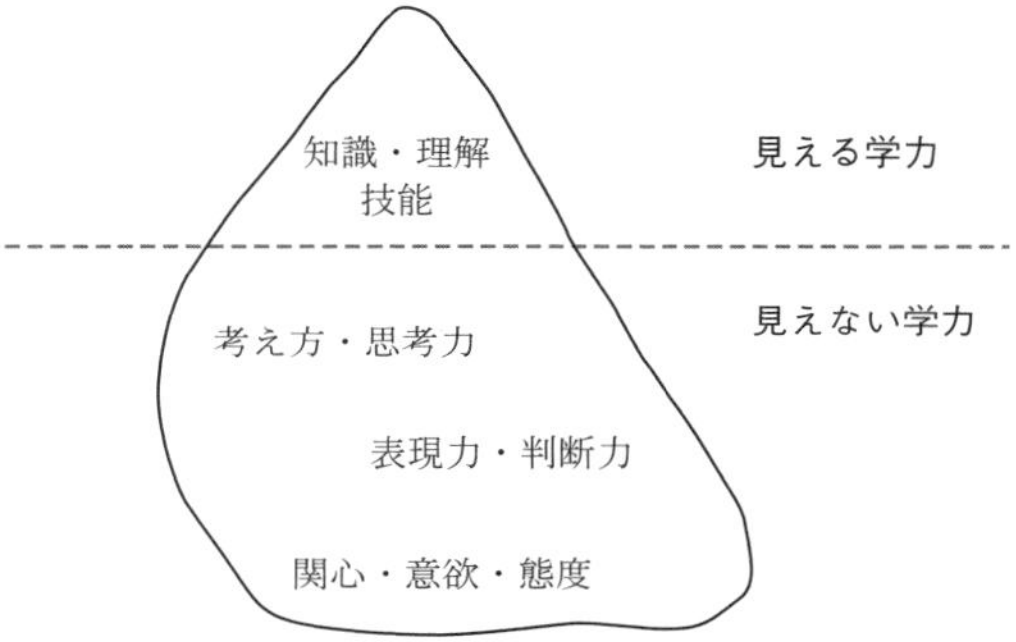

教育の成果としての学力は、ちょうど、海面に浮かんでいる氷山みたいなものです。氷山の海面上に出て見えるところに、知識や理解、技能が成立している。分かる、できる、覚えるというのは、きちんとした形で確かめようがあるわけです。テストでもいい。「言ってみて」「やってごらん」でもいいのです。しかし、これだけでは生きて働かない。分かって、できて、覚えて、という見える力が生きて働くためには、ちょうど、氷山の海面下で見えないところに、見える部分を支える構造ができていると同じように、関心・態度とか考え方がきちんと成立していないといけない。だから、分かる、できる、覚えるをそのまま身につけさせればいいのではなく、関心・意欲・態度や思考力に深く根ざした形で、成立するようにしなければならない。

こういうことで、この氷山のような見える学力と見えない育ちが一体になったトータルな教育成果をめざさなくてはならないのです。そういうトータルな育ちを、四つの切り込み口、四つの窓口から見てとるために、観点別学習状況の評価欄を作ったわけです。

今回の指導要録の改訂で、前回、観点別学習状況の評価欄を作ることに最も反対した人が主査になられましたから、どうなることかと思いましたけれども、一〇年たてば考え方も変わります。特に見えないところが大事だ、だから順番を変えよう、関心・意欲・態度を最初にして、次に思考力・表現力・判断力、そして、技能、最後が知識・理解、となりました。でも、通達にも書いてありますが、順番が変わったからといってどれが一番大事だと考えてはいけないのです。四つとも大事なんです。四つの窓口なのです。四つの視点からトータルな育ちを見ていこうというのです。

しかし、いまだに見える学力が大事なのか、見えない育ちが大切なのか、という議論があります。見える学力単独でもだめです。見えない育ち単独でもだめです。

どうして長野県が新しい学力観を毛嫌いしたかというと、間違った解釈をする人がいたからです。間違った解釈とは何かというと、新しい学力観では関心・意欲・態度を考えればいいというものです。そんな学力観がどこにありますか。算数の関心がとっても深まりました、やる気が出ました、しかし、繰り上がり・繰り下がりは全然分かりません。それではどうにもならないのです。学校は何をやっているのかと言われます。国語がとっても好きです、だけども、漢字も書けない、作文も全然できません、ではどうにもならないでしょ。逆に、繰り上がり・繰り下がりはできるけど、算数大嫌いとなったら、それを生かす道もないわけです。

一九三〇年代までは、客観性ばかりが問題にされました。ソーンダイクがその指導者でした。それに対して、客観的であればいいというものではない、そういうことをやると教育が歪みますよ、というので、見えない部分も見える部分も、両方とも問題にする学力観が出てきたわけです。この新しい考え方を提唱したのが、タイラーでした。「測定から評価へ」という動きがあったわけです。

一九三〇年代、アメリカで客観性が主張され、分かる・できる・覚えるだけが学力と言われた時代、国語の成績をつける時（アメリカですから、英語ですけどね）、その資料とされたのは、スペルのテストばかりだったと言われます。単語のつづりがちゃんとできる、ということだけが成績に反映されたのです。授業では作文も読解もあります。ですが、作文なんていうのは客観的に評価できない。同じ作文を、一〇人が採点するとしますと、一〇〇点満点で三〇点から九〇点までの違いがでると言われています。そういうデータがいっぱいあるんです。それぞれの見方がありますから。

読解はもっとそうです。冒頭の遠藤周作の話はその例の一つですね。私は学生時代に桑原武夫先生のゼミに出ました。モーリス・ブランショの『文学空間』という本をフランス語の原書で読みました。今でも覚えていますが、「一つの文学作品を読むということは、三つの空間を同時に読みとることだ」というのです。一つはテキストの空間。文字面だけでできてるテキストの空間を読みとらなくてはなりません。同時に、書き手の空間。なんで作者はこう書いたのだろうか、反対に、書いてもよさそうなことを、なぜこの作者は書かなかったのだろうか、そういう書き手の空間を読みとらなくてはなりません。そして、読み手の空間。一人ひとりの読み手にとって、何がピンとくるかは変わってきます。これを読みとらなくてはなりません。

この三つの空間、テキストの空間、書き手の空間、読み手の空間、を総合的に読みとることだと。非常に印象的でした。一つの文章を読みとると言っても、唯一の正解があるわけではないのです。

六年生の授業で宮沢賢治の『やまなし』がありました。われわれも、『やまなし』をめぐって実践研究会をしたことがあります。子ども達に、何をどのように読みとらせたらよいか難しい教材です。私どもの出している『教育フォーラム』の第一八号に、二つの対照的な『やまなし』の実践を載せてあります。

一つは奈良の男の先生で、今井鑑三の流れを組む、教材研究にうるさい人です。宮沢賢治は、一つの作品を何度も書き直しているのですが、教科書に掲載されているものより前のバージョンを見つけてきて、教科書と違っているのはどこか、検討させるわけです。これによって、「書き手の空間」が分かってくる。前あったものがなくなっている、前になかったものが新しく加わっている、なんでだろう、というふうに見る。と

いうことを切り込み口にして、子ども達に『やまなし』を読み込ませる。さらに、バックグラウンドの情報として、『やまなし』を書いた頃に宮沢賢治の妹が亡くなったことを話してやり、その妹の死をいたむ『永訣の朝』の詩を読んでやる。妹が亡くなった時、宮沢賢治はこういう心境だったんだよ、と読んでやるわけです。こういう背景があって、『やまなし』を書いたのだと。ただ単に春の水底の世界と秋の水底の世界との比較ではなく、何が言いたかったか、です。法華経の行者として、法華経の思想も色濃く出ている。こういうやり方があるわけです。

もう一つは、神戸の若い女の先生がされたものです。それはパネル方式の読み深め。彼女はまず読ませるのです。初発の感想として、子ども達はいろんなタイプの疑問を持ちます。ほとんど分からないの

です。大人だって、最初は分からないでしょう。何であんな難しい『やまなし』を教科書に載せるのだと思うほどです。だから、子ども達のこだわりがみんな違う、そのこだわり方をタイプ分けし、五つ六つの班に分かれて、同じこだわりを持った子ども同士で話し合わせるのです。これはどういうことだろう、あれはどういうことだろうと話し合うのです。そこでいろいろ調べたりしながら、それぞれの班から、「私達はこれを読んで、こんなことにこだわりを持ちました。それで、いろいろ調べて話し合い、これはこういうことではないかと考えています」と発表させていくのです。これを基にして、学級のみんなで話し合いをさせて、もう一度読み直しをしていくというやり方をしたのです。

二人の先生の授業展開は、中身が違います。奈良の先生のやり方は「書き手の空間」、神戸の先生のやり方は「読み手の空間」にこだわったやり方です。このように、読解の指導は難しいものです。なかなか一義的な正解なんてあるわけがありません。

そうしますと、これでは客観的な点数をつけるわけにはいかないということになります。作文でも客観的な点数がつきません。客観的にやるのでしたら、つづりのテストだけ。日本の国語でいうなら、漢字の書き取りだけで成績をつけるようなものです。そうするとどうなるのかと言いますと、子ども達は、作文の時間も、読解の時間も、いまひとつ気分が乗らなくなるのです。結局、成績になるのはつづりだけだからです。そこをタイラーは批判したわけです。客観性にばかりこだわったために、分かる・できる・覚えるだけの学力観を持ったために、子どもの学びそのものが、教育そのものが歪んでしまった、と。では、どうすればいいか。客観的ではないところもそれなりに見ていくようなやり方を考えていかなければならない、ということになります。

客観性と公正さとは違う、ということがよく言われてきました。オリンピックの体操競技では、審判員が演技に点数をつけますが、見るだけで客観的に点数をつけられるわけはありません。でも、フェアで公正です。どういうやり方で客観的にできないものを公正にしたかと言いますと、五、六人の審判員が、一〇点満点で演技の点数をつけ、それを平均するのですが、誰かが極端な点数をつけると、平均がひきずられます。そこで、上と下をはね、中間の点数を平均するわけです（編注：現在の採点方法は変更されている）。これは客観的ではありません。全部主観的です。ですが公正です。客観的にできないものを捨ててしまうのではなく、主観的な判断でもいい、どうしたら公正な評価ができるかを工夫しよう、というのが一九三〇年代の転換でした。

そういう意味で、分かる・できる・覚えるも大事です。関心・意欲・態度とか、思考力、判断力も大事になってきます。これが、新しい学力観です。どちらが大事かではないのです。しかし、日本では、あれもこれもという、原理の違うものをどちらも大事だとする発想が、なかなか根づきません。一つの原理だけで考えたがる。だから、新しい学力観というと、関心・意欲・態度だけでいいみたいな話にもなってしまうのです。これも、全く矛盾するようなものを、しかし、同時にセットとして考えないと成立しない。早分かりしようとしてはいけない。しんどいですけど、原理の違うものを同時に考えていくことですね。

今日お配りした資料の中で、「学力保障と成長保障の両全」というのがあります。これも間違えないでください。学力保障がいいのか、成長保障がいいのかではないのです。どっちも大事にするのが授業なのです。

「学力保障」というのは「見える学力」をどの子にもつけるということです。分かる・できる・覚える、これはいわば文化遺産の伝達です。人類が何万年にわたって積み上げてきた文化遺産をともかくマスターしてもらう、これが「学力保障」。これと同時に、「成長保障」を大事に考えていかねばならない。これは、自分のその時その場の感性、その時その場の思い、その時その場のこだわりを土台にして、自分の力で何かを探求していくための基礎的な力をつけることでもあります。だから、今の言葉でいうと、関心・意欲・態度もそうですし、思考力、判断力、想像力もそうです。そういう力をつけていこうというのが「成長保障」です。

具体的な授業のあり方でも、学力保障の面であれば、先生が前に出なくてはいけない。反対に、成長保障は先生が前に出てしまってはどうにもなりません。後ろに下がらないといけない。授業の流れの中で、両方とも実現しなければ意味がありません。どっちが大事かと言ってしまってはいけないのです。「絶対矛盾の自己同一」です。対照的なものをセットとして、授業の中で、単元の流れの中でどうやって取り組んでいくかということですね。

一つだけはっきりしているのは、カリキュラムがどう変わろうと、今までよりもっと中身が濃い授業をしないといけないということです。中身が濃いとはどういうことなのか、考えてみなければいけません。中身が濃いといっても、分かる・できる・覚える、を今以上にたたき込むだけでは、どうにもなりません。中身が濃いといっても、子ども達に自分の思いで突っ走れ、というのでもだめです。中身の濃い授業にしていこうと思うと、今まで以上に大事なものをきちっとおさえて準備に準備を重ね、しっかりとお膳立てをしていかなくてはなりません。これからはもう、スズメの学校じゃなくってメダカの学校万歳、なんて言ってられないのです。子どもがよく動いただけではしょうがない。問題は何で動くのか、なのです。うろうろするだけではだめです。さらに、自分の課題を持って動いたとしても、その課題そのものがその後にどうつながっていくかを見ていかなければいけないのです。中身の濃い授業にしようと思ったら、教師の側に、新たな勉強、新たな力量が必要になるでしょう。

4　個にこだわることと一般性にこだわることと

もう一つ、セットとして考えていくべき視点として、個にこだわるということと学級全体を見ていくということをあげておきたいと思います。たとえば、長野県に行きますと、授業研究会では始めから終わりまで、一人の子どものことが語られることがあります。その日の観察児童の動きを語る。とても話が深まります。でも、いつも私が申し上げるのは、一人の子にこだわるのはいいことなんですが、あと残された三十数人はどうだったのですか、ということです。もちろん、昔よくあった授業研究みたいに、この子はどうだったということがぜんぜんなくて、学級全体の動きばかりが語られるようでも困ります。あの子の場合は、この子の場合は、とどこかでこだわりたい。一人ひとりの感じ方が違っていますから。「みなさん」という総体名称だけではどうにもならない。「学級として」だけではどうにもならない。

非常に難しいのですけど、「一人ひとりの個にこだわる」ことと「学級全体」「みんな」にこだわることとを両立させなければなりません。これも全く違う発想なのですが、個と全体をワンセットで考えなければいけない。もう少し進めますと、どの子にも成立してほしい最低限の学力ということと、この子が前にくらべてどこまで伸びたかという学力観の両方を念頭に置いて授業を見ていかなければいけない。公教育として、たとえば小学校三年生になったら三年生なりの国語の力を、という一般的なねらいがあります。小学校五年生になったら五年生なりの算数の力をということがあります。と同時に、この子に固有の国語の力とか、算数の力というものがあります。一般的な水準、そんなものどうでもいいじゃないか、この子なりに伸びているのだからという視点もあるのです。どちらも要るんです。そういう二面から個にも全体にもこだわる、ということにつきるのではないでしょうか。

私も年をとってきまして、昔話をすることが多くなってきました。私が最初に書いた本、もう三〇年以上も前ですが、『児童・生徒理解と教育の過程』という本があります。若い方が多いからご存じないでしょうが、話題になった本です。何が話題になったかというと、先生達の子どもを見る目がみんな歪んでいる、ということをデータをいろいろあげて実証したのです。

調査してみると、いろんな項目について、小学校の教師の見方は非常に一次元的です。中学校はさらに一次元的です。そして、その一次元性は何によって決まっているかと言いますと、成績なんです。非常に分かりやすい例から言いますと、当時の指導要録の行動記録の欄に、責任感とか、協調性とか、いろいろの項目がありました。知り合いの学校に頼みまして、実際の指導要録を見せてもらい、相関係数をとったり、因子分析したりしたんです。そうすると、要録に記入している行動記録でも、成績で見ているということがはっきりします。因子分析をすると一目瞭然です。第一因子が非常に大きくて、成績で説明されてしまう。つまり、成績さえよければ責任感もある、協調性もある、という子どものイメージになってしまうのです。成績が悪ければ逆です。

この本の最初に、子どもを理解するとはどういうことか、ということを私なりに書いております。今と同じようなことを考えていたんです。子どもを理解するということは「一般性を理解すること」と「個別性を理解すること」、この両方の目がなければだめだということを書いたわけです。

一般性理解とは何かと言いますと、発達の筋道の中で標準となるようなものの理解です。たとえば、今の日本の子どもは小学校一年生では「どんなことができる」とか「どんなことが分かる」とか「どんなことに関心を持つ」ということです。それが二年生でどうなる、三年生になるとどうなるというのがあります。大きな発達の筋道があるわけです。これは、子どもの学びの筋道でもあるわけです。こうした一般的な筋道というものをよほど理解しておかないと、子どもが分かったといえないのではないか、ということです。

しかし同時に、「この子は」というのがあるはずです。なかなか一般性では解消できない面がありま す。たとえば、小学校六年生でも修学旅行でおねしょが心配な子どもがいます。おねしょというのは、小学校に入る前後に見られなくなるのが普通で、この年齢になるとほぼしなくなるという一般性を理解しておかなければならない。しかし時には、泌尿器系の病気などが原因で、大きくなってもおねしょをする場合があるのです。だから、一度チェックしないといけない。チェックして何もなかったら、安心すればいいんです。坂本龍馬なんかは、大きくなるまでおねしょをしていたそうです。どうということはありません。

私は卒業の前に、必ず二、三〇枚の個人史を書かせるんです。大きな体の学生が、この年までずっとおねしょをしてましたというのを書いていました。そういうことがあるんです。でもチェックして問題がなければ、それを誰が始末するかという問題はありますが、そう心配することはない。個人差というのがあるんです。一般性と、この子の場合との両方を分かっていないと、結局分かったということにはならないのです。

授業をやっていく時に、また授業を見ていく時に、一般性を考えなくてはいけない。発達の筋道、学習の筋道、カリキュラムの筋道を含めて、考えていかなくてはいけない。と同時に「この子は」ということにこだわらなくてはいけない。つまずき方も一人ひとり違っています。一般性として、つまずきの類型にはいくつあるということは考えられます。しかし、この子がどうかということとはまた別です。これもまた「絶対矛盾の自己同一」みたいなものです。一般的原理をどう理解するか、個別的なものをどう理解するか、この両方をセットにして、この両方をどちらも欠くことのできない要素として、同時にこだわって考えていかなくてはいけない。さきほどの協議会でも両方の要素が出ていたと思います。個にこだわるということと一般的なものにこだわるということの、こだわり方については同じ平面ではいけないとも思っています。結論的には、一般的なものについてはよく勉強して、頭の中にそういう構図をつくっていく必要があります。しかし、授業にのぞむ時には、そのことを脇に置いておくことが必要です。授業の場になったら、個別的な子どもにこだわらなければいけない。もちろん一般的なものと、個別的なものの往復作用で見ていくということはあります。

一般的なものをよく勉強して、個を見る時はそれをちょっと横に置いておかなければいけない。両方必要ですが、結局最後は、一般的なものが頭にあっても、個が育たなければいけないからです。個を寄せ集めた形での一般というのはあるけれども、結局個が育たなければいけないのです。だから、一人ひとりのユニークさということに、最後はこだわっていかなければならないのです。

5　個の内面にこだわる

一般的なものの理解を抜きにしてユニークさというものは分かりません。そういう意味で、発達心理学とか認知心理学とかを勉強してほしいと思っています。一般性への深い理解があってはじめて個に迫っていくことができるのです。子どもの名前で語る、固有名詞を使って語る、ということだけでは、個に迫っていくことにはならないのです。この個がどういうユニークな世界を持っているか、という視点がなければならないという気がします。

この堀川小学校では、新しい教材を作り、子どもにぶつけていって、一人ひとりの独自の内面世界を開いていく、という発想で研究を進めておられます。そのことと非常に関係するのですが、一人ひとりの世界というのは、どれだけ違うのかということを考えておかなくてはいけない。

一つの教材をぶつけていくとします。たとえばバラの花。みんながバラの花を見て同じようにきれいだなと思うと考えてはいけないのです。とりあえずはきれいです。とりあえずは。しかし、ものすごくきれいだと思う人と、きれいかきれいでないかどちらだと言われればきれいかなという程度の子どもがいるはずです。

もっと分かりやすいのは虫。先日、大阪教育大学附属池田小学校の菅井啓之さんといっしょに、岐阜で自然観察をやりました。七、八〇人の小学校の先生が菅井先生について歩きました。先生が、「ほら、このあたりを見てご覧なさい。たくさんダニがいますね」と指し示した葉っぱに、赤いダニがいっぱいついていたんです。そしたら「オー」と身を乗り出す人と、「ダニがついたらどうしよう」と一歩下がる人がいました。感性が違うのです。セイタカアワダチソウに、毒々しい赤い色のアブラムシがいっぱいついていたのですが、アブラムシはどっちを向いてつくか知ってますか？　みんな、下を向いてついているんです。そして、テントウムシがまたいっぱいいる。テントウムシがアブラムシを食べに来ているんです。アブラムシを食べているところがよく見えます。「わあ、すごい。もう足しか見えない」とのぞき込む人と、「わあ、残酷」と身を引く人がいるのです。

これはいい悪いではありません。小さい時からの感覚の違いが出てくるわけです。子どもに一つの教材、一つの素材をぶつけても、一人ひとりの感じ方がものすごく違う、ということをやはり考えておかなければならない。この子の場合どうなのか、この子の場合どうなのか、ということを考えておかねばならないのです。

もっと言いますと、先生方は教壇に立って毎日授業をされます。教師である自分、担任である自分が、どの子にも同じように見えていると思ったら大間違いです。子ども達は一人ひとり違う形で見ているはずです。たとえば、自分のお母さんとくらべて見ている場合でも、「うちのお母さん、もっと細かいところまで気がつくのに、先生はどうしてあんなにおおざっぱなんだろう」と思って見ている子もいれば、「うちのお母さんにはできないな、先生はちゃんと、きちっとやっているんだな」と思っている子もいるとかね。家庭での日常生活で何が当たり前なのか、何をよく目にしているか、それによって先生の見え方が違っているわけです。

自分が一人ひとりの子どもの目に、違うように映っていると考えなければいけない。一人ひとり固有の内面世界を持っているからです。ここで話している私だって、みなさん一人ひとりで違うように見えているはずです。隣の人の目を借りて見るわけにはいきません。もちろん網膜像は似ているはずです。目の構造、生理的な構造は同じですから、同じように映ってはいるでしょう。しかし、網膜に映ったものが大脳中枢にいって、講師の梶田とはいったいどういう人間か、と判断する際には、違ってくるはずです。「ああ、今日の梶田みたいな感じの人は親戚にもいるな。表現はよくないけど人間的にはいい人だ」とこういうふうに思えば、私が本当はいい人かどうかは別にして、いい人じゃないか、と思ったりするわけです。あるいは、「今日の梶田によく似た人に昔こっぴどく叱られたな」と思えば、私が叱ったわけじゃないのに、顔を見るだけで腹が立つという感じを持ったりするんです。

三五人の子どもを前にすると三五通りの、全く違う世界があると思わないといけない。これが「個にこだわる」ということです。「個にこだわる」というのは、「何々ちゃん、あなたは～」というだけの話ではないのです。その「なんとかちゃん」が先生の方でも想像できないような、その子独自の世界を持っているんです。三五人なら三五通りの世界があるわけです。私達は、表情とか発言とかいろいろな表出を通じて、その子の持っている世界の片鱗を推察することができます。でも、本当のところは分からないのです。親子でも分からない。自分の子どもの頃のことも分からない。子どもが小学生ぐらいならすれ違いがあっても大丈夫ですが、中学生ぐらいになりますと、「私の気持ちなんてあんたらには分かんないんだから」ということになります。一人ひとりどこかが違うのです。子ども達一人ひとりが固有の世界を持っていて、固有の感じ方を持っていて、固有の意味づけの世界を持っている。固有の価値観を持っている。このことを念頭に置きながら、この子の場合は何がピンとくるんだろう、何でわくわくするんだろう、ということを考えていかなければいけないと思うのです。

同時に、その子が自分の内側の世界に足をつけて自分の責任で一歩一歩ものを考える、一歩一歩ものを判断する、一歩一歩やっていく、という姿勢や力を育てていかないと、結局一人の人間としての成長をはかったことにならないのです。人に合わせる訓練も大事です。しかし、最後は自分の内側に自分が生きていく原理ができないといけない。発達心理学では、ソーシャライゼイションとパーソナライゼイション、社会化と個性化ということが昔から言われてきました。よき社会人として必要不可欠なものの言い方とか、行動の仕方とか態度とか、そういうことを身につけるのがソーシャライゼイション、社会化です。たしかにこうした社会的な発達は大事なことです。しかし同時に、パーソナライゼイション、個性化、自分だけの世界が、深くなって豊かになることが必要となります。両方がいわば相即的に実現していって、一人の人間の望ましい発達の姿になるわけです。

学校も、ソーシャライゼイションとパーソナライゼイションをやっているわけです。子ども達が学校で、よき大人として、世の中に出てきちんとやっていけるよう教育しているわけです。しかし、同時に、一人ひとりの固有の世界を深めなければいけない。この人がこの人なりに一生を充実してやっていけるかどうか、です。ゆりかごから墓場までです。そういう両方の課題をやっていく中で、一般的にどういうふうにして実現していくかということと、この子の場合にはどういうふうにということを、何重にもセットとして、違う原理のものの組み合わせとして考えていかなくてはいけないのです。

繰り返しますが、最後はやっぱり個です。ただ、最初から個だけで考えるのではなく、回り回って個ということを考えたいのです。なぜかと言いますと、それを抜きにして個なんてことを言ってしまうと何がなんだか分からなくなるからです。今言った全部のことを土台に持ちながら、最後は、その子がその子なりに自分の内側に原理を持って生きていけるようになる。自分の責任で生きる、というのはこういうことなんです。だから、今日最初に言いました「自分の実感でものを言う」ということが、いかにすばらしいことであるかということを認識していただきたいのです。

　しかし、これはなんでもかんでも、言いたい時に、言いたいことを、言いたい放題言うのとはどこか違うのですね。子どもでも、ＴＰＯのことも学んでいかなければいけない。ＴＰＯが学べないと、世の中に出てどうにもならなくなるからです。成人式の会場は、どこの市でもうるさくて、本当にしつけができていないという感じがしますね。これはソーシャライゼイションができていないからです。ＴＰＯが分かっていないからです。このことを大事にしないと、学校の大事な機能がだめになります。こうした社会化の上に立って、最後は個だということを言いたいのです。これが本当に内面世界を育てることです。自分の内面に自分の実感の世界をつくっていって、それにちゃんと足をおろして、ものが言える、考え判断し、行動できる、ということなのです。

　今は秩序感覚もないし、個も育っていません。社会性も育ってないし、個性も育っていません。自分の世界を持っていないのです。バラの花をみんなが「きれいだ」と言うと、「ぼくはきれいだと思わない」と、嫌われそうなことを言う子がなかなかいなくなりました。みなさんもそうでしょ。「趣味は何ですか?」と言われると「クラシック」なんて言う人が多いでしょ。一二月になると「第九がいいですね」と。単なる流行です。第九で涙が出る人もおれば、「ああ一二月になったか」とただそう思う人もいるわけです。日本は流行の国ですから。自分の感性を抜きにして、グッチだとかなんとかだとかと走り回る人がいるんです。みっともない話ですが、あれはＴＰＯにも反します。しかし、なぜああやって簡単に走り回れるのでしょうか。自分の好みがないからです。だから、ブランド信仰にいくわけです。自分の好みがあったらブランド信仰へいかない。日本の社会には、個というものが育っていないのです。

私達でも流行に流されることがあります。だけど、これからの子ども達は、自分の内側にきちっと原理を持ってほしいと思います。そしてそれによってものを考え、判断する、そういう子どもになってほしいのです。

もう一度言いますが、内側の世界、一人ひとりの固有の世界をどうやって育てていくかなのです。レジュメにいくつか書いておきました。たとえば、内面世界そのものの変容、進化、拡大をねらう。周囲の探検、知的世界の探検によって、イメージの広がり、感覚の深まりをはかっていく。

じっとしているより探検した方がいいですね。体を動かす探検もあるし、本を読んだり、テレビのドキュメンタリーを見たりという探検もあります。いろいろなものに出会わせたいものです。みなさんの学校の校庭に、どんな草や虫があるか全部リストアップされていますか？　出会わせるためには、子どもをうろうろさせればいいというものではない。「ほら見てご覧。これはね、ニワゼキショウといってね、今はどこにでもあるけど、もともとはアメリカの植物なんだよ」「へー」とこうなるのです。子どもがうろうろしていれば探検かというとそうではありません。場の設定というか、先生がいろいろ刺激をしてやらなくてはならないのです。いろんな世界が分かるために、テレビのドキュメンタリーもできるだけ子ども達に見せてやりたいと思います。世の中はどんどん動いているんです。環境問題を語るにしても、社会を語るにしても、テレビ番組を選んで、見せてやるのが一番です。

この他に、迎合的あるいは同調的発言や行動をしないように指導することも大切です。これは扱いにくい子どもを育てましょう、という話です。しかし、先生が言うことを先回りして言おうとする子がいっぱいいいます。有名校へ授業を見に行くと、それでいやになることがあります。子ども達は、次に何を言えばいいのかよく知っています。その小賢しいところを指導しなくてはならない。小賢しいことを言い出したら、「それもいいけどね。もう少し考えてごらん」「本当にそういうふうに思うのかな。別に何か思っていることないかな」そういう問いかけをしていかないといけない。自分はいったい何をきれいだと思うんだろう、いったい何でピンとくるんだろう、という自分への問い返し、振り返りですね。

いろんなことで、「あっ」と思う。それだけで終わらせるのではなくて、あの時に私はこういうことで「あっ」と思った。前にもそういうことがなかったかな。そして自分はどういうことでいつも「あっ」と思うのかな。こういうことに気づいていかないと、自分の中に原理ができていかない。私は今まで振り返りということを随分言ってきました。単なる自己評価でなくて、振り返りということです。

「古の学者は己のためにし、今の学者は人のためにす」

『論語』から引用しましたが、学ぶということは、今は世渡りのためにやっています。だけど昔は、自分にピンとくるかどうかを基準にして学んでいたんです。自分にピンとくるのは、何かにこだわるというのは、自分にとっての真実にこだわることです。『論語』を出したからといって古くさいと思わないでください。ユングだって同じようなことを言ってるんです。ユングは本当の自己というような言い方をしていますが。誰も本当の自己というのは分からない。でも、あることにピンとくるけど、あることにピンとこない。あることにはわくわくするのに、あることにはわくわくしない。そして、自分がピンときてわくわくしたものが、隣の人とは少しずれている。このことに気づいていって自己理解を深めていくのです。

たとえば、ベートーベンでわくわくする人はそれでいい。そうでない人は、私は、いったいどんな音楽にわくわくするのか、ということを考えてみなくてはならない。一生懸命自分に問うてみたら、やっと分かった、ということが大切なのです。ブラームスでもない、もちろんベートーベンでもない、モーツァルトでもない、石川さゆり、という話を以前したことがあります。いい悪いじゃないのです。私にとっての音楽的真実とは何か、ということです。子ども達にもそういうことをさせなくてはならない。これは、内面の真実に関連したことですから、外的なものに迎合、同調させないということが大切になるのです。

結局、最後は、「自己」を育てるということです。最後は、その人固有の世界を育てるということです。最後は、その人が自分自身の内的原理で、自分の中の内的な自然性をもって動けるということです。それが、その人自身が本当に生きているということの根拠なんです。私達が教育ということを考える時、最後には子どもが本当に生きる、自分の内面的な原理で、内面的な自然性で生きる、こういう姿を願いとしたいのです。

それに近づくために、どうやって授業を工夫しようか、あるいは登校から下校前までの学校生活のあり方をどう工夫しようか、ということをやるわけです。これをストレートに言うと、早分かりになって、矮小化されてしまいます。一人で自分勝手なことをしていれば、自己が育ったんだ、みたいなことになりかねません。今度の神戸の連続児童殺傷事件、どういう人がやったのか分かりませんが、あれも自分の世界を生きているんでしょうね。しかし、あれでいいとは言えないのです。だから、自分を確立して、自分の責任で自分なりに生きていればいいというだけではなくて、もう一度言いますが、常にそれと相矛盾するもう一つの原理を考えていかなくてはいけないのです。

今日の授業の中で子ども一人ひとりが自分の実感にもとづいて発言していたように思います。それは個を大事にした教育の成果です。そして、個が育つと同時に、クラス全体がボケーとしていたり、よそ見したりしないで、集中力があった。授業づくりの中で、全く相矛盾する二つの原理を常に考え合わせて、それをセットとして両方をともに生かしてこられたわけです。こうしたバランス感覚を持った授業づくりのあり方について、またみなさんといっしょに考えていけたらと思います。

＊一九九七年五月二九日、富山市立堀川小学校第六八回教育研究実践発表会での講演記録を整理した。

附章3　心の教育を推進したい――人間教育実践交流会での講演（一九九八年）

今、当面している教育課題を、大きく巨視的な目から考え、「心の教育」ということで、お話ししてみたいと思います。

1 「心」とは何か

「心の教育」といっても、「心」というのは見えないものですから、何か分かったような分からないような気がしますね。

「心」ということを、私達は内面性とか内面世界と言っています。一人ひとりの顔の後ろ側の世界です。たとえば、子どもが三〇人とか四〇人自分の前にいるとします。みんな先生に向かっていろんな表情を見せています。先生に向かっていろんな姿勢・態度をとっています。先生に向かっていろいろと発言します。しかし、これは全部先生向けなんですね。あるいは友達もいるとすれば友達向けなんですね。

そういうのを外面性、外面《そとづら》と言います。私達にとってたしかに外面は大事です。ＴＰＯに合った外面がちゃんとできていなければ世の中を生きていくことはできません。外面をきちっとしていくことはとても大事です。ここではこれを言っていい、これを言っては悪い。この人に対してはこれを言っていい、これを言っては悪い。この人の前ではこういう顔をしなくてはいけない。こういう人の前では別の顔をしなければならない。

外面が身についていくことを発達心理学ではソーシャライゼイション（socialization）と言います。社会の一員になっていくということです。学校はそういうソーシャライゼイション、社会の一員になっていく、世の中でちゃんとやっていく、という力を身につけさせる面があります。これはとても大切なことです（２３９頁参照）。

一人のよき市民、よき社会人として世の中に入っていかなければならない。したがって、ちゃんとＴＰＯに合わせて、人・相手とか場所とか場合に合ったことが言えたり、やれたりするためには、いろいろな知識を得なければいけないし、技能も得なければいけない。そういう学習を学校でやっているのです。これはとても大事なことです。そういう外面、それに関連した知識や技能、これはとっても大事なことで、学校の表芸と言ってもいいでしょう。

けれども、それだけではどうにもならないのですね。顔の後ろの世界ががらんどうでは困る。上手に人に合わせているけれども、「では、あなたの考えはどうか？」とか、「あなたは何にこだわってるの？」とか、あるいは「何を拠り所として生きてるの？」とか、「どういうことで喜びを感じるの？」とか、「何でわくわくするの？」とかがなければ、本当に自分が生きているとは言えないでしょう。上手に人とつき合って、みんなが笑顔で迎えてくれる、拍手で迎えてくれる、それだけでもその場はいいようなものです。その場はね。

だけど一人だけになった時それでいいかどうかです。たとえば、夜寝る時それで満足できるのか。あるいは、休日一人でいる時それで満足できるのか。まわりに人がいなくて、誰も拍手してくれない、誰も「それでいいよ」と言ってくれない、たった一人の時それでいいのか。さらに言えば、年をとって一人だけで過ごさなければいけない（たいていみなそうなるんですよ）、そういう時になっても、まだわくわくするものがあるのか、目がぎらぎらすることがあるのか。

私自身は「九〇歳になっても、目をぎらぎらさせていたい」というのが願いです。毎日毎日わくわくすることがあって、そういう積み重ねの中で九〇歳になって……。九〇歳になってなんて言ったけれども、「今日この会の帰りに（車に）はねられて死んだらしい」ということになるかもしれませんが。

いずれにせよ、それができるためには外面だけではだめなんですね。ソーシャライゼイションだけではだめ。顔の後ろ側にその人の何か、内実というかその人らしい何か、ができていかなければならない。顔の後ろ側が内容豊富になっていかなければならない。つまり、自分自身の、自前のものの感じ方があって、気持ちの動きがあって、喜びがあって、弾むものがあって、促すものがあって、それで満足感があって。実をいうと、内側から弾むものというのが、今、なかなか分からなくなっています。外側から何か言われると弾むということはあるのですけどね。誉められて弾む、拍手があって弾む、何かおいしいことを言われて弾む、良い話を聞いて弾む。しかしそうではなくて、自分で何かはっと思って弾む、何か思い出して弾む、何か思いついて弾む、あるいは、一本の花を見て弾む、クワガタムシを見て弾む。

これはなかなかですね。人に拍手されなければどうにもならない。人に誉められなければどうにもならない、そういう意味で内面がとっても弱くなっているのが現代人なんです。

T・S・エリオットという詩人は、現代人の多くはそういう意味で〝藁の人間〟ではないかと言います。藁、ストロー。外側から見るとストローもちゃんとしています。でも開いてみたら中身はがらんどう。現代人の多くは人とつき合って上手にものが言える、上手にいろいろなことがやれる、その時その場に合った姿勢・態度・行動をとることができる。外面はとてもいい。でもそれはあくまでも人とのからみの中でのことであって、たった一人になった時に、本当に内側に弾むもの、促すもの、充実した気持ち、わくわくした気持ち、とかがあるのだろうかということです。〝藁の人間〟〝ストローの人間〟。

「心の教育」を考える時に、まず、私達が考えなければいけないことはそのことなんです。内側を充実させていきたい。だからこそ内面性とか内面世界とかを私達は言ってきたのです。あるいは、「自己」を育てるという言い方をした時もあります。「自己」というものは、内面世界、顔の後ろ側の世界のことです。セルフとかエゴとかいう言葉はいろいろな意味で使われますが、私は「自己」を育てるという場合の「自己」を、まずそういう意味で使っています。何よりもまず顔の後ろ側の世界を育てたい、という意味なのです。

2　阪神・淡路大震災という経験

この問題をどう具体的に実践的に考えていくか？　今日、みなさんといっしょに考えていきたいのですが、その前にこの阪神間ではもう一つ別の要素があるのです。「心の教育」ということを考える時に。何か？　震災です。震災のような大きな事件が自分の身にふりかかると、やはりどこか内面の世界に傷ができてしまうのです。たとえば、その時、自分で気がつかなくてもなんだか元気が出てこなくなる、無気力になる。自分で気がつかないけれど、夜になったらいたたまれない気分になる。「心」というのは自分で気がついている部分はごくわずかでしかありません。内面の世界というのは自分でも気がついていない部分の方が多いのです。何かしらが変調をきたしているのです。トラウマと言いますが、どこかに心理的なけがをしてしまっているのです。

今まで何も考えないできた。ところが明け方、ああいう大変動があって、はっと気がついたら自分の家がもう潰れていた。自分の知っている人が亡くなった。これは大きな喪失感をもたらします。自分が今まで当たり前だと思ってきたこと、大事にしていた物がぽこっとなくなるのです。ぽこっとなくなるとそれが心理的な不安定さをもたらす。これを喪失感と言います。たとえば肉親が亡くなると大きな喪失感がある。誰も人間は死ぬということは分かっている。順番だということも分かっている。自分も逝くよということも分かっている。だけれども、ふっと寂しくてしょうがない気持ちになるのです。

私も三年ほど前に父親を亡くしまして、生きている時はなんとも思わなかったのですが、亡くなってみると、やはりいろいろなことを思い出しますね。喪失感です。そういうふうに今まで住んでいた家がなくなる。よくいっしょに遊んでいた友達が亡くなってしまう。毎日見慣れた近所の光景が一変してしまう。あるいは、自分の家族に亡くなった方が出る。みんな大きな喪失感です。見慣れたものがなくなるのも大きな喪失感ですよ。そういう喪失感、これは一つの傷です。自分も知らないうちにそれが疼くのです。

ですから、阪神間の場合、一般的な「心の教育」を考える以前の問題があります。それは癒しの問題です。心に受けた傷、トラウマ、基本的な喪失感からどう回復するかです。日常的な流れが断ち切られた、自分の見慣れた光景がなくなった、自分が慣れ親しんでいた人がいなくなった、この喪失感、この心の傷をどう癒していくかの問題です。

基本的に、これは「日にち薬」です。心の傷というのは日がたたなければ回復しません。時間が一番いい薬になります。でも、同時に温かく支えてあげるとか、いろいろな心のわだかまりを、何を話してもいいような関係をつくって、誰かに聞いてもらうとか。「日にち薬」なんだけれども、自分でも気づいていない自分のこだわりを言語化して、言葉に直して話を聞いてもらうだけでも、すーとするわけです。だから、そういう意味でもカウンセラーは大事です。しかし、一番のカウンセラーは時間だとよく言われます。

3　心の未熟さという問題

そういう問題もありますけれど、同時に、さきほど言いました現代人が持っている基本的な弱さとしての「心の未熟さ」「心が育っていない」ということを、大きな課題としてわれわれは考えてみなければならないと思います。

私は、よく氷山が海面に浮かんでいる図を書いてお話しすることがあります。これは何かと言いますと、人間の全体像です。あるいは教育ということを考えた時、子どもの育ちの全体像と言ってもいいでしょう。子どもの育ちの見える部分は氷山の海面から上に出た部分です。たしかに、体が大きくなります。去年使えなかった言葉を今年は上手に使いこなしてしゃべっているということもあります。できなかった逆上がりが今年はできるようになったということもあります。あるいは、コンピュータに凝って、今ではメールを送れるようになったなんていうことがあるかもしれません。そういうのはみんな見える育ちです。海面から上の話です。

指導要録の観点別評価で言いますと、ここに知識・理解と技能という観点を置いています。見える育ちというのは海面から上にあるから、親にも見えますし教師にも見えますし、本人にもよく分かる。「ああこういうことが育ってきたな。身についてきたな」と。繰り返しますが、学校の表芸はこれをつけることです。「心の教育」だからといって何も分かっていないのでは困ります。何もできないのでは困ります。「うちの学校は〈心の教育〉をとても充実させておりまして、みんなすばらしい心を持っています。だけど繰り上がり繰り下がりはできません」。これでは困るでしょう。「漢字かな交じり文は読めません」では困ります。学校というところは基本的には見える学力をつけるところです。これを忘れてはいけない。

この一〇年以上、とんでもない話が日本の教育界に横行しました。目がきらきらすればいい。みんな生き生きすればいい。そういう話が横行しましたけれど、生き生きとか目がきらきらだけでよければ、学校なんかいらないのです。子ども達が一番生き生きする時はどういう時かというと、たとえば、「今日は、六時間授業があるはずだったけれども、学校にもいろいろつごうがあるからね、三時間で帰っていいよ」と言ってごらんなさい。みんなの目がいっぺんに輝いて、みんな生き生きするわけですよ。それでよければ学校はいらないのです。

たとえば、ペルーなんかに行きますと、子ども達がみんな生き生きしています。目がきらきらしています。すばらしいです。ストリート・チルドレンと言われる親も家もない子ども達でもそうです。私はそういう子ども達に、ペルーやメキシコやコロンビアやパナマやいろいろなところで話を聞きました。といっても私のスペイン語は片言ですから、うちの奥さんのグループが話を聞いているのを横で見ているわけですけどね。みんなそれは元気がいいし、はきはきしているし、日本の子どもが失ってしまった、シャイな、すぐにはにかんでしまうような純なところを持っている。それはすばらしい心を持っていると言っていいでしょう。そういう子ども達に、「今、一番何をやりたい」と聞くと、「学校に行きたい」とみんな言うのです。そして、一番やりたいのは勉強。「どういう勉強を学校へ行ってやりたいの」と聞くと、みんな「読み書きができるようになりたい。計算ができるようになりたい」。

日本は恵まれすぎているから、目がきらきらしていたらいいとか、みんな生き生きしていたらいいみたいな、とんでもないきれい事がまかり通っていますが、地球上のほとんどのところでは、多分そういう論議は、冗談だとしても口にしたら笑われるでしょうね。学校とはまず見える学力をつけるところです。これを忘れてはいけない。大前提です。

知識や理解や技能はとても大事なんです。しかし、基本的にそれはその人にとっての道具でしかない、ということも忘れてはいけない。道具なんです。私達はいろいろなことを知っている。しかし、何かを知っているということ自体は私達を根本的なところで変えるわけではないのです。もの知りになればたくましく生きていけるか、というと、そういうわけにいかないでしょう。あるいは、いろいろなことができる人は、きちんとその人なりに自己実現しているか、満足しているか、充実した毎日を暮らせているか、というとそういうわけにはいかないでしょう。器用貧乏と言われるかもしれませんけれども。

つまりその人がはっと思った時に、この知識をどう使うかなんです。はっと思った時に、この技能をどう使うかなんです。問題はその人がその時その場で、どうはっと思うかでしょう。その時その場で、この知識や技能を使っていく、そういう主体と言いますか、人間そのもの、その人自身のあり方、これが見えないところの育ちとしてなくてはならないのです。

そうした主体そのものの育ち、見えにくい育ちにはいろいろ大事な点がありますが、ここでは後で六点だけお話ししたいと思います。たとえば、観点別では関心・意欲・態度とか、あるいは思考力・表現力・判断力とか、こんなものをあげていますね。これらはみんな見えにくい育ちです。しかしもちろん、これだけでいいというわけにはいきません。見えないところに、顔の後ろ側の世界に、何をどう感じるのか、気持ちがどう動くのか、何をやりたくなるのか、どういうことに満足できるのか、という、その人なりの気持ちの動き、ものの見え方、ものの感じ方、判断の仕方、行動の仕方が育っていかなくてはならない。そういう育ちを土台として、その人自身が、たとえば判断の材料として自分の知識を使っていく、行動の仕方として自分の身につけた技能を使っていくわけです。つまり、見える学力と見えにくい学力があるとすると、見える学力はとても大事だけれども、それはその人にとっての道具でしかない。問題は道具を使いこなすその人自身がどういうふうに育つかなのです。「心の教育」を言わなければいけないのは、結局そういう意味なんです。

4　「優等生」に見られる問題

オウムに入った優等生達、東大の医学部を出た、京大の医学部を出た、京大の法学部の在学中に司法試験に合格した。すばらしいでしょう。小学校からよくできていたに違いないのです。中学でも、高校でもよくできたに違いないのです。親は喜んでいたでしょうね。先生も誇りに思っていたでしょうね。どこであのように道を間違えたのでしょうか。やはり、判断力に育ちの不十分なところがあったのでしょうね。ものの感じ方、感性にも育ちが不十分な点があったのでしょうね。人の痛みが自分の痛みにならないような点があったわけですね。おじいちゃんやおばあちゃんを拉致してきて、自白強要剤を注射して、財産のありかを聞き出して、財産を教団に全部譲るという文書を書かせて、場合によっては殺してしまう。そして、赤外線を使った装置を作って遺体を分解させてしまう。合理的ですよ。合理的だが普通の人はそれをやりません。なぜか。

どこかで歯止めがかかるわけですよ。やってる中で「なんかやだな」という気持ちが起こってくるわけでしょう。感性の問題として、感覚として、あるいは、判断としてね。「こんなことやってて大丈夫だろうか」とか、「見つかるんじゃあないだろうか。どこかでばれてしまうんじゃないか」とか。もっと言うと、「今自分のやっていることは人として許されるのだろうか」「後々このことにこだわって、後悔することはないのだろうか」とか、いろいろなことが歯止めになるでしょう。合理的に頭の中だけで考えていたらやってしまいそうなことですよ。おじいちゃんやおばあちゃんにはどうせ先はない。私も年をとってきましたので分かりますけどね、先はない。それなら、その人達の財産は全部我が教団に寄付してもらって、活用して、すばらしい人類救済の教えを世界中に広げる一助にしてもらえばその方が良いにきまっている、と思いがちでしょうね。しかし、普通はしませんね。

基本的な感性とか、ものの考え方、判断の仕方、あるいは、人間としてこれは許されるだろうかどうかというこだわりだとか、いろんな歯止めが育ってきて、結局やりません。けれども彼らの場合、そういう土台となる面が十分に機能しないような育ち方をしてきたわけです。

今の優等生を見てごらんなさい。小学生でも中学生でも高校生でも大学生でも、勉強さえしてたら、勉強だけできれば、みんながパチパチパチパチという感じがあるでしょう。いやみを言うわけではありませんけれども……。いつも二月三月には、もう一〇年も二〇年もお会いしていない人から電話がかかってくるんです。でね、五分ぐらいよもやま話が続くわけです。そしてやっと、「やあ実はねえ、うちの息子が東大に入ってね」とか、「京大に入ってね」とか、そういう話が出てくるんですよ。それはそれでいいですよ、私も親として分かります。私の家も子ども二人を育て上げたわけですからね。だから、自分の子が東大に入ったとか京大に入ったとかいうことになれば、知り合いに電話をかけたくなる気持ちは分かります。けれども、親も先生もどこどこの難しい大学に入ったから万歳、という雰囲気がある中で、京大だったら京大に入って高度な勉強をするのはいいですが、本人の中に何かが育たないままになるということはないのか、ということなのです。その勉強した成果を使いこなすような感性とか判断力とかが育っているかどうかが問題なのです。

京都大学では、この場に卒業生がおられるかもしれませんが、いくつかの進学有名高校の卒業生を非常に嫌います。そういう進学有名高校から京都大学へたくさん入るんです。そういう学校では、たしかに受験勉強をよくしています。いちおうはいろいろなことをよく分かってきています。けれども自分の頭で考えられない。さらに言うと、人間として育っていない。だからいろいろな意味で問題を起こすし、大学に入ってから全然伸びない。就職してからも評判が悪い。

まあ京都大学は入試の方法を工夫しています。たとえば、理学部は、いまだにセンター試験（昔の共通一次ですが）の結果を合否判定に使っていませんからね。予備選抜には使いますけれども。そういうことをやっていますから、まだましでしょうけれども。

いろいろな流れに一番忠実な東京大学の場合ですと、今や合格者上位二〇校に公立は一校もありません。みんな六年制です。三校は国立、学芸大学附属高校、筑波大学附属高校、筑波大学附属駒場高校。しかしあとの一七校は私立です。別にそれはそれでいいようなものです。親も、そういう受験有名校に入れれば、それだけで万歳と言っているかもしれません。では、本当に万歳なのかどうかですよ。東大ではその上位二〇校中から、特に困った高校としていやな高校ワースト一〇というのをよく言います。どことは言いませんが……。それはね、東大にたくさん入るから悪いのではないのですよ。たくさん入っても評判がそう悪くない高校もあります。いくつもあります。けれども評判の悪い高校もある。

何か、やっぱり見える学力の面はきちんと公平にとっていますから、ある水準以上までみんな到達しているわけです。すごいわけです。しかし、だけども、というところがあるんですね。オウムに入った優等生と同じで、何か根本的なところで育ちそこねている。あるいは、育ちが十分ではないところがある。まあ、同じことは大蔵省のたくさんのキャリア組の人達が問題を起こしたことからもうかがえますね。あれだってそうですよ。

日本の官僚は明治、大正、昭和前期とずっと、世界に冠たるものだと言われてきました。能力もさることながら、賄賂を取らない。えこひいきしない。これは日本のエリートの非常にすぐれたところと言われていたんです。賄賂を取る、縁故主義の人事。この二つが、アジアの国々の中で日本だけにはない、と言われてきました。今、共産主義を唱えている中国でさえ、この二つは大問題なんですね。この前、インドネシアもこの話題になりましたけれども、当たり前になっているのでしょうね。もちろん、そういう国々での賄賂にくらべれば、大蔵省の役人の悪なんて桁違いに小さいですけれどね。

日本が近代の一三〇年で急速に国が発展した背景には、賄賂を取らないことと、縁故主義でやらないことがありましたが、これが確実に崩れました。縁故主義もひどいものです。今の内閣でも前の内閣でも見てごらんなさい。主要な閣僚、首相からはじめみんな二世三世ですよ。若い女性閣僚が生まれた、すばらしいと言うけれども、おじいちゃんが偉かっただけですよね。これ縁故主義の最たるものですよ。今の首相だって前の首相だって、結局はただ単に「お父ちゃんが偉かったからひょっとして」というので、みんなにかつがれているだけの話ですよね。

だから日本はとんでもない袋小路に入ってきています。アジア的な泥沼に入ったという見方をアメリカやヨーロッパの知識人達はしていますね。このアジア的な泥沼というのは基本的には賄賂と縁故主義です。そんなことをやっていたらうまくいかないというのは、誰だって分かるわけです。近代日本はそれに気づいてやってきたはずですよね。明治とか大正とか昭和前期の勉強ができる人は、それは当たり前のこととして、ものの感じ方の中に組み込まれていたわけでしょう。そういうクリーンな形でセットされていたわけでしょう。賄賂を取って何か判断を歪めたら気持ちが悪いみたいなことがあったわけでしょう。

しかし、今は、バレさえしなければ高級官僚でもとんでもない恥ずかしいことをする時代です。どうにもなりませんよ。

いろいろな意味で困ったことになりました。勉強はできるけれども、ものの感じ方、ものの考え方、見通しの立て方、判断の仕方、もっと言うと、善悪とか真実とか、そういうものについて、どこか未熟なところが残ったまま、三〇歳、四〇歳、五〇歳になってしまっている。しかし、知識と技能はいっぱいありますから、それなりにやっていけます。場合によっては問題が起こった時に、その高度な知識でごまかしもできます。上手にですよ。

私は何がなんでも清潔であればいい、とは思っていません。クリーンでさえあればいいとは思っていません。ただ問題は、ここで本当に自分が何にこだわって、何を大事にして、ということがないと、結局上手にはぐらかして、その場をしのげば万歳になってしまうことです。上手にこの場を収めさえすれば万歳となってしまう。そういうその日暮らしで当面のことをごまかしてやっていけば、日本の社会はメチャメチャになるでしょうね。今もかなりメチャメチャになっていますが……。これから五年一〇年、このままいったら本当にメチャメチャになってしまいますよ。

私は、もし教育というものが国家社会一〇〇年の計と言うならば、やはり、〝藁の人間〟という指摘を今こそ考えなければいけないと思うのです。つまり、知識・理解・技能を賢明に、あるいは人間らしく使いこなせる人が育たなければいけないのです。知識・理解・技能はとても大事だけれども、道具でしかないわけだから、本当にこだわらなければならないのは、主体づくりだということを本気で考えなければいけないと思うのです。お互いそのことを、いつも肝に銘じ合ってやっていかなければいけないと思います。

では、そういう主体づくりとしての育ちとは具体的に何なのかです。知識・理解や技能を賢く使いこなす、人間的に使いこなすために、一人ひとりの見えないところに何が育たなければいけないのかということです。いっぱいあると思いますが、今日は六点だけ申し上げます。

5　情緒的な安定性

まず第一は、情緒的な安定性です。

現代では情緒的安定性に若干欠ける子どもが増えてきました。中教審の「心の教育」の答申が出ましたけれど、家庭に対しお説教をして済むような話ではないのですが、項目を見れば、お互いに考えてみたいという点はいくつかあります。

たとえば家庭での食事。できるだけ家族そろってしたいですよね。といって「家族そろって食事すべきだ」とか「お父さんは家庭に帰りましょう」などといくら言っても仕方ありません。今、お父さんが毎日食事までに帰っていたらクビになりますからね。休日がきちんとあって、勤務時間をきちんと守れて、クビにならないというのは公務員だけですよ。今、どこの民間企業でも人が残業しているのに自分だけ先に「お疲れさん」と帰ってごらんなさい。それを一か月続けてごらんなさい。にこにこと誰かが肩をたたいてくれますよ。「うちに合わないみたいね」「もっといいところ探したらどう?」とかね。特にこれほどの不景気な時に、毎日家族みんなでいっしょに食事しましょう、なんて御託を並べてもしょうがない、という面はあります。しかし、たいへんな状況にあるにせよ、なんとか時間を見つけて団欒《だんらん》をする、ということは非常に大事なことです。

情緒的安定というものは、子どもが小さい時に団欒の雰囲気の中に浸ることで育ちます。逆に言うと、情緒的不安定になるということは、自分が見捨てられているという感じを持つ、独りぼっちだという感じを持つことによって育つのです。これは、子どものうちだけではないですよ。職場もそうです。和顔愛語といいますね。なごやかな顔をして、お互い優しい言葉をかけ合う。これは職場でも大事です。「あなたはこの職場で大事にされているんだよ」という感じがなければいけないんですよね。

「あなたどこから紛れ込んできたの」「あなたさえいなかったら、いい学校なんだけど」というような感じになったら困るわけです。同じことは子ども達が過ごすクラスでも言えますね。お互いが和顔愛語。シカトするというのは、そういう意味では一番まずいことですね。誰かを仲間外れにして、無視して、というのはね。そうならないような学級経営をする。

いろんな個性の子がおります。場合によってはつき合いにくい子がクラスに一人二人いたりするかもしれません。しかし、情緒的安定というのはやはり和顔愛語です。ただし怒ってはいけないということではないですよ。原理原則に反した時には怒らなければいけません。いつもは温かく見守っていていいけれども、二つの場合だけは、先生は大きな声で叱らなければいけない。危険なことをしている時と、いじめをした時。けがをしそうな時と人権にかかわる時。そういう時は大きな声で叱らなきゃいけない。

小学校でも中学校でも高校でも大学でも職場でも。原理原則にかかわる時、声を荒らげて言わなければならない時があります。けども、それはそうたくさんあるわけないですから、ふだんは、これでいかなければいけないでしょう。ただしそれも形だけになったらいけないですよ。

学級崩壊というのをNHKテレビでやっていましたね。五年生の先生ですかね、担任の男の先生ね。「先生は怒らない」というのを書いてやっていましたね。私達の勉強会で、誰かがあの話を出して、あの先生は「先生は怒らない」と言ってたけれど、目が怒ってたね、と言っていました。口で怒らなければいいというものでもないですよ。和顔愛語というのは目も怒らない。やさしくなければいけない。もっと言うと、全体の雰囲気を包むような関係でなければいけないですね。私は人間関係というのは基本的にそうでなければいけないと思っています。意地悪を言い合う。ぴりっとなんかいやみを言い合う。これはやめた方がいいと思います。

もう一度言いますが、接触の時間とか機会は場合によっては限られるかもしれません。しかし、大事なのは時間の長さではないと思います。たとえば、親子であっても短い時間であればあるほどお互いが和気あいあいで、お互いがお互いを大事にしてるということが実感できるような、そういう時間をつくらなければいけないと思っております。

外国ではそれをスキンシップで表すでしょうが、日本はスキンシップは一般的ではないので、それほどこだわらなくてもいいかもしれません。日本はたしかにスキンシップの少ないところですけれど、子どもの小さい時にはよくやります。大きくなるとだめですけどね。うちの娘が幼稚園の先生を四〜五年やっていましたが、自分のクラスの子どもが帰る時はみんなを抱きしめてから帰すと言っていました。

ただし、抱きしめると噛むという子もおりましてね。よく「今日も噛まれた」と言ってました。

やり方はいろいろあると思いますが、言わんとするところはお分かりいただけると思います。一番の基本は、大人でも子どもでもお互いがお互いに、「あなたがいてうれしいよ」ということを感じさせ合うということです。親子でもそうです。家族もそうです。友達もそうです。同僚もそうです。で基本的には和顔愛語です。これが第一。

6　意欲・好奇心

二番目は、意欲とか好奇心とかを育てたい。

私が学生の頃に習った歌で「なんでもええ、やった方がええ」というのがありました。そういう歌を歌いながらコンパして、何百回もみんなでがなったりしていましたけどね。基本的にはこれだと思うのです。なんでもやった方がいいんです。

ウーとサイレン鳴らして自動車が行く。そういう時に自然に腰が浮くのが人間として当然の姿だと思います。そうではなくて、冷やかに「そりゃ西宮は大都市です。事故の一つや二ついつでもあるでしょう」。これでは困ると思うのですよ。ウーといったら、「何だろう?」ですね。特に年をとったら気をつけてください。どかっと座り込んでね、自分が動かなくていいようにするための小理屈を自分の頭でつくってしまう。そうではなくて、やった方がいいのか、やらない方がいいのか分からない時は、とりあえずやってみればいいのです。そういう気持ちにならないと意欲とか動きがどんどん鈍くなるのではないかと思います。そういうふうにいつでも自分を活性化しておく、何か自分に動きを与えるよう持っていく。

同時に、家庭とか学校とか幼稚園もそうですが、会話とか、手がかりになる資料とかがたくさんあるといいと思います。家庭にも図鑑だけはたくさん置いておく。幼稚園でも図鑑を置いておいてください。小学校や中学校は当然です。多種多様な図鑑を置きましょう。図鑑を置いておくと、いろんなことを調べてみたくなるでしょ。

「学校に来る時ね、こんなかわいい花があったんでね、摘んできたの」と子どもがそう言ったりします。先生が「どれどれかわいいね」「先生この花なんっていうの」「うん、これ雑草」これでは困ります。「では、みんなで調べてみようね」って、図鑑で調べてみないといけないでしょう。間違えて「名もない花」と言ったら、理科の先生に叱られてしまいますからね。「名もない花なんてありません」と言ってね。

「応答する環境（responsive environment）」という言葉がはやった時期があります。どういうことかと言いますと、はっと疑問が生まれた時に、それに応えられる情報が返ってくると、その人がいろいろなことを、どんどん問題にしやすくなる、というのです。たとえば、「これ何だろう?」と子どもがつぶやいたら、それへの回答が返ってくるような状況をつくらなければならない。二、三歳の子どもが「これなあーに?」「あれなあーに?」と言うことがあるでしょう。その時に親が「あー、そんなことは後で」とか「うるさく言わないの」とやったら、結局は「これなあーに?」という気持ちがなくなっていくのです。「あっ、これはなんとかだよ」と説明してやるとか、「そうだね、面白いね、いっしょに調べてみようか」とか、「お母さんがこれ調べてあげるからね、ちょっと待ってね」といった対応をしたいものです。

はっと思った時、はっと答えがくる。はっと思ったら、それを基に探究していく。学校でも職場でもそうです。教科のリーダーとか学年のまとめ役、教務をまとめている人だとか、研究や研修をまとめている人だとか、もちろん、校長先生、教頭先生は当然ですけれども、いろいろな先生が何か問題意識を持った時に、それを押さえ込まないでいっしょに考えていく。あるいは自分なりの回答をその場で言ってあげる。これが大事です。はっと思ったら応答する環境でなくてはならないのです。

小さな子どもの場合、大人の場合、結局は応答する環境づくりに力を入れないといけない。でないと、はっと何か思ったとしても、「待て待て、こんなことここで言ったって誰も関心を持ってくれないし、白い目で見られるのが関の山」ということになってしまい、好奇心も起こらなくなるわけです。問題意識も起こらなくなります。場違いかもしれない、つまらない問いかもしれない、その場にちょっと外れた問いかもしれない。けれど、「みなさんから見ればつまらないかもしれませんが、これはどういうことなんですか」と問えるような雰囲気がほしいですね。学級経営の中でも、子ども達のために、ぜひそういう場をつくるよう努力してください。

時々、クラスの中に小賢しい子どもが育ってね、「そんなことを問題にしてもしょうがないだろう」とか友達に言ったりします。「そんなこと誰だって分かってること」とかね。そういう小賢しい子は押さえなければいけないです。「これこれ、そんなこと言わないで、あんたはどう思うの?」と、やっていかないといけないでしょうね。

これも非常に印象に残った授業の風景ですが、中学校の社会科で、明治維新からの日本の国づくりの話を先生がしておられた。「片方で富国強兵路線があった。そしてもう一方に、中江兆民なんかに代表される、これは生きられなかった歴史だけれども、富国であるけれども強兵でないという路線があった。そういうことで当時、政府側と自由民権側のせめぎ合いがあった」という話をしておられたわけです。一人の生徒が手をあげて、「どうも先生は中江兆民の肩を持っているみたいだけれども、そんな富国だけで強兵でないなんて路線で、あの時代に生き残れたんですか。すでに中国は植民地になっているし、インドはずっと前に植民地になっているし、黒船だって商売に来たわけではなくて、あわよくば植民地化しようとしてやって来たに違いないので、そういう時にそんな中江兆民みたいな路線が現実的に意味があるんですか」。こう言ったわけですよね。そうしたら、先生が何か言う前に二人の生徒が、「おまえそんなこと言うなよ」と言うんですよ。一人は「先生があぁいうふうに言ってるんだからそれでいいだろう」と言うわけです。世の中というのが分かりすぎているのですね。もう一人は、「教科書にもそう書いてあるだろ。それでいいじゃないか」。これは、学校でやることはせいぜいそれくらいのことだと見切りをつけているんでしょうね。そういう発言があって、問いを出した子、黙っちゃって、後はスムーズに授業は進みました。でも、これは意欲を出させる、自分の問いを持たせる、好奇心を持たせる、ということからいうと正反対なわけでしょう。そういう雰囲気の中で大きくなっていけば、それは扱いやすい、小賢しい子になるでしょうね。そして、イカガワシイ店であっても「面白いですよ!」と誘われたら喜んでついていって、その見返りにいろんな便宜をはかってあげる、という優等生になるかもしれませんね。よくできたとしても、ですがね。できなければどうにもなりませんけどね。

意欲とか好奇心、これは非常に拡散的ですから、先生にとっては扱いにくいことが多いのです。とんでもないことを言い出すかもしれません。それをとりあえず受けとめて、場合によっては、流さなければならない。でないと話がごちゃごちゃになってしまいます。しかし、とりあえずは受けとめていかなければいけない。受けとめ方というのはあるはずなのです。「おまえ何を言ってるんだ。くだらんことを」。これが一番いけないでしょうね。親が家庭で子どもを相手する時もそうです。先生がクラスで相手する時もそうです。あるいは、友達同士でもそうです。小賢しい優等生が友達をそういうふうにやらないように、学級経営をしていかないといけないですね。

7 感 性

三番目。感性。感性を耕したい。

私達は、誰でも同じことを同じように感じると思っていますが、そんなことはありません。一つの壷があったとして、その壷を本当にすばらしいと思う人もいれば、「これを売れば高いのかな……?」しかない人だっているかもしれない。すばらしいと思えば一時間でも二時間でも眺めているだろうし、そうでなければすぐに大事にしまい込んで、「なんでも鑑定団」にでも出しましょう。ということになりますね。

一つのものを見てもみんな感じ方が違います。これもよく覚えていますが、生活科が始まった頃に西の方のある学校に行きました。そこで、こんな生活科の授業がありました。若い女の先生が子ども達を体育館の裏のじめじめしたところに、ふだんはあまり日が差さないところに連れて行ったのです。そこに、古畳が一枚置いてありまして、もうじゅくじゅくになっている。「今日はここで虫探しをします。さあ、どんな虫がいるかな。じゃあ開けてみよう」と言って古畳を持ち上げたのです。そうすると、古畳の下からいっぱい変な虫が出てくるわけですね。ほとんどの子どもは一歩下がるわけです。「うっ」と、いうことになりますよね。しかし、先生だけは、「みんな来てごらん。ほらいっぱいいるねぇ。ほらほら。虫がいるよ。虫がいるよ」って、先生だけが、本当、はしゃいでいるんですよ。「虫めづる姫君」ということでしょうかね。昔からそういう人がおられたわけですけど。これね、いい悪いの問題ではないのです。感性がどれだけ違うかという話です。私達は一人ひとり、ものを感じる感じ方がとっても違うということを前提にしながら、同時に、いい感覚だけはどの子にも持たせたいなと思うのです。

たとえば、真善美と言われるようなもの、特に美しいものへの感性というのは、日本文化では美を中心として回っていますから、育てていきたいなと思います。ではどうやって育てるんだというと、基本的には美しいものをたくさん見せることです。美しいものをたくさん聞かせることです。美しいものにふれさせることです。多分それ以外にないでしょうね。美についていくら講釈してもだめです。

たとえば、私のこだわっている本に『茶の本』というのがあります。明治期に、岡倉天心がボストン美術館にいた時に英語で書いた本ですね。これは日本語に翻訳されて文庫本にもなっていますからお読みになるといいですけれど、その中で、ヨーロッパ的な庭園と日本の庭園と美のあり方が全然違うということを縷々《るる》書いています。ヨーロッパ的な庭園というのはシンメトリーなんですね。これにはやっぱり一神教絶対神という感覚が土台にある。庭園をつくらせた王様というのは、王権神授説ではないけれども、一神教的な絶対者になぞらえられたところがありますから、そういう存在から見て、きれいに左右対称になっている。所々に丸いところがあったり、四角いところがあったりしてね、丸くバラの花が植えてあったりする。きれいに芝生が刈り込んであって、向こうの方に対称的に糸スギが何本か植えてある。そういうのがヨーロッパ的庭園の美しさなんですね。

日本ではどうか。たとえば、金閣寺と銀閣寺に行けばすぐ分かるというのですね。龍安寺まで行かなくていいですからね。金閣寺か銀閣寺。そこの庭園には対称的なシンメトリーからのものはいっさいない。たとえば金閣寺に行って池を回って歩く。一〇メートル行けば立ち止まるところができているわけです。そこで立ち止まると、たとえば金色に光った金閣寺の姿とそれが池のおもてに映った姿と、こちらの方にこういう植え込みがあって、あちらにはああいう植え込みがあって、こちらにはこういう前景があって、ということで一つ調和した姿になっている。どこにもシンメトリーはない。でも、調和している。全体として、構図として、きれいに調和している。さらに一〇メートル先に行ってみると、その構図が違っている。池に映る金閣寺の映像の位置も違う、あるいは植え込みも違う。そこでまた、新しい形で調和した一つの構図ができている。これは日本的な庭園のあり方、楽しみ方ですね。シンメトリーじゃない。たとえばこういうことを勉強することも大事でしょう。だけれどもね、まず基本は金閣寺だったら金閣寺へ行って、その美しい姿を見ないといけないですよ。理屈で聞いても本当には分からないのです。庭園の美しさというのは、実際にそこへはまり込んでみなければ分からないのです。

私は銀閣寺が好きで、あの近くに学生の頃に住んでいましてね、銀閣寺の裏山に一か所破れがありまして、夜中に学生仲間何人かで入り込んで、銀閣寺の庭をよく楽しみました。時には一升瓶を持ってね。

その頃は今みたいに管理が厳しくありませんでしたから。やはり銀閣寺はすばらしい庭園だと思います。砂を積んだ月見台というのがありますが、月の光に照らされた月見台の横あたりで、みんなで一升瓶を傾けながら「ああ、美しいな」とやる。やっぱり、それはいいですよ。今でもそういう情景が、夜の銀閣寺の庭園の様子が、墨絵みたいに頭に浮かびます。雪が降った時には、京都の人はワーと金閣寺とか銀閣寺とか平安神宮の庭とかを見に行きます。まだ人が足を踏み入れていない、雪が積もった銀閣寺とか金閣寺とか平安神宮の裏庭とか、それはすばらしいです。

でも、こういうことを口で言ってもしょうがないですね。見てはじめて美しさを感じ取れるようになる。初めは何の気なしに、ああそんなものかと思っていたのが、何度も見るうちに、あるいは類似したものを見ると美しさを見て取れるようになりますね。同じことは美術作品でもそうです。いい絵を見なければいけない。いい絵を見なければ、美術作品についての鑑賞眼はどうにも育ちようがない。あるいは、焼物もそうですね。いい焼物をたくさん見なければいけないのです。場数を踏まなければいけないのです。書でもそうです。ああこれはこういうものかと初めはそう思っていますが、だんだん、これは勢いがないとか深みがないとか、書一つ見ても見方が変わってくるでしょう。

そういうことで、やはりまず美しいものにふれさせる。たとえば学校の中にいい音楽を流しておく。たとえば、月曜日はバロックとか、火曜日は室内楽とか、何でもいいのです。あるいは、学校の要所要所に絵がかかっている。複製でもいいと思うのです。今はいい複製画がありますから。あるいは、コーナーごとに焼物が置いてあるとか。こんなことがあるといいなと思いますね。ある看護学校に行った時、その校舎の中が美術館みたいになっていてね、要所要所にきれいな絵がかかってたり、焼物が置いてあったり、これはすばらしいなと思いました。情操教育とよく言いますが、雰囲気がいいというだけでなく、いいものにふれる機会がいろいろ準備されるといいなと思います。そういう意味では、学校から美術館に連れて行ったり、博物館に連れて行くのも大事でしょう。くどいようですが、感性というのは理屈だけではなかなかだめなんです。理屈が必要な場合もあります、しかし、それはある程度いろんなものと接触してからですよ。

真善美と言いましたが、実物にふれさせるというのが一番ですが、そうでない方法もあります。善を教えるのに感動的な本を読ませるとか、映画やテレビもいいことがあります。たとえば、マザー・テレサなんかについていろんな本が出ています。大阪では、こんなこと言う人がよくいますね。「人間しょせんちょぼちょぼや」。小賢しさの権化みたいなものですね。「ちょぼちょぼや」なんて本当に思っていたら、教育なんてできっこないのです。人間というのは見かけはみんなちょぼちょぼですけどね、あるいは、どんな極悪人であろうと人権はありますけどね、しかし、実際のありようからいったら天使から豚ぐらいの違いがあるのですよ。天使から豚ぐらいというような話を、私、大阪大学にいる時に学生によくしました。京都大学へ行ってからは大学院生しか持っていませんので、今は、残念ながらこういう話をする場がなくて困っているのですけど。私は、必ず講義の後にコメントを書いてもらい、それを全部ワープロで打って、次の講義の時に返すということをやってきたのですが、この話を出すとね、何人かが「豚として言わしてもらえば、……」。まあいいんですよ。しかし、「豚として言わしてもらえば」というのは、今の日本の文化的状況を表しているのかなとも思います。つまり低いところに居直ることによって安心するという。昔は教師の世界にもよく見られました。一番低いところに居直って、それで居丈高になるという人達がいました。本当は恥ずかしいことなんですね、人間として。といって、われわれがすぐに天使に近づくわけにはいきません。ただ大事なのは、一つの願いとして、こんなあり方があるんだな、ということを子どものうちから持つということ、中年でも持つということ、老年でも持つということです。そういう意味でいろんなすばらしい人、すぐれた人がいるということを認めなくてはいけない。

教師をやっていると、結局自分だけがすばらしい人、すぐれた人みたいに思い込む癖がついています。これは職業病でしょうね。子ども相手にしゃべっていると自分だけがすごいと思うようになります。しかし、そういう職業病的な落とし穴があるだけに、お互いに幼稚園から大学まで教師をやっている者は気をつけなければいけないですね。人間として本当にすばらしい人、すぐれた人のいろんな事跡、言葉とかやったこととかにふれるというチャンスを持ちたいですね。

私は年齢を重ねるにつれ、やはりすごい人がこの世界にいっぱいおられるんだな、と思うようになりました。マザー・テレサなんかは知れば知るほどすごいですよ。よくあの年齢まで生き残ったなと思います。遠藤周作の『深い河』をお読みになればその一端が見えてくると思いますけど。本当にインドの街には行き倒れの人がたくさんおられて、しかもそれが何の病気か分からないのです。多分、まだ西洋医学では解明されていない病気もあるでしょうね。つまり下手に世話をしたら逆に自分が死にます。私もインドで病院をいくつか訪ねたことがあります。ハンセン病などもずいぶんありまして、日本からも援助して病院を建てたりしています。ハンセン病の人達が治療を受けられずに道端で行き倒れというか、そういう人もいっぱいおられるわけです。そういう人をも含めて、何か分からない風土病の人なんかも含めて、マザー・テレサは若い時からずっと世話してこられたでしょう。そういう人達を自分達のところへ連れて行って、きれいに洗ってあげて、清潔なものを着せてあげて、何か食べさせてあげて、それでずっと面倒を見ていくという。それでも病気はほとんどよくならないわけです。時間的余裕がない人はその場で亡くなっていかれるまでずっと手を握っていてあげる、ということをやってこられた。マザー・テレサに憧れてたくさんの若い女性がグループに入られましたが、多分、たくさん死んでいると思います。感染してね。病気って恐いですよ。

人権教育の一環だとかいってエイズは恐くないという教育をしている人がいますが、唾でもバケツで飲むくらいでなければ大丈夫だといいますが、専門家はそうしませんね。たとえば、大阪にはエイズをはじめ、そういう難病を専門に扱っている国立病院があります。私のところに泊まっていったラテンアメリカの学生、学生といっても三〇歳を越えている人達ですが、二人もエイズで亡くなりました。これは病名を言ってはいけないことになっていますから、本人には医者は何も言わない。実は一番長く世話をした人は、某国の教師として留学して大阪教育大学に来ておられたのですが、ある晩、苦しくてしょうがない、と電話がかかってきた。そこで、家から車で奥さんが迎えに行き、連れて帰り、寝かせて、次の日の朝、近くの病院で精密検査をしてもらったら、「うちではどうにもならないので〇〇病院に」と言われたので、連れて行きました。結局、ベッドが空いていなかったので、入院まで何日間か、家で寝ていたわけですが、ベッドが空いて精密検査の後、医者はすぐに「もう一週間以内に帰国しろ。国費留学だからいろいろあるだろうが、こちらからも連絡をするから帰国しろ」と言うのです。夜、病院食が食べられないと言うので、うちの奥さんがずっと夕食を作って持って行き、話し相手をしていたのですが、数日したら「どうもおかしい」とその子が言うのです。「今日からぱたっと、医者も看護婦も寄りつかなくなった」。そして、二〜三日して行ったら泣いているんです。なぜかというと、「帰国してすぐに大きな病院へこの診断書を持っていけ」と渡された。厳重に封がされていたけれども、自分は心配でしょうがないから、破って、全部見た。エイズ検査の結果が書いてあった。私も見せてもらいました。私も時々見舞いに行っていたものですから。全部プラス、プラス、プラス、プラスとなっているのですね。

結局ですね、専門の医者でも看護婦でも、エイズと分かった途端に接触をいっさいしません。そんなものなのです。伝染病というのはそんなものです。人権の問題じゃないんです。それが分からないから、きれい事をいろいろと言ってね、子ども達の作文なんかを見ると、差別しないようにということだけ。差別することと病気になった人を区別して取り扱うということとは違うのです。このところが分からないままだと、とんでもない教育実践がいろんなところで出てくることになります。いずれにせよ、その留学生もすぐ帰国しまして、一か月やっぱりもちませんでしたね。もうすでに、家に連れてきた時にはカリニ肺炎がかなりひどくなっていたんです。

そんなのを見ていると、本当に私はマザー・テレサという人はよく生き残ったものだと思います。あの歳まで。普通はなかなかです。そういうのを見ると私は偉いなと思いますよ。あそこまでは私には真似できませんね。いくら気持ちを高尚にしようと思っても私にはできませんね。あそこまでは。でも、私にはできないけれど、こういうすばらしい人がいるということは認めたいと思うし、あるいはできたら片鱗だけでも真似したいと思います。片鱗だけでもね。

戦後、伝記物とかいうものを学校であまりやらなくなりました。偉人伝なんかやらなくなった。残念だと思いますね。偉人といわれるような人を扱うとしても、たいてい、悪い方の話ばかりするんです。たとえば、シュバイツァー。昔はすばらしい人と言われていたんだけど、実はこういう問題を抱えていてねといったぐあいです。抱えていたっていいんです。偉い人は偉いんです。すばらしいことをやったんです。しかし、それを、認めるのがいやなんです。みんなちょぼちょぼ、自分と同じくらい、と思いたいわけです。すると、針小棒大でね、一部分の人間的な問題を言い立てる。これがあるからあの人はどれだけすばらしいことをやっても帳消しだみたいなことになる。人間には光と影があります。まずい点、弱い点があります。しかし、あったっていいと思います。ただ、すばらしいことをやった、それが他の人々のためになっている、ということがあれば、認めなければいけないと思います。

私は、真善美と言いました。善と美については今言いました。真はなかなか難しい。ただ、自分でこれを本当に大事なものと思えるのか、本当だと思えるのか、つまり、自分自身に対してどこまでも誠実であるかということ、このことは教えていきたいと思います。教科書に対して誠実とか、先生が言うことに対して誠実とか、あるいは、テストで点数になるかどうかが基準になるのではなくて、自分がこれを本当だと思えるかどうかです。そういうことは教えていきたいと思います。

日本では真善美ともに外側に基準があって、自分がたとえば美しいものに打ち震えるということ抜きで、これは美しいとされてるという話になります。この曲は美しい、ベートーベンだから、みたいな話です。あるいは善でもそうです。これは良いことです、なぜか、みんながそう言うから、という感じでしょう。真実もそうです。自分の中に感性としての真善美を育てたいと思います。

8　共感性

もう一つ、共感性。これは他の人の気持ちに対する感性ですね。

あの人はどう感じているのだろうか、この人だったらどう思うだろうか。これも非常に今弱くなっております。子どもだけではありません。大人にも共感性がありません。上手に人のために動くということはあります。一見すると人のために動いているようでも実は単なる自己満足だったりします。震災の後のボランティアがみんなそうだったと言うつもりは全くありませんが、その中にずいぶん自己満足的なボランティアもあったのではないかと思います。うちの息子も、ボランティアの組織へ行き、ボランティアの世話をするボランティアをやっていました。秋が深まるまでやっていましたが食えなくなってまた就職しましたが、「本当に、とんでもないボランティアをたくさん世話させてもらった。いい経験になった」と言っていました。特にだめだったのがボランティアをやると単位になるという大学生だったそうです。好きなこと、面白いこと、みんなに拍手されること、相手からありがとうと言われること、そればかりを求めていくものだから、なかなか仕事が進まない。震災の時のいろんな話を集めた本が出ていますね。その中にも同じようなことが出ています。ボランティアは「ありがとう」「ありがとう」と言ってもらいたいものなのだというので、仮設住宅の人は、ボランティアの人が来たら、とりあえず「ありがとう、ご苦労様。あなた方のおかげです」。そういう言葉をだいたいどういう順序で言うか覚えたという話が書いてあります。

悪いとは思いませんが、偽善も善ですから。偽善だろうと何だろうと効果があればそれはそれでいいという点があるから。だけど、共感性という意味でいうと、まだまだ難しい点があります。本当の意味で人のために涙が流せるか、人のために汗を流せるか。これは言うのは簡単ですが難しいことです。おまえにできるかと言われたら、なかなか難しいなと、私も今の段階では言わざるをえないでしょう。

では、どうすればこれは育つのか。一番典型的なのは交流活動でしょう。いっしょに活動すること、その中で相手と同じ体験をすること、こういう活動や経験を通じないと相手の身になってなかなか考えられないだろうなと思います。たとえば、性教育で、子ども達みんなに、お母さんのお腹にいる時の赤ちゃんと同じ重さの重りを巻きつけさせ、一日生活させる。簡単ですが大事な実践です。男の子達がこれで変わるわけです。「へー、こんな苦労してお母さん、私を産んでくれたのか」。夏なんか暑いですもんね。女の子でもそうです。子どもを産むということはこういうことなのか。お母さんの苦労話を聞くだけでなく、重りを巻きつけて一日生活するだけで変わりますね。

あるいは、これもよくありますけれども、交流活動として、身体に障害のある子ども達の学園など、いろいろと身動きが不自由な子ども達のいるところに行って、そこで一日車椅子でいっしょに生活をしてみる。そういうふうに、外側からでなくて同じような生活パターンを経験してみることで相手のことが分かることがあります。もちろん、見るだけでも結構です。話をするだけでも結構です。老人ホームなんかに行って、おじいちゃんやおばあちゃんにいろいろな話を聞くだけで、年をとっていくということについて気持ちが変わったということもあります。

外側から見ている私達は外面でしか見ません。だから、外側から見ているだけで話をしない時には、相手の人の顔の後ろにどういう気持ちが起こっているかという本当のところがもうひとつ分からないのです。相手の人の顔の後ろ側の世界に対して本当に共感するというのは、相手の人の顔の後ろ側に起こっている気持ちが自分にも感じられるということでしょう。そのためには、接触して交流してという機会をたくさん持たなければいけないと思います。小学校では今でも生活科でやっていますが、三年生以上でもいろいろな交流活動を総合的な学習の枠の中でやろうということになっています。中学や高校でもやろうということになっています。ぜひ、いろいろな交流活動をして、本当に人の気持ちが分かる、人の心の動きが分かる子どもを育てていただきたい。これはお説教ではだめです。

9　自己統制力

五番目。これは何かと言いますと自己統制。自分で自分をコントロールする力をつけたい。これはけじめの感覚にもつながっています。

好きなことを好きな時に好きなようにやるのが一番いい、という話がありますが、獣みたいな話です。というと逆に獣が怒るかもしれません。獣だって自己統制していると怒るかもしれません。とすれば獣以下になりますね、好きなことを好きな時に好きなようにやるというのは。人間が人間らしくなるというのは、ここでこれをやっていいことかどうかを自分で考えて、抑えるべきことは抑える、変形する時は変形する、小出しにする時は小出しにする。これができるから人間なんです。理性があると言われるのがこれです。けじめをつける、自分をコントロールできる、これが今非常に弱くなっています。だから、この前の学級崩壊のテレビでも、小学校の五年生になっても机の上を歩いていた。こういうことは実は小学生だけではありません。大阪なんかには中学校でも授業中に立ってウロウロするような生徒がいます。しかも、そういう学校では、「東京からなんとかいう偉い先生を呼んで講演してもらいました」と、得々と校長さんが話したりします。その前にやることがあるだろう、と言いたくなります。格好づけだけは上手な学校がいっぱいあります。どことは言いませんがね。

やはり、小学校一年生でもそこは教えて、子ども達にがまんする練習をさせないといけないでしょう。たとえば一年生でも、四月はよく分かっていないからウロウロする、しかし、授業中にウロウロしたらぱっと抱いてね、「今は授業中だから、もうちょっと待ってよね。もし、おしっこしたければ言ってね。その時は行かせてあげるから。でも、そうでなかったらがまんして、終わるまで席に座っていようね。ちゃんとしていようね」と教えなければいけないでしょう。それがあってはじめて、自分で自分をコントロールする力がつくんですよ。好きなことを好きな時に好きなようにやればいいというものではないのです。

中学生になったら、もう「だまって座っていようね」とは言えませんからね。工夫しないといけないですね。「みんな中学生としての自覚を持ちましょう」「ベルが鳴ったら着席しましょう。ベル着」。こうやればいいのです。ベル着を管理教育だなんてアホなことを言う人がいますが、そういう人はたいへんな中学校で教壇に立ってみたらいいですよ。授業中ウロウロする学校で、にこにこして、「あなた達好きなようにやってていいですよ。私はうるさいこと言いませんからね」。これでやれるんだったら、やったらいいですよ。やっぱり、ベル着だったらベル着。一つのルールを作ってみんなでこれを守ろうとしなければだめな場合があります。そして、そういうルールが内面化されていって、一人ひとりが自分で自分をコントロールできるようになるんです。結局ある時期には子どももいやな顔をするでしょう。ベルが鳴ったら席に着きなさい。いやな顔をするでしょう。だけども、それを練習しているうちに、人がいなくても、自分はいらいらしても、面白くなくても、座っていなくてはいけないなと思えるようになったら、自分で座れるようになるのです。自分で自分をコントロールできるようになるのです。そういう力がつくのです。これは本人のためです。世の中に出たら学校みたいにはいきませんから。

兵庫県の「トライやる・ウィーク」の先行実施で、三田市のN中学校の生徒達について、私もケーキ屋さんに行ったり、保育園に行ったりしました。生徒達に「どう？」と聞くと、「やっぱり厳しいです」とみんな言いますよ。挨拶からして厳しい。ケーキ屋さんに行った子なんか、最初の日に五分遅れただけでこっぴどく叱られてるのですよ。「学校じゃないんだぞ」。こっぴどく叱られた男の子は、次の日から一〇分前には来ていたそうです。あと挨拶。どこでも挨拶はきちっとさせる。保育園なんかでもそうですよ。来た時の挨拶、帰りの挨拶をきちっとさせる。保母さんにもしないといけないし、園長先生のところへも行って挨拶しなくてはいけない。それも「厳しい。厳しい」と言うんですよ。「月曜日からまた学校が始まるけれど、こんなに厳しかったら、どう？　学校に帰れてうれしい？」と聞くと「いや！」と言います、みんな。学校へ行くよりいいと言います。けじめがついた生活はそれなりに、すっきりするもんです。もの分かりがよすぎる先生がいてね、けじめもなんにもなくなったら、誰も行きたくなくなります。

一九七〇年前後に大学紛争がありましたけれども、あの時に追い出された教授というのは、もの分かりのいい教授です。「ああ、君達の言うことはよく分かるよ。よく分かる。そうだ。大学は古い、だめだ。いっしょに闘おう」。そういうのが一番最初に放っぽり出されました。突っ張っていた教授は最後まで残りました。そんなものです。別に残らなければいけないなんて言ってませんよ。いっしょに沈没するなら沈没してくださって結構ですけれどもね。

10 内的対話の習慣

六番目、振り返り、内的対話。自分で自分のことを振り返って、自分自身とお話ができるようにならなければいけない。これはもう詳しくは言いません。

これは古代ギリシャから精神性を持つということで強調されてきた点です。人間が自分の精神を持つということは、基本的には振り返りができるということ、自分自身と話ができるということ、内的な対話ができること、というように言われてきました。これはヨーロッパで、キリスト教の中で脈々と大事にされてきた考え方でもあります。たとえば、体験もいい、活動もいい、しかし振り返らなかったら自分の財産にならないのです。もちろん体験だけでも感性を変えていくという大きな効果がありますがね。しかし、そこから、本当に何か自分のためになるようなものの考え方、判断の根拠、判断の仕方、そういうものを獲得していこうと思うと、いろいろなことを体験するだけではなく、それを振り返ってみることが必要になります。

これから総合的な学習などが入ってきますから体験学習が増えます。そういう意味でぜひ、必ず体験したその感想を書かせてください。そして、自分が気づいたことを三つまとめさせるとか、そういうことをやらせてください。あるいは、その体験をめぐってみんなで話し合いをする場もつくってください。兵庫県では中学校の「トライやる・ウィーク」をやりっ放しにしてはいけませんよ。必ず話し合いの場をつくり、また自分なりに何を得たのかまとめる小さなレポートを書かせてください。それをやらないとその生徒自身の財産になりません。そういうことを通じて自己内対話もできるようになります。

私が関係している小学校、中学校ではやたらと書く作業が増えると言われています。小学校一年生だったら一行コメント、上の学年になると三行、五行と書く。体験したことを、あるいは、一つの単元が終わってもね。毎時間やるわけではありませんよ。別に毎時間やってもいいですが必ずしも毎時間やる必要はありません。しかし、切れ目切れ目で振り返って自分で大事だと思ったことを三つとか、自分が面白いと思ったことを三つとかまとめていく。こういうことを私が関係している小学校や中学校ではみんなやっています。これは、さきほども言いましたように大学でもやっているわけです。講義が終わったら必ずコメントを書いてもらう。それを全部ワープロで打って次の日に返す。これはみんな振り返りのためです。そして自己内対話を刺激するためです。そういう振り返りがあって自己内対話があって、本当に自分が自分の責任でいろいろなことをやったり考えたりできるという力がついていきます。自己責任という言葉があります。このためにも振り返りと自己内対話が不可欠です。「ああ、面白かった」ではだめなんです。「何か充実感があったみたい」だけでもだめなんです。もう一歩そこから振り返って、何が面白かったんだろう、どういう点で充実感を得たのだろう、ということを思ってみなければいけないと思います。

もう一つ、そういうことと関連して、私は、小学校や中学校でよくお勧めするのが、できるだけ日記をつけさせようということです。これも振り返りです。できれば、先生方もおやりになった方がいいです。三行、五行でいいのです。ことがらだけでもいいのです。文学作品みたいな日記をつける必要はありません。今日一日どうだったんだろうということを日記に向かって書いてみる、その時間そのものに意味があるのです。振り返りになるのです。

11　その人がその人の主人公になるために

ということで、今日は大急ぎで六点申し上げました。みんな簡単なことです。簡単なことですけれど、私は、今の教育の中ではやはり意図的に課題として設定してやっていかなければいけないと思っています。六点とも。自然にどこかでやっていますというのではなくて、意図的に、どうやって情緒的にもっともっと安定できる学級づくりをやるかとか、あるいは、先生と子どものつき合い方をどういうふうにするかとか。あるいは、もっと好奇心とか意欲とかをわかせるにはどういう刺激があった方がいいのか、どういうふうにクラスにいろんなものをそろえたらいいのか。あるいは、美しいもの、正しいもの、すぐれたもの、そういうものにびんびん感じてくれるような、そういう子どもになってくれるにはどうしたらいいのだろうかとか。あるいは、人の痛みが分かる、人のために涙が流せる、人のために汗が流せる、こういう子どもを育てるためには本当にどうしたらいいのだろうかとかね。あるいは、自分できちっと秩序感覚を持って、けじめの意識を持って、自分で自分をコントロールできる。どうしたらいいのか。そして、最後は自分で自分のやっていることを振り返って自分自身といろいろ対話ができるようになる。そういうふうになるにはどうしたらいいのか。みんな課題です。

これをやれば絶対大丈夫ということはありません。こういう六点の課題をぜひどこか念頭に置いていただきたいと思うのです。そうしてはじめて個が育つのです。その人がその人の主人公になれるのです。中身ががらんどうであれば、その人の人生は酔生夢死です。酔って生き、夢の中で死んでいくんです。もちろん一般的に言ったらそれでもいいですよ。みんな充実した人生を送らなければいけないなんて思いません。そういうおこがましいことは考えません。だめな人はだめでいい。だけども教育者である限りはそう言っておれないでしょう。ご縁があってこの子ども達に責任を持った。やはり自分がこの子ども達とつき合っている間に少しでもこの子ども達が一人の人間として充実した人生が送れるよう、弱い部分をなんとかカバーできるように育てていく。そういうことになるのだろうと思うのです。

「心の教育」ということは大きな課題です。特に現代は難しい時代です。難しいというのは大事な課題が見過ごされやすいということです。こんなことがなぜ大事なのか、なかなかみなさんに分からなくなってきているという時代です。だからこそ教育者というのは、人が目覚めていない時に、一足先に目覚めて、一足先に手を打たねばならないのです。だって子どもというのは未来に生きるわけですから、子どもを育てる役割の人は一足先に目覚めておかなければどうにもなりません。私達は教育にかかわりを持つものとしてのそういう意味でのプライドを持ちたいと思います。一足先に目覚めて一足先に本質的な意味での手を打っていく。なかなか成果はあがらないかもしれないけれど、くじけず努力し工夫していく。そういう教育者になんとかなっていきたいと思います。

＊一九九八年八月一三日、第一三回人間教育実践交流会「西宮フォーラム」での総括講演記録を整理した。

附章4　〈いのち〉の自覚と人間教育

——「いのち」の教育実践研究会での講演（二〇一八年）

1　〈いのち〉の自覚を人間的成長・成熟のために

幸せな時はなんとも思わないことに、不幸な状況に置かれてはじめて気づくことがあります。たとえば、身近な人が亡くなったりするといろいろと考えさせられます。ペットが死んだ時もそうですよね。いずれにせよ、自分が愛着を持ってきた何かが、その死によって失われる、これは非常に不幸なことです。その時に〈いのち〉ということへの認識を、あらためて問われることになったりします。自分自身にとって一番の不幸は自分の死かもしれませんが、ほとんどの人はそこまで考えません。しかし、考えなくても自分自身の死は必ずやってきます。「何で〈いのち〉の教育をやるの」と問われれば、自分自身の存在の土台に、死という形で自分自身が無になるという運命が潜む、ということがあるからかもしれません。

教育基本法には、五つの目標の四番目として、「生命を尊び、自然を大切にし、環境の保全に寄与する態度を養うこと」とあります。学校教育法では、「学校内外における自然体験活動を促進し、生命及び自然を尊重する精神並びに環境の保全に寄与する態度を養うこと」ということがあげられています。そして、二〇一七年三月に告示された、小・中学校の新しい学習指導要領では、総則の第一のところに、「人間尊重の精神と生命に対する畏敬の念を家庭、学校その他社会における具体的な生活の中に生かし」と書いてあります。さらには、特別の教科として道徳がスタートしましたが、そこでは、たとえば小学校一・二年だったら、「生きることのすばらしさを知り、生命を大切にすること」とあります。

ただし、こういうことを忠実にやっていくのが、〈いのち〉の教育だとは思わないでください。こんなことを教室で言ってみたって、「それは、そうですね」で終わるでしょう。私達がずっと〈いのち〉の教育ということにこだわって考えてきたのは、はっきり言えば、教育基本法だとか、学校教育法だとか、あるいは学習指導要領や道徳についての規定だとかで、こういうことをなんとか授業の中で生かそうという、ちゃちな話じゃありません。もっと本質的な願いに立ってのことなのです。

学校は、教育をするところです。教育というのは、人類の文化遺産を伝えることでもあります。だから、算数・数学から、国語、理科、社会、みんなやらないといけません。けれども、教育ということで一番大事なのは何か。「人間として成長させること」です。人間教育なんです。いくらいろいろなことを知っていて、それが活用できて、その上に思考力もあって判断力もあって、と言ったって、単に「有能な駒」をつくるだけのことです。「ああ、あいつは役に立つよね」ということですね。それはもちろんそれで結構です。しかし、私達は、それだけの教育であるなら、やはり志の低いものだと考えています。たしかに世の中はどんどん進んでいっています。グローバリゼーションの動きもあれば、知識爆発と言われるような新しい知見・知識の急速な増大もあるわけです。こうした動きに対応した学びを学校でやらなくてはいけません。でも、そうした今の世の中で大事なことを身につければ、そして次の時代に向かって新たな動きに対応するための問題解決力が身につけば、それが教育になるのでしょうか。もう一度言いますが、それだけなら「有能な駒」を育てるだけのことなのです。「駒」ではなくて「指し手」を育てなくてはいけないのです。

学校でさまざまなことを身につけるといっても、一人ひとりにパーフェクトな形で実現するわけではありません。学習指導要領にあること、教科書にあることを一〇〇パーセント身につけられるわけでなく、何割か目減りして実現するわけです。いずれにせよ、一番のポイントは、自分のものにしたものを本当に使いこなせるかどうかでしょう。大事な時に、自分の判断で、自分の責任で使いこなせるか、です。これが「指し手」ということです。このことを、人間教育ということでわれわれはずっと言ってきたわけです。ここにおられる中で一番古いメンバーが古川治先生ですけど、三〇年以上前からごいっしょに、人間教育ということで、特にベンジャミン・ブルームの理論を手がかりとして勉強会をやってきました。何でこんなことをあらためて言わなければいけないのかというと、教育ということの本来の志が、ややもすると見失われがちになる、という事情があるからです。社会に役立つ有能な人間を育てればいい、ということになりがちなのです。

難しい高校に入る、難しい大学に入る、そのこと自体はいいことですが、卒業して四〇歳、五〇歳になった時に、本当にその人が自分自身の主人公として人生を送ることができているかどうかです。必ずしもそうじゃないでしょう。勉強はしないといけないのですが、一番のポイントは勉強した結果身につけたものを自分の責任で、自分の判断で、主体的に使いこなせるかどうかです。そういう意味での人間づくりをしないといけない。簡単に言ってしまうと、主体性と、その主体性をどういう基準で発揮させるかという人間的な成長・成熟です。人間として成長・成熟しなければいけない。二〇歳になったみんなは同じように成長しているか、身長はそうなるかもしれませんが、心は違います。四〇歳になった時、みんな同じように成長しているか、心についてはそうなりません。六〇歳になったらどうか、心についてはすごい個人差ができています。もう天上界に近いとも言えるマザー・テレサみたいな、人のために自分自身を犠牲にすることができる人がいるかと思えば、身近な人にどんどん保険金を掛けて殺していく人だっているわけです。では、高潔な志を持って生きていく人は勉強ができた人なのか。基本的には関係ないわけです。ならば、自分の個人的な欲望を満たすために、次々とまわりの者を犠牲にしていく自己中心的な人は、勉強ができなかった人か。必ずしもそうではないでしょう。今の世の中では、むしろ勉強ができる人の方が自己中心的になりやすいのではないか、と私は思っています。これはあまり大きな声で言えませんけどね……。

2　与えられた〈いのち〉を生きる

では、そういう中でなぜ〈いのち〉ということを考えなければいけないのか。人間的な成長・成熟にとって、自分が一個の〈いのち〉であるということを認識すること、そして自分がその与えられた〈いのち〉を生きているということを実感すること、これが基本となるからです。〈いのち〉は、与えられたものなのです。はっと気づいたら、自分は〈いのち〉として生きているわけです。そして、そのうちに自分の〈いのち〉は終わりを迎えるわけです。そういうものとして自分が生きていく他ないわけです。そのことをわれわれは、日常性の中でほとんど意識することがありません。

今日も朝が来たよね、また目が覚めたよね、今日は何時にはどこどこへ行かないといけないよね。そこでいろいろとやらなければいけないことがあるよね。夕方になると、疲れたよね、一杯飲むかどうか別として、まあ夕食をして、くつろいで、寝ることになります。そして、また次の朝が来る。これを日常性と言うんです。それはそれでいいとして、それだけをやっていたら、豚や馬や猿と同じでしょう。人間というのは、そういうまさにルーチンの、日常的な〈いのち〉を生きながら、それを自分なりにとらえ直して意味づけるわけです。そして、自分の生活の流れの中で何を優先するか、何を捨てるか、という順位づけをやるわけです。これが自覚的に生きるということになるわけです。ところが、無自覚の日常性を抜け出すのはなかなか難しいわけですね。自分が与えられた〈いのち〉を時々刻々生きているということに気づくこと自体、なかなか難しいわけです。与えられた〈いのち〉という自覚を持つことは、日常性の中に埋没しているとなかなかできません。その中で、いわば幻想的に、自分できちんと考えて判断し、自分できちんと責任をとっている、なんて考えているわけですね。状況だって与えられたものでしょう。状況を生きていく自分自身のあり方だって、与えられたものでしょう。別にサムシング・グレーツなんて言わなくていいですよ。大自然と言っていい。何でもいい。いずれにせよ、何者かから与えられた〈いのち〉であり、状況なわけです。宗教を持つかどうかなんて関係ない話です。事実問題としてそうなんです。与えられた〈いのち〉をどういうふうに自覚的に生きていけるか。これが〈いのち〉の教育ということでわれわれが何よりもまず考えなくてはならないことなのです。そして、それが人間教育ということの一番の根幹になると、われわれは考えてきたわけです。

このような見方に賛同してもらわなくてもいいんですよ。豚として生きたいという人は、豚として生きればいい。犬として生きたい人は、犬として生きればいい。猫としてみんなにかわいがられて生きたいという人は、それだっていいわけです。だけども、できるならば、与えられた〈いのち〉ということに、どこかで気づきたいものだ、という願いをわれわれは持っています。自分は、一つの〈いのち〉なんだ、そしてこういう場や状況を与えられているんだ、こういうふうに自分の責任で自覚的に生きていけるように仕向けられているんだ、ということを認識したいものです。そうした気づきや認識のきっかけとして、非日常的な揺さぶりが必要な場合がありますが、それを教育の場でどのように準備するか、も考えていきたいと思います。

お釈迦さんみたいな天才であれば、日常的なものを非日常的な揺さぶりとして受けとめることもありますけどね。今日たまたま見たら病人がおった、あれ人ごとじゃないよな、私も病気になるんだよな。たまたまお年寄りを見かけた、あれ人ごとじゃないよな、そのうち自分も年をとって、よぼよぼとしてくるよな。たまたま葬式に行き合った、ああそれも人ごとじゃないよな、私もそのうち死ぬんだよな。そんなことを考えると、誕生すること自体が、初めからそういう病、老い、死というものを背負っているんだよな、そうすると、お誕生おめでとうだけは言えないよな。日常的な光景からここまで気づくというのは、まさに天才です。普通はなかなかできません。だからこそ、教育の場でそういう気づきが生まれるような非日常性を突きつけることも必要となるのです。

3　死の教育ということ

死の問題もそうです。ドイツで「死の教育」をどのようにやっているか、ディケン先生がよく話しておられました。私も若い時に何度かディケン先生のお話を伺い、本を読み、非常に揺さぶられたことがあります。ドイツの学校では死というものをどうやって認識させようとしているか。これを、いろいろと手を尽くして説いておられました。ドイツは非常に個人主義的な文化で、個人として生きて個人として死ぬ、という意識が非常に強くあります。だから死の問題が人ごとではなくなってくるわけです。自分ごとになっちゃうわけです。

私の妻の二番目の姉が修道女になっておりまして、一〇年余り、ケルンの近くにあるバッドホネフというところで、老人ホームの施設長をやっていました。今はもう引退して、新潟の修道院でゆっくりしていますけどね。数人の日本人の修道女が、たくさんのドイツ人職員を雇って、多勢のドイツ人の年老いた人達の世話をしておられました。私も若い時に二度ぐらい訪ねて、何日か滞在してお話を伺ったり、いろいろ見せてもらったりしました。ドイツ人と日本人では、やはり死生観が違うのです。たとえばお年寄りが危篤になった時、ご家族に連絡しても来てくれないことが多いということでした。日本だったら、何をさておいても行くのではないでしょうか。日本だったらやはり親が亡くなる時には、最期の段階では、親族やら、親しい人が付き添うことが多いでしょう。しかし、ドイツでは、なかなかそれができない。一人で死と向かい合わなければいけない。そして、亡くなったことを連絡してもなかなか来てくれない、というのです。実を言うと、日本も最近ではそういう風潮が強くなったと言われているのですけどね。

いずれにせよ、ドイツでは個人主義の文化伝統が強いから、自分自身の老いや死に個人として向き合うことが普通になっているのではないか、これが日本から行っていた修道女の方々の見方でした。だからドイツではデス・エデュケーション（死の教育）を学校でやっておかなければいけない。これは、個人主義の国の必然的な対応であろうと私は思っております。ただし、日本も今はどんどんと、個人主義が強まっております。みなさん、自分が死ぬ時には周囲に誰もいないかもしれませんよ。別にいいですけどね。

自分が死の床にいる時に、周囲に親しい人がいるかどうか、といったクリティカルな状況を規定してみると、自分が惰性で、何も考えることなく、昨日の続きが今日になって、と生きていっていいのだろうか、ということになるかもしれません。それをきっかけにして自分が自覚的に生きるのはどういうことなのかということを考えざるをえなくなるかもしれません。こうしたことは、非常に大事なことだと思うんです。ただし、豚とか猿とか猫とか犬とかじゃないレベルで生きようと思う場合は、ですけどね。もちろん、同じでいいじゃないかという人は、もうそれでいいのです。人間はいろいろな意味で動物とつながっていますから。けれども、生きていくにしても何にしても自覚的であることができるかできないか、というのは大きな違いではないでしょうか。自覚的ということの意味が分かるかどうかなんです。

こういう意味で、〈いのち〉の教育というのは、最終的には、与えられた〈いのち〉を深く生きることに導く、そういう教育だと私は考えているんです。だからこそ、教育ということにかかわっている人にとっては、〈いのち〉の教育ということが避けて通れない大課題ではないかと思うのですね。もちろん、これには正解はありません。こうすればいい、という正しいやり方もないでしょう。しかし、常にこだわっていかねばならない大問題ではないでしょうか。

4 自覚的に深く生きるために

自覚的に生きるとはどういうことなのか。指導する相手といっしょに考え、実践してみよう、と呼びかけることでしょうね。私達はどうしても日常性の中に流されて日を送ってしまいます。朝起きて朝ご飯を食べて、昼ご飯を食べて、夕方まで、この仕事をやって、あの仕事をやって、時々拍手が来ればうれしいよな、ということだけで終わっちゃうわけです。そこからどう抜け出していくか、です。私どもの言葉ですと、〈われわれの世界〉を生きるということも大事だけれども、〈我の世界〉をどう生きるかということを忘れちゃいけない、ということになります。二〇一七年三月に告示された新しい学習指導要領でも、教育するということは、世の中でうまくやっていくためだけではない。自分自身の人生を充実した形でやっていくためでもある、ときちんと言っているのです。

でも、そのことをはじめてきちんとした形で言ったのは、一〇年前の学習指導要領改訂の折です。当時、私が教育課程部会長をやっていまして、関係する答申などの文言も全部チェックしました。今までの答申や報告では、新しい時代に即した教育をやって、これからの世の中に役立つ人を育てる、といった面だけが強調されがちでした。しかし、一人ひとりの人間って世の中の役に立つための存在というだけではないでしょう?

世の中とか社会とか国の有能な道具として一人ひとりの人間がいるわけでもなければ、そのための教育をやってるのでもないのです。一人ひとりかけがえのない〈いのち〉を与えられた存在なのです。その〈いのち〉を、せっかくだから最後まで輝かせていこうじゃないか、ということが根本になるはずです。そのために、世の中できちんとやっていく、世の中で役に立つ存在であるように努力していく、ということなのであって、根本のところを忘れていてはどうにもならないのです。このような大前提で考えるなら、教育は社会とか国家とか組織とかのためにあるのではなくて、その人自身のためなのです。ただし、その人自身は、一人っきりで生きているのではない。組織の中で、社会の中で、世の中で生きているのだから、そこでもちゃんとやれるようにしていこうね、ということです。そこのところが本末転倒になってはいけません。本末転倒というのは、繰り返しますが、世の中で、社会で、うまくやっていれば万歳、組織の中でうまくやっていれば万歳、という発想なり感覚なりですね。はっきり言うと、これは上っ面の話でしかありません。つまり、〈われわれの世界〉を生きることだけで終わってしまう発想であり感覚なのです。

二〇〇〇年の教育改革国民会議での議論で、教育の大きな方向が変わりました。その時に私は、人間教育ということが大切なんだ、教育は結局、一人ひとりの人間のためにあるんだ、世の中のためにとか、国とか社会のためにとか、そういうことで考えるべきではないんだ、ということを、繰り返し発言しました。そういうことを理解してくれる人が今ではずいぶんいるのではないか、と思っています。その延長上にあるのが、〈いのち〉の教育だと私は思っています。

5　意識下の世界との連携も深め全人的に生きる

そうした意味での〈いのち〉の教育を実際にやっていくうえで、少なくとも二つのことを考えておかないといけないでしょう。一つは、私達が〈いのち〉を生きるということはどういうことか、自覚的に生きるとはどういうことか、このことについて、ちゃんとした理解を持つ、ということです。私達が生きていくというのは、意識の世界の中でのことです。これを忘れちゃいけません。でもね、いろいろなことを、ハッと思いついたり、いろいろなことをやりたくなったり、あるいはいろいろなことをいやだなあと思ったりします。それは、意識していない世界があるからなんですよ。その中核には根源的自己があるというようなこともわれわれは言ってきました。

要は、私達は意識の世界の中で生きているわけですが、その意識の世界を左右している内外の力のことに気づかないといけないわけです。意識の世界で生きているから、これがすべてだと思って、その中だけで合理的に考えているわけですが、それだけではだめなんです。たとえば、〈われわれの世界〉によって〈我の世界〉、意識の世界が知らず知らずの間に色づけられてしまうことが多いわけです。日本は同調性の強い社会ですから、周囲の人々や、世の中から影響を受けやすいのです。そうすると、意識の世界では、自分は主体的に生きようと考えていたとしても、こうやったらみなから拍手がくるだろう、これならばよしと言ってもらえるだろう、反対が少なくて済むだろう、あるいは、社会的に得するだろう、出世につながるだろう、お金につながるだろう、といったように考えてしまうことになるわけです。私達は自分自身の意識の世界で生きているわけですが、その意識の世界が人々の世界と連結して動いていくわけです。それが悪いとは思いません。世の中で生きていかなければいけないのですから。だけどね、自分の意識していないもっともっと深いところから、自分の気づかないところから上がってくるものとの対話を深めていかなければいけないのではないでしょうか。〈われわれの世界〉も大切ですが、〈我の世界〉を深く深く掘り下げることはもっと大事ではないでしょうか。

たとえば、キリスト教の伝統の中で大事にされてきた「黙想」を思ったりします。私も三代目のクリスチャンなものなのでね。一五四九年、日本にキリスト教を伝えたフランシスコ・ザビエルという人がいます。ザビエルが、パリのソルボンヌ大学の学生だった頃、五、六人の学生グループのリーダーがイグナチオ・デ・ロヨラというひねた学生で、ザビエルもこの人物の指導を受けていました。イグナチオ・デ・ロヨラは騎士だったのですが、戦いでけがをして、もう騎士として立てないと思い、ソルボンヌ大学に来て勉強し直して、学者として身を立てようとしていたと言います。このイグナチオ・デ・ロヨラが精神的にすぐれた人だったので、そのまわりに若い学生が何人か集まっていたわけです。このイグナチオ・デ・ロヨラが『霊操』という本を残していて、現代に至るまで大きな影響を残しています。これはある意味で黙想の仕方の本です。

『霊操』では、いろいろなことをやってごらん、それが自分の心の奥にあるものと合致するかどうか、見ていってごらん、ということを言っています。何かをやってみて、それに本当にのめり込んでいくことができるなら、それは自分の無意識の世界の自分でも気づいていなかった大きな欲求、大きな流れに合致しているからだと言います。ところが、どんなに頭でこれはいいことだ、価値あることだと思っても、なかなかそれをやれないことがあります。やってもすぐに飽きる、やってもすぐにいやになる、それは、自分の内面にある意識しない何かと齟齬があるからなのです。結局いろいろなことをやってみて、自分で本当にのめり込めるか、あるいは、自分にはどうもよそよそしくてのめり込めないか、という識別をやっていくと、自分の内面にある自分を大もとで動かしているものに気がつくというのです。これをイグナチオ・デ・ロヨラは霊動弁別という言葉で呼んでいます。

同じようなことは、その後のフロイトなどの精神分析の考え方にもあります。たとえばフロイトは連想法を重視しました。一つの言葉から何かを連想していく、その連想が自動的に次から次へとつながっていくわけです。たとえば、車、豪華な暮らし、ステータスシンボル、欲しいよ、とつながっていったりするわけです。しかしその途中で連想に時間がかかったりする箇所が出てくることもある。そうした連想の内容と進み方で、その人の内面にある、その人にも見えない世界が見えてくる、というわけです。いろいろな形で私達はこの意識していない世界を垣間見ることができます。こうした内面世界のありようを少しずつ理解し、それをも生かすようにしていかないといけない。頭の中だけで、意識の世界の中だけで、合理的にいろいろなことを考えるだけでは、結局その人は本当に生き生きと躍動的に生きることはできないのです。無意識の世界とうまくつながっていなければいけない。そういう〈いのち〉の機能する構造があるわけです。頭の先だけで、意識の世界だけで〈いのち〉の働きをとらえてはいけないのです。〈いのち〉というものは、たとえば私を動かしてる〈いのち〉というものは、自分でもよく分からない形でいろいろと動いているわけです。こういうことを、子ども達にどこかで気づかせていきたいものです。まあ大人でも気がついてない人が多いですけどね。

たとえば、音楽の好みを考えてみるとよく分かります。私の孫息子は、ももクロ（ももいろクローバーZ）の追っかけをしていました。もう高校生になったぐらいからかな、今は大学四年生ですが、ずっとももクロの追っかけをしてきました。でも、何でそうなのか聞いてみても、本人もよく分からないわけですよね。エビ中（私立恵比寿中学）もいいそうですがね。エビ中とももクロの追っかけです。でもね、何かあるんですよ。音楽はいっぱいあるしね、ああいう、女の子のアイドルグループなんて腐るほどあるでしょう。でもなんでももクロなのか、なんでエビ中なのか。自分の中の何かとどこかひっかかるところがあるからですよ。

同じことはクラシック音楽の場合でもあります。私は小さい時からピアノを弾いていました。中学生の頃は、ベートーベンのピアノソナタばかり弾いていました。でも少し年齢を重ねると、ベートーベンはうっとうしくなりました。モーツァルトあたりがよくなって、その後はバッハがよくなって。そのバッハもできるだけ単純なもの、インベンションなどがよくなりました。二つあるいは三つの旋律が絡まり合いながら展開していく、といった単純なものが好きになりまして、ある時期そういうものばかり弾いていました。何でか分かりません。ベートーベンが好きだったのは、多分小学校の高学年か中学校ぐらいでしょうね。私は五歳ぐらいから高三までピアノを弾いていましたが、曲の好みが、その時期、その時期で違うわけです。何か自分の内面の、ある種の成長、音楽的な感性の成長、あるいは成熟とともに、好みが変わってくるわけですよね。だから、「これは名曲ですよ、バッハは偉い人ですよ」なんて、いくら音楽の先生が教えたってね、そんなもん絵に描いた餅です。意味がありません。自分の内面を深く見つめなきゃいけないのです。何がピンとくるのか、何がわくわくするのか、です。

小説、この間、芥川賞、直木賞が発表されました。芥川賞や直木賞に作品が選ばれるのはすばらしいことです。でも、そういう賞をとった作品だから自分に感動を与えてくれるはずだ、などと思う人は、全くどうにもならない人ですね。ノーベル文学賞をもらったからあの人はすばらしい、というのと同じです。小説を読んで、自分でピンとくるか、自分がわくわくするか、ということでしょう? そのことを教えなかったら、本当の文学教育、国語教育じゃないですよ。

文学作品の好みも一人ひとり違うわけです。たとえば夏目漱石がいい、芥川龍之介がいい、谷崎潤一郎がいい、川端康成がいいと、人それぞれです。やっぱり村上春樹でなくちゃ、という人もいるでしょう。私なんかは、かなり遅くなってから須賀敦子さんはいいなと思うようになりました。何を今さらと何人にも笑われましたけどね。私は近代文学の古典で言うと、やっぱり谷崎ですね。こうした好みは一人ひとり違うんです。自分の内面にある文学的感性をどうやって見つけていくか、ということが大切になるように思います。

さきほど述べた、霊動弁別の話も、連想法の話も、また、どういう音楽が、どういう文学が、自分にピンとくるのか、という話もみんな、自分自身の意識していない世界をうかがうための大事な手がかりを与えてくれると思います。要は、自分自身が本当に躍動しながら生きていくためには、意識の世界の奥にある世界を少しずつ理解し、それとうまく連携する形でやっていかなくてはいけない、ということです。自分自身の実感・納得・本音を支えているところに根差さなくてはならないのです。

6　好きなことを好きな時に、という教育観の誤り

そういうことを土台にしたうえで、最後にちょっと近年の教育界の流れについてふれておきたいと思います。

一時期、文部省の教科調査官や多くの教育学者、あるいは教育委員会の指導主事達が、子どもには、好きなことを、好きな時に、好きなようにやらせるのが一番です、なんていうことを言って回りました。「ゆとり教育」全盛の九〇年代です。私はそれを批判していたから、文部省の玄関から入れちゃいけない、というお触れが出ていたわけですけどもね。どうしたわけか、いろいろな研究費が来なくなるという実害もありました。いずれにせよ、好きなことを好きな時に好きなように……という考え方は、教育ということを大きく歪める間違ったものだったわけですね。見解の相違ではありません。明らかな間違いなんです。

人間というのは、いわば生命力の塊なんですね。これが欲しい、あれをやりたい、といった欲の塊です。フロイト流に言うと、イドですね。これを野放しにして、みんな好きなことを、好きな時に、好きなようにやるとしたら、「万人の万人に対する戦い」になるわけです。みんなが互いに衝突するわけです。しかも、そうした裸の生命力に振り回されていたのでは、自分が自分の主人公である、という主体性も持てないままになります。だから、それをどうコントロールするか、という課題が出てきます。

まず自我（エゴ）機能ですね。自分を知り、周囲を知り、ＴＰＯを知る、といった現実検証能力が必

要となります。ここではこれをやったほうがいい、これは禁じられている、そういうことで自分をコントロールして、いい時に、いいやり方で自分の欲求をちゃんと充足させる、ということができるようになるわけです。

しかし、人間として大事なのは、その上に、フロイト流に言うと超自我（スーパーエゴ）があって、これによる統制をしなくてはならない。真善美といった価値志向性によるコントロールです。本当に美しいことであれば、本当に正しいことであれば、本当に大事なことであれば、損をしても、みんなからつまはじきにされても、やらなきゃならん時はやらなきゃならん、といった形の自己統制です。これが身につくかどうかです。本当の道徳教育っていうのは、そこが身につかなければいけないけれども、まあ、「読みもの道徳」や「話し合い道徳」ではなかなかそういうわけにいかないでしょうね。本当に自分の実感、納得・本音で、これは大事だなとか、これは美しいなとか、これは何を犠牲にしてでも実現しないといけないな、といった価値観が形成されなくては人間として恥ずかしい話です、本当は。

さきほど話したことに戻りますけれども、やはり意識の世界の中だけで勝負するのではだめなんです。意識の世界が人々の世界とつながっているわけですが、そうした世の中的な構造だけで勝負するのでもだめです。自分の内面を深く掘り下げるということをやっていかなければなりません。そしてそうした心の内奥の世界に深く根差してやっていくことに努めなくてはならないのです。

7　結局〈いのち〉の教育とは

いろいろと申し上げましたけど、やはり、自覚的に深く生きるということを、考えていきたいと思います。どういう教育的な刺激の与え方、場のつくり方、活動のさせ方があるのだろうか、ということを考えていきたいものです。〈いのち〉の教育ということを、そうした自覚的に深く生きるという課題との関連で考えていきたいと思うのです。

〈いのち〉はただ単にあるのではありません。〈いのち〉はどう発動するか基本的に「あり方」の問題です。毎日毎日まだ死なないで生きている、というだけでは困るわけです。今日一日、これが面白かった、これに感激した、これがおいしかった、とか、いろいろとあってね、今日一日生きてきてよかった、という思いにつながっていってほしいものです。それが毎日毎日つながっていけば、死ぬ時に「生まれてきて、自分の人生を生きてきて、満足！」ということになるのではないでしょうか。自分の人生、満足できた、充実感があった、ということであってほしいものです。途中でつらいこともあったけれど、それも乗り越えることができた、「与えられた〈いのち〉、結局はこれでよかったよな」でありたいものです。

最後にもう一度申し上げます。〈いのち〉の教育とは、自覚的に生きることの学びを支援することであります。結局は死の教育でもなければ、病いや老いの教育でもないのです。大事故や大災害のアフターケアの教育でもないのです。刻一刻の自分のあり方、生き方、を真に自覚的なものにしていくものにならなければ、本当の〈いのち〉の教育にならないのです。今ここで、自分の〈いのち〉が生き生きと躍動しているか、です。ここのところをお互いにどこか頭の隅に置きながら、どうやったらそうなるのか、工夫していきたいものです。

自分自身もそうならないといけないし、お互いがそういうことを大事にしていく共生社会にしていかなくてはいけない。そういう方向でお互いに支え合ってやっていきたいものです。そういう取り組みの姿を通じて、子ども達に、若者達に、〈いのち〉というものの本当の大切さが伝わっていってほしいな、と強く願っています。

＊「〈いのち〉の教育実践研究会第九回シンポジウム in 兵庫」（二〇一八年一月二〇日、神戸六甲荘ホテル）での総括講演の記録を整理した。

エピローグ　有能な「駒」でなく賢明な「指し手」であるために

1　「有能な駒」でよいのか

有能な人間に育っていくということは、教育の目標として大きな重要性を持つ。特に今日のような変化の激しい時代には、先を読んで一〇年先、二〇年先の社会状況に適切に対応できる資質・能力を身につけさせていくことは、必須の課題である。こうした考え方に立ち、現在の子ども達が身につけていくべき資質・能力を整理して列挙し、当面する主要な教育課題を明確化しようとする試みが、現在少なからず見られる。

こうした資質・能力のリストのいずれもが、情報化や国際化等々の進行する近未来の社会できちんと仕事をし、自分に期待される役割を有効適切に果たしていくうえで必要とされるもの（＝「われわれの世界」を生きる力）は何か、を明確化しようとするものである。それはそれで重要な取り組みであるが、不可欠な教育課題として、一人の主体的人間として充実した豊かな人生を生きていくうえで必要とされる資質・能力（＝「我の世界」を生きる力）のことが見落とされがちになる、という困った傾向が見られないわけでない。

子どもが身につけていくべき資質・能力を考える時、なぜ「我の世界」を生きる面までを考えなくてはならないのか。これは、個々の人間を、社会の中でうまく位置づけ、社会自体のために役立つ有能なパーツ（「人材」＝人的素材）として見てはならないからである。個々人こそが基本的に重要であるという視点、「社会のための個々人」でなく「個々人のための社会」でなくてはならないという視点、を堅持しなくてはならないからである。

ちなみに、ここで想定している個々人とは、自立した主体性を持つ人間ということであり、基本的には、自分自身の「我の世界」に根ざして判断し行動し生きていく人間である。言い換えるなら、自らの外側にではなく内面世界に基本的な動機づけの源泉や判断の準拠枠（フレーム・オブ・リファレンス）を持つ、ということである。

（チェスや将棋の）「駒」（Pawn）になるのか、「指し手」（Origin）になるのか、という象徴的な視点に立って、この問題についての研究を行ったR．ド・シャーム[*1]は、次のように述べている（原訳文と少し言葉遣いを変えたところがある）。

「指し手」というのは、自己の運命を支配しているのは自分自身であると感じている人のことであり、自分の行動の原因を自分自身の中に感じている人のことである。「駒」というのは自分はふりまわされていると感じ、運命の糸は他者ににぎられていて、自分は操り人形にすぎないと感じる人である……。

「指し手」と感じている人は積極的で、楽観的で、自信があり、挑戦を受け入れる。「駒」は消極的であり、自己防衛的であり、決断力に乏しく、挑戦を避ける。「指し手」は自分には潜在的な力があると感じており、「駒」は無力と感じている……。

人間は常に「指し手」であるということはないし、常に「駒」の人もいない。しかし、誰でもどちらかの傾向が強いのがふつうであるから、結局その人の性向がどちらに傾いているかを示す概念として用いることができよう。その個人の性向に加えて、さらに状況からの制約を受ける。状況によっては「指し手」を生じやすかったり、「駒」を誘い出したりもする……。

ド・シャームの指摘する「指し手」と「駒」という対照的なあり方は、社会的状況において人が主体的であるかどうかを峻別するうえで、シンボリックな有効性を持つ。ここで、「指し手」とは内発的動機づけ（知的好奇心や達成動機など）によって、すなわち内的な促しや志向性に従って行動する者、「駒」とは外発的な動機づけ（外的社会的な指示や報酬）によって行動する者ということである。その人を動かす基本的な原動力となるものが、その人の外部にあるのか内部にあるのか、という視点から二つの概念が区別されているのである。これは、われわれが以下の論を進めていくうえでも基本的な視点となるものである。

ただし、内発的動機づけで動く「指し手」は積極的で楽観的で自信を持ち……とし、外発的動機づけで動く「駒」は消極的で自己防衛的で……としているド・シャームのとらえ方は、事実認識として必ずしも妥当でない。外発的動機づけで動く「駒」としてのあり方をする人であっても、明るく活発な人は少なくない。さらには、自分が外発的動機づけで動いていること自体に十分気づいていない人も多いように思われるし、そうした無自覚な「駒」にも積極的で楽観的で自信を持ち……ということが見られないわけでない。

たとえば、何者かに心底から忠誠を誓う熱狂的な信従者の姿を、歴史的にはヒットラー・ユーゲントの若者の姿に、また大小さまざまなカルト的新興宗教に入信した狂信的信者の姿に、見ることができるのではないだろうか。もっと身近には、どんな組織の中においても上部の決定に対してなんら疑問を持とうともせず、常に良き組織人としてその決定に無条件に従う人達の姿は、そう珍しいものでない。彼らは基本的に外発的動機づけで動く「駒」なのであるが、多くの場合、それなりの心理的安定性と満足感、幸福感を持っているのである。また、「指し手」である人は楽観的で……と、常に幸福感に満たされているかのように描いている点も、事実認識として疑問を持たざるをえない。「指し手」であり続けることは外的な期待の体系との間に不断の緊張関係を生み、また内的にもさまざまな葛藤を持つことが想定される。したがって、ド・シャームが言うような常時ハッピーで自信に溢れた姿でおれるかどうかは疑問である。もちろん長い目で見た場合には、「指し手」は自分自身に誠実であり続けることから（ユングらの言う意味における）自己実現を着実に進めていくことになり、心理的な内面構造の点でも安定した活力あるものになっていくであろうが……。

2　有能な「駒」でなく「指し手」となるためには

教育は個々人にさまざまな資質・能力を身につけさせ、「有能な人間」に育てあげていく営みである。しかしながら、問題は、そうした「有能さ」を使いこなす主体としての育ちがそれにともなっているかどうかである。たとえば、ＯＥＣＤが強調する「キーコンピテンシー」[*2]や、経済産業省が発表した「社会人基礎力」であげられている資質・能力[*3]は、いずれも重要で首肯できるものであるとしても、そこに主体としての育ちがともなっていなくては、単に「有能な駒」が育つだけのことになるのではないだろうか。

ここで新たな課題となるのが、「指し手」としての資質をどう実現していけばいいか、ということであろう。逆の面から言えば、単なる「駒」でしかないというのは人間としての基本的なあり方のどこにどのような問題があるのか、そうしたあり方を是正するにはどうしたらいいのか、ということである。自分自身の内的な世界に依拠して動くことをしない「駒」としてのあり方に、われわれは基本的に三つのタイプを区別したいと思う。いずれも、判断や行動がその人の外部世界に原動力や基本的枠組みを持つ形で行われ、その人の内面世界に根ざすといったあり方ではないという共通点が存在する。

第一は、「外的な指示・命令のままに動く」という「被指示型タイプ」のあり方である。人の性向としては「指示待ち人間」がその典型であろう。また状況の点で言えば、集団スポーツの練習の場面、軍隊生活での訓練の場面、大規模工場での流れ作業の場面、などが典型的なものとなるのではないだろうか。

第二は、「外的な期待を具体的な形で受けとめ、その通りに動く」という「期待適応型タイプ」のあり方である。人の性向として言えば、自己に対する役割期待を敏感に察知し、その期待通りに動こうとする「役割人間」であり、その期待に応えるため「肉づきの仮面」として動く人である。また状況とのかかわりで言うならば、警官や教員など、外部からステレオタイプ的な役割期待を持たれがちな職に就いている人の場合が典型的と言ってよい。

第三は、「外的な報酬（利害・評判・賞罰など）を察知し、それを獲得するように動く」という「外的報酬追求型タイプ」のあり方である。これは、社会的状況の中で繰り返し学習され強化されていくものであって、現代人の性向として一般的かつ強固なものである。社会的成功をめざして頑張る「上昇指向の高い」人は、その典型であろう。また状況とのかかわりで言えば、個々人を競い合わせることによって社会の発展をめざす新自由主義的な「競争社会」の状況こそがまさにそれであり、そこでは「外的報酬」の獲得をめざす各自の努力が強調され、そこでの競争が美化されて語られることになる。

これら三つのタイプのいずれであっても、必要とされる資質・能力を身につけた「有能な駒」として動いてくれるならば、「指し手」の立場からは、つまり「外部から指示・命令する人」、「外部から役割期待をそれとなく投げかける人」、「外的な報酬をちらつかせて一つの方向で働かせようとする人」の側からは、非常に好都合ということになる。しかし、あらためて言うまでもないが、有能な「駒」である限り、自分自身の人生の主人公として生きていく「指し手」としての姿は欠落するか、きわめて貧弱なままであるか、ということにならざるをえない。

3　「駒」の内面世界の構造と、その克服の方向性

問題となるのは、どのようにしたら「駒」の位置から抜け出し、「指し手」の位置を獲得できるのか、そのために必要な資質とは何であるのか、という点にある。これを、個々人の内面世界のあり方という視点から検討してみることにしよう。

「駒」と「指し手」とでは、その内面世界の基本構造にどのような相違のあることが想定されるのであろうか。筆者はこれまで、人の内面世界の基本構造を図E－1に示すような形で、試論的に提示してきている。これを踏まえて考えるならば、少なくとも個々人の内面世界を構成する「本源的自己」「意識世界」「提示自己」と、社会的な位置・役割体系への組み込まれから来る「外的な期待」、といった四つの世界の間の相互関係を、ここで問題としなくてはならなくなるであろう。

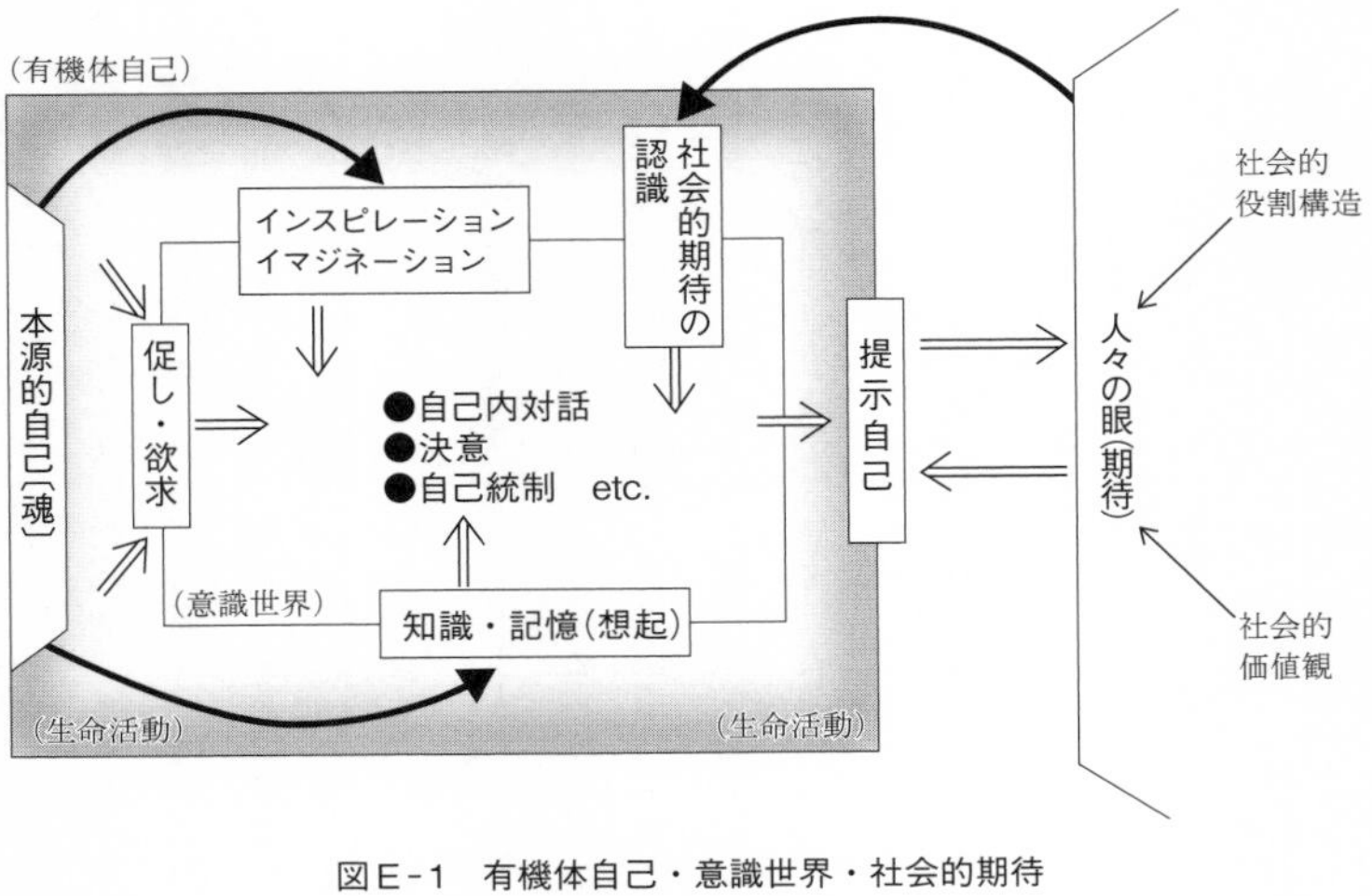

図E－1　有機体自己・意識世界・社会的期待

ここで「本源的自己」と呼んでいるものは、現象的な「意識世界」の背後にあって、その世界をそのような形で成立させている意識されない暗黙の世界のことである。これを私は以前「内的自己」という言葉を用いて論じてきたが、十分な理解が得られないきらいがあるので、ここでは「本源的自己」と呼ぶことにする。[*4]

「駒」である人の内面世界の構造について考えてみるならば、まず第一の「被指示型タイプの駒」の場合であるなら、「外的な期待」が直接的な指示・命令という形で個々人に突きつけられ、「提示自己」

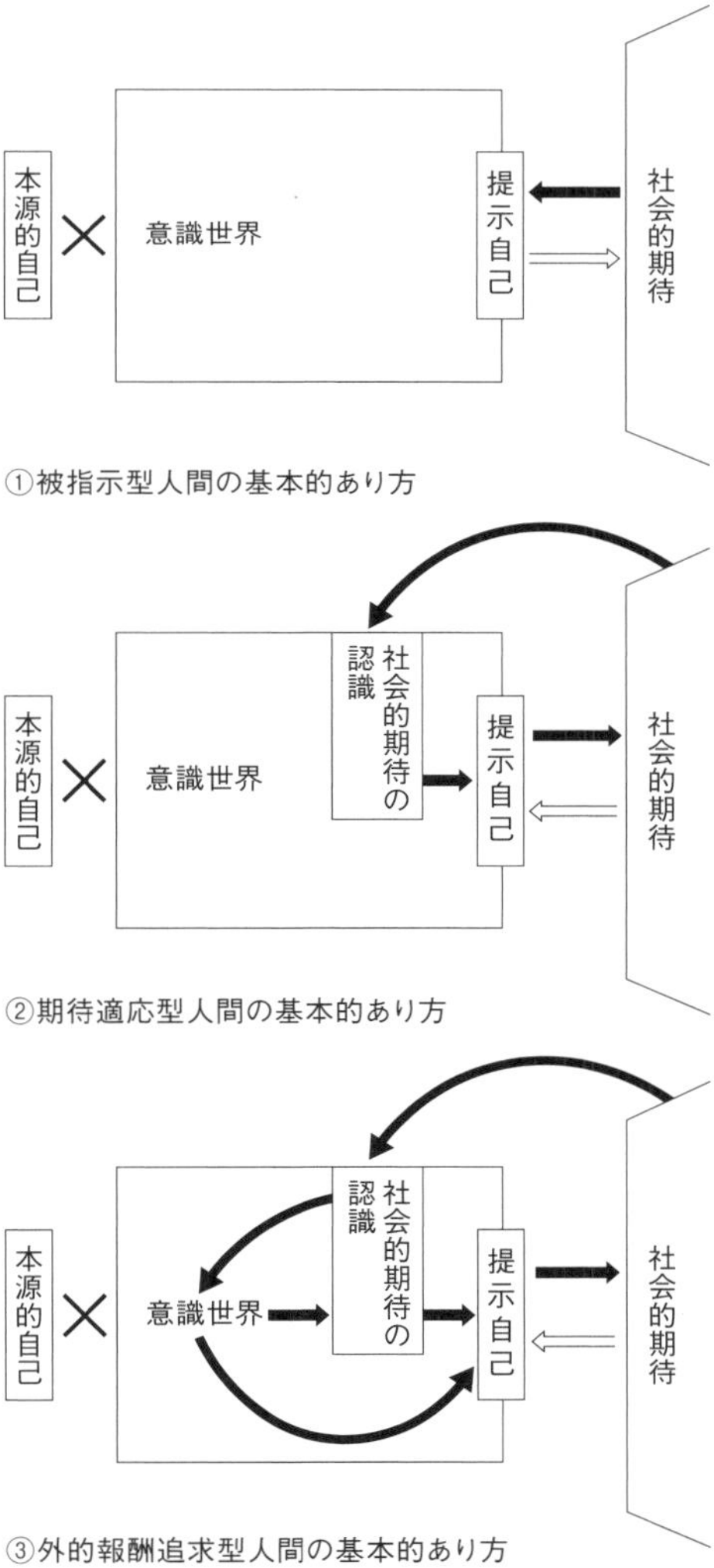

①被指示型人間の基本的あり方

②期待適応型人間の基本的あり方

③外的報酬追求型人間の基本的あり方

図E-2 「駒」の内面世界の構造

はまさにその通りの姿であらねばならないという前提のもとに整えられることになるであろう。また、「意識世界」は、そうした「提示自己」を支えるものになる場合が多いであろうが、基本的には「提示自己」を阻害しない限りどのようなあり方をしてもよい。「本源的自己」はここではほぼ無関係のままである。

第二の「期待適応型タイプの駒」の場合であるなら、「意識世界」は積極的に「外的な期待」が奈辺《なへん》にあるかを察知しようと努め、それに沿った「提示自己」の姿になるよう努めるであろう。この場合には、本来の「意識世界」は「提示自己」と無関係なままになり、また「本源的自己」も無関係のままでよいことになる。

第三の「外的報酬追求型タイプの駒」の場合であるなら、「意識世界」は積極的に「外的な期待」が奈辺にあるか、それを達成した場合にどのような外的報酬（利益・拍手・賞）があるか、また達成できない場合にどのような不利益があるか、を認識すると同時に、それに沿った「提示自己」となるよう努めることになる。この場合にも、「意識世界」は「外的な期待」の世界にからめとられたものであるが、格段に積極的に、「意識世界」のすべてをあげて外的報酬獲得の方向に自分自身を駆り立てていこうとすることになるであろう。いずれにせよ、この場合にも「本源的自己」はほとんど関係することはない。

これら三つのタイプの「駒」のあり方に共通している最も大きな問題点は、「意識世界」そのものが「社会的期待」にどう応えるかという色彩に覆われていることであり、「本源的自己」からの内的促しが関係してこないままになっているという点である。「提示自己」は、そうした「意識世界」を忠実に反映したものとならざるをえない。こうした内面世界のあり方であっては、世の中で動いていく際の心理的土台として、その人自身の実感は問題とならなくなり、自分で納得していること、自分の本音であることも、問われる余地がないままとなる。「本源的自己」との連携を欠いたまま世の中的な周囲の世界で表面上うまくやっていくことになるであろうが、それはまさに「虚ろな適応」でしかないであろう。

「意識世界」に「本源的自己」に根差した内的促しが生じ、それを実現していくうえでの重要な諸条件の一つとして外的世界のあり様や報酬体系を、そこからくる自分自身に寄せられている期待などを見てとり（現実検証）、そうした諸条件をも勘案したうえで外部世界に対する自分自身の押し出し方（自己提示）を決めていく、ということであれば、まさに主体性を持つ「指し手」としてのあり方となるはずである。これはアイデンティティのあり方から言えば、「位置づけのアイデンティティ」でなく「宣言としてのアイデンティティ」で動く、というあり方であると言ってもいい。まずはそうした方向性に向け、内面世界のあり方の再構成がはかられなくてはならないであろう。

4　「指し手」の内面世界の構造をめぐって

「指し手」は内的な促しや方向づけで動く、という基本特性を持つわけであり、これを実現するうえで最も肝要なのは、「本源的自己」に根差した言動、生き方を実現するということである。しかし、ここにもまた、大きな落とし穴が待っていることに十分な注意が必要である。「本源的自己」に根差すという点ではいいとしても、それをそのままの形で世の中的な場に表出していこうとするならば、周囲との軋轢《あつれき》が避けられなくなるからである。

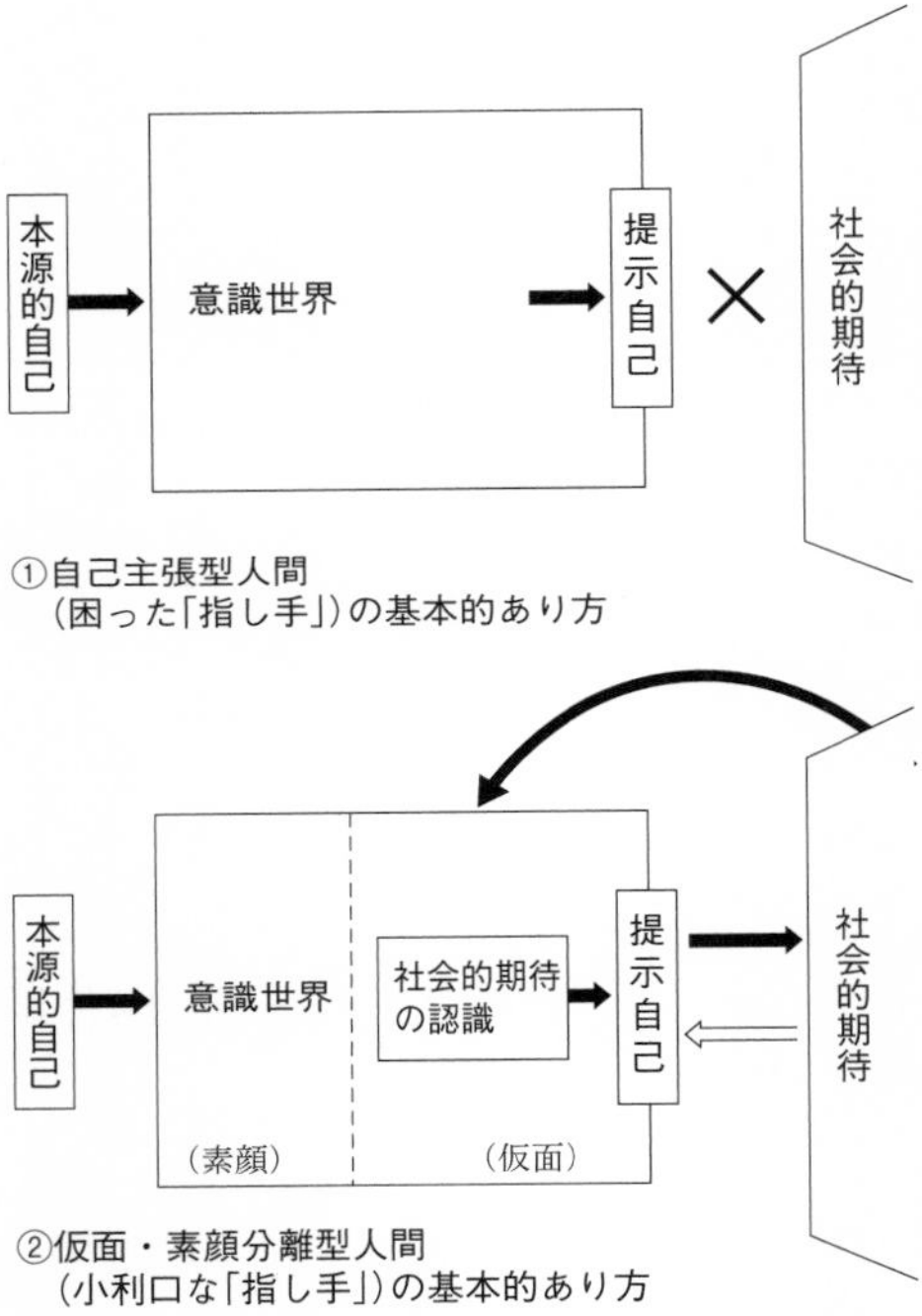

図E－3　「指し手」の内面世界の構造

たとえば、内的促しを頑固なまでに押し出して世の中的な場に処していこうとする場合、「自己主張型の（困った）指し手」と呼ぶ以外にない姿となるであろう。アイデンティティ論から言っても、「位置づけのアイデンティティ」のことは考えないで、「宣言としてのアイデンティティ」ばかりで動かれてははた迷惑ということがあり、またこれでは最終的にうまくいかない、ということもあるのではないだろうか。「空気の読めない人」「自分勝手な人」と呼ばれるのは、まさにこういう人達である。

もう一つ、「本源的自己」に根差してもいるし、また「社会的な期待」に応じた形で「自己提示」もしているのではあるが、両者の間に連携がないという場合がある。具体的には、内的な促しを含め意識世界の大事な部分は常に内秘的にリザーブしておき、外側の世界に見せる発言や態度は周囲の期待に沿ったものにする、というやり方である。素顔と仮面の分離であり、使い分けであり、その場その場に応じた一時的な戦術的適応の仕方を連続的に行使するあり方と言ってもいい。今日の社会では現実に、多かれ少なかれこうしたあり方でもって世の中的な場に処している人が少なくないであろうが、これは心理的に疲れる方策である。これをここでは、「仮面・素顔分離型の指し手」と呼んでおくことにしたい。

「本源的自己」と十分な形でつながりながらも、「社会的期待」にも応じられるようなあり方をしていこうとするならば、「意識世界」における多面的な現実検証と賢明な調整作業が十分な形で行われなくてはならない。基本的には先に図E－1として示したところが、「意識世界」を中心としてうまく統一的に動いていくことが必要となるであろう。「本源的自己」からの内的促しを大切にし、それを実現していくための現実的なチャネルを、現実世界の構造を吟味検討していく中でなんとか見つけていき、自分自身に対して寄せられている「社会的期待」にも応じつつ、場合によってはその「社会的期待」に対して変更を迫るよう働きかけをしつつ、自分自身の実感・納得・本音の世界に依拠しつつ活力に溢れた粘り強い活動をしていかねばならないのである。

こうした賢明でタフな「指し手」をどう育て上げていくか、これが人間教育という視点から見た場合の最も基本的な教育課題と言ってよいであろう。特に、「本源的自己」との連携を深めていくための手立て、また内的促しと「社会的期待」への対応との両者をともに生かしていく具体的チャネルを見つけていくための手立てを、発達段階に応じ、逐次的に教育していかねばならない。Project based（企画追求的）な学習やProblem based（問題解決型）の学習、さらには反転授業などといった各手法を用いるアクティブ・ラーニング（主体的能動的な学習）が、内的な促しと社会的期待への対応とを「意識世界」での統合的な努力によって適切な形で調和させる、といった展望の下に実践されるならば、賢明でタフな「指し手」を育てる一つの可能性が開けるのではと思われるがいかがであろうか。

＊1　R・ド・シャーム『やる気を育てる教室――内発的動機づけ理論の実践』佐伯胖訳、金子書房、一九八〇年。ここでの引用は、訳書の七〜八頁。

＊2　OECD（経済協力開発機構）は、加盟各国が参加した「コンピテンシーの定義と選択」プロジェクトを一九九七年から始め、「個人の人生の成功と社会の持続的発展に貢献できるうえで鍵となる能力（キーコンピテンシー）」として、次のような三つのカテゴリーにわたる九種の能力をあげている。

(1)　社会・文化的、技術的ツールを相互作用的に活用する能力

A　言語、シンボル、テクストを相互作用的に活用する能力

B　知識や情報を相互作用的に活用する能力

C　テクノロジーを相互作用的に活用する能力

(2)　多様な社会グループにおける人間関係形成能力

A　他人と円滑に人間関係を構築する能力

B　協調する能力

C　利害の対立を御し、解決する能力

(3)　自律的に行動する能力

A　大局的に行動する能力

B　人生設計や個人の計画を作り実行する能力

C　権利、利害、責任、限界、ニーズを表明する能力

＊3　経済産業省が二〇〇六年に公表した「社会人基礎力」では、次のような資質・能力の項目があげられている。

(1)　前に踏み出す力（アクション）

主体性［ものごとに進んで取り組む力］…指示を待つのではなく自らやるべきことを見つけて積極的に取り組む、など。

働きかけ力［他人に働きかけ巻き込む力］…「やろうじゃないか」と呼びかけ目的に向かって周囲の人々を動かしていく、など。

実行力［目的を設定し確実に行動する力］…言われたことをやるだけでなく自ら目標を設定し失敗を恐れず行動に移し粘り強く取り組む、など。

(2)　考え抜く力（シンキング）

課題発見力［現状を分析し目的や課題を明らかにする力］…目標に向かって、自ら「ここに問題があり解決が必要だ」と提案する、など。

計画力［課題の解決に向けたプロセスを明らかにし準備する力］…課題の解決に向けた複数のプロセスを明確にし「その中で最善のものは何か」を検討し、それに向けた準備をする、など。

創造力［新しい価値を生み出す力］…既存の発想にとらわれず課題に対して新しい解決方法を考える、など。

(3)　チームで働く力（チームワーク）

発信力［自分の意見を分かりやすく伝える力］…自分の意見を分かりやすく整理したうえで相手に理解してもらえるように的確に伝える、など。

傾聴力［相手の意見を丁寧に聴く力］…相手の話しやすい環境をつくり適切なタイミングで質問するなど相手の意見を引き出す、など。

柔軟性［意見の違いや立場の違いを理解する力］…自分のルールややり方に固執するのではなく相手の意見や立場を尊重し理解する、など。

状況把握力［自分と周囲の人々やものごととの関係性を理解する力］…チームで仕事をする時自分がどのような役割を果たすべきかを理解する、など。

規律性［社会のルールや人との約束を守る力］…状況に応じて社会のルールに則って自らの発言や行動を適切に律する、など。

ストレスコントロール力［ストレスの発生源に対応する力］…ストレスを感じることがあっても成長の機会だとポ

ジティブにとらえて肩の力を抜いて対応する、など。

＊4　梶田叡一『内面性の心理学』大日本図書、一九九一年、九二～一〇九頁を参照。

あとがき

この第2巻に所収した論考の多くは『子どもの自己概念と教育』一九八五年（増補版一九八七年）に収録のものである。書き下ろしと他のところに発表したものは以下の通りである。

プロローグ　［書き下ろし］

第1章　子どもの個性を育てる――自己概念の教育指導

　滝沢武久・東洋編『教授・学習の行動科学』（福村出版、一九九一年、一一章）

第11章　小学校導入期での自己認識の育成――「生活科」創設の願いの一つから

　梶田叡一編『自己認識　自己概念の教育』（ミネルヴァ書房、一九八七年、八一～九一頁）

第14章　高齢者の内面世界と自己概念――お年寄りをケアする人に望むこと

　『介護福祉』一九九八年秋季号（一九～二四頁）

附章1　内面世界から考える――大阪大学お別れ講義（一九九五年）

　『大阪大学教育心理学年報』4、（一九九五年三月、一～一四頁）

附章2　「自己」が育つ教育のために――講演（一九九七年）

　富山市立堀川小学校『教育研究実践発表会講演記録』（一九九七年、一八～三四頁）

附章3　心の教育を推進したい――講演（一九九八年）

『人間教育実践交流会「西宮フォーラム」収録集』（一九九八年、六三〜八八頁）

附章4　〈いのち〉の自覚と人間教育──シンポジウム総括講演（二〇一八年）
　『人間教育学研究　第5号』（二〇一八年三月、七九〜八五頁）

エピローグ　主体的人間の内面構造──有能な「駒」でなく賢明な「指し手」に
　『人間教育学研究　第3号』（二〇一五年三月、一〜六頁）

この第2巻に所収した論考はいずれも内面性や自己意識・自己概念と教育のあり方との関係を論じたものであるが、内容や論点は多岐にわたっている。『子どもの自己概念と教育』の各章として収録のものを含め、そのほとんどが一九七〇年代後半から一九九〇年代にかけてのものである。「ブルーム理論の日本における展開」（『人間教育のために』金子書房、二〇一六年、一四一〜一六九頁）で回顧しているように、私の生涯にわたる研究生活の中で、ある意味で突出した形で、全国各地の学校現場を訪問し、熱心な実践家の方々と深くつき合っていた時期と言ってよい。この時期の問題意識が、私自身のその後に展開してきた人間教育論の土台になっている。「附章4」と「エピローグ」として私の最近の本質論的な論考を収録しているが、これらの基盤にある基本的な考え方をそうした流れの中で御理解いただければ幸いである。

一九七〇年代から一九八〇年代にかけて特にお世話になったのは、学校現場と研究活動とをつなぐうえでの仲間たち、具体的には各地の指導的な小中学校教師・教育委員会関係者・大学に籍を置く教育研究者の方々である。こうした人達の多くは、一九七〇年代に始まる教育評価研究協議会に参加していただき、この組織が一九八六年八月に人間教育研究協議会へと発展的に改組され、さらに二〇一四年四月には日本人間教育学会へと脱皮する中で、今日にいたるまで互いに手を組み合ってやってきている。こうした方々の中で、現在では故人となられた藤田恵璽先生（岐阜大学・聖心女子大学元教授）、植田稔先生（藤沢市教育研究所元所長）、宮本三郎先生（茨城県下館小学校元校長）には、とりわけお世話になった。ここに深い謝意を表したいと思う。また、現在も御健在で後進の指導に当たっておられる井上尚美先生（東京学芸大学・創価大学元教授）、中島章夫先生（文部省元審議官・科学技術庁元政務次官）には、この場を借りて特に感謝の気持ちを表するものである。

この第2巻の編集と刊行に当たっても、東京書籍株式会社書籍編集部の植草武士部長と金井亜由美さんに多大なお世話になった。ここに記して心からの謝意を表したい。

二〇二〇年八月

梶田叡一

底本一覧

第1章　『教授・学習の行動科学』福村出版、一九九一年。

第2章〜第10章・第12章・第13章

『[増補]子どもの自己概念と教育』東京大学出版会、一九八七年。

第11章　『自己認識　自己概念の教育』ミネルヴァ書房、一九八七年。

第14章　『介護福祉』一九九八年秋季号。

附章1　『大阪大学教育心理学年報』4、一九九五年三月。

附章2　『教育研究実践発表会講演記録』富山市立堀川小学校、一九九七年。

附章3　『人間教育実践交流会「西宮フォーラム」収録集』一九九八年。

附章4　『人間教育学研究　第5号』、二〇一八年三月。

エピローグ　『人間教育学研究　第3号』、二〇一五年三月。

【編集付記】

本書で用いられている一部の用語については、現在では、差別的で不適切とされるものもあります。編集にあたり最大限の配慮はいたしましたが、過去の時代の歴史的考察の立場から、あえて掲載させていただいた場合もあります。著者、出版社に差別等の意図は全くないことをご理解いただきたく、お願い申し上げます。

梶田叡一 （かじた・えいいち）

1941(昭和 16)年 4 月 3 日，松江市生れ。隣の米子市で幼稚園・小学校・中学校・高等学校を卒え，京都大学文学部哲学科(心理学専攻)卒業。文学博士[1971 年]。国立教育研究所主任研究官，日本女子大学文学部助教授，大阪大学人間科学部教授，京都大学高等教育教授システム開発センター長，京都ノートルダム女子大学長，兵庫教育大学長，環太平洋大学長，奈良学園大学長を歴任。
現在は桃山学院教育大学長。併任として，[学］聖ウルスラ学院（仙台）理事長，日本語検定委員会理事長。

これまでに，教育改革国民会議（総理大臣の私的諮問機関）委員［2000 年］，第 4 期・第 5 期中央教育審議会［2007 ～ 2011 年］副会長（教育制度分科会長・初等中等教育分科会長・教育課程部会長・教員養成部会長），教職大学院協会初代会長［2008 ～ 2010 年］等を歴任。
また，大阪府私学審議会会長，大阪府箕面市教育委員長・総合計画審議会会長，鳥取県県政顧問，島根大学経営協議会委員・学長選考会議議長，[学］松徳学院（松江）理事長等も歴任。

(中国上海）華東師範大学〈大夏講壇〉講演者［2006 年］，兵庫教育大学名誉教授［2010 年］，日本人間性心理学会名誉会員［2013 年］等の他，神戸新聞平和賞［2010 年］，(裏千家淡交会）茶道文化賞［2012 年］，宮城県功労者表彰［2014 年］，京都府功労者表彰［2017 年］等を受ける。

主な著作に，『生き生きした学校教育を創る』『教育評価』有斐閣，『真の個性教育とは』国土社，『教育における評価の理論（全 3 巻）』『〈いのち〉の教育のために』金子書房，『教師力の再興』文溪堂，『和魂ルネッサンス』あすとろ出版，『不干斎ハビアンの思想』創元社，等がある。

自己意識論集《じこいしきろんしゅう》 Ⅱ《に》

自己意識《じこいしき》と人間教育《にんげんきょういく》

2020年9月29日 第1刷発行

著　　者　梶田叡一《かじたえいいち》
発 行 者　千石雅仁
発 行 所　東京書籍株式会社
東京都北区堀船2-17-1 〒114-8524
営業 03-5390-7531／編集 03-5390-7455
https://www.tokyo-shoseki.co.jp

印刷・製本　図書印刷株式会社

装幀　難波邦夫
DTP　牧屋研一
編集　植草武士／金井亜由美

ISBN978-4-487-81397-1 C3311

Printed in Japan

梶田叡一『自己意識論集』全5巻

〈四六判・上製本〉各巻平均三〇〇頁

【各巻の構成】

第1巻　自己意識の心理学
第2巻　自己意識と人間教育
第3巻　意識としての自己
第4巻　生き方の心理学
第5巻　内面性の心理学

【発刊の辞】

自己意識の問題は、アイデンティティ、自己概念、自己イメージ、自尊感情、等々の形で論じられ、現代の心理学・社会学・教育学等において、最も重要な課題の一つとされてきました。個々人の言動の土台になるだけでなく、生き方の問題、さらには社会や文化の組織と機能にまでかかわってくるのが、自己意識の問題だからです。「人間の人間たるゆえんを解明するポイントは自己意識にあり」ということになるのではないでしょうか。従来はアメリカやヨーロッパでの研究が多かったのですが、現在においては日本の若手・中堅の研究者の間でも、非常にポピュラーな研究課題の一つとなっています。

私自身は、一九六〇年の京都大学文学部入学以来、今日まで一貫してこの領域の問題に取り組んできており、一九七一年に京都大学から授与された文学博士号も「自己意識の社会心理学的研究」というものでした。私の研究はその後、教育に関する諸問題などにも拡がっていますが、その際の大事な理論的枠組みにも自己意識の問題が大きくかかわっています。私の周辺の現役研究者にも、私の積み重ねてきた自己意識にかかわる仕事を一つの踏み台としてくれている人が少なくありません。

この論集は、私自身のこれまでの自己意識論に関する五冊の単行本を柱としながら、最近の論文等でこれを補い、新しいまとまった形で世に問おうというものです。